和谐视域下高校学生工作问题研究

HEXIE SHIYU XIA
GAOXIAO XUESHENG
GONGZUO WENTI YANJIU

陈永华 全晓松 著

西南交通大学出版社
·成 都·

图书在版编目（CIP）数据

和谐视域下高校学生工作问题研究 / 陈永华，全晓松著. —成都：西南交通大学出版社，2015.1

ISBN 978-7-5643-3567-0

Ⅰ. ①和… Ⅱ. ①陈… ②全… Ⅲ. ①高等学校－学生工作－研究 Ⅳ. ①G645.5

中国版本图书馆 CIP 数据核字（2014）第 271021 号

和谐视域下高校学生工作问题研究

陈永华 全晓松 著

责任编辑	罗爱林
特邀编辑	罗 旋
封面设计	何东琳设计工作室
出版发行	西南交通大学出版社 （四川省成都市金牛区交大路 146 号）
发行部电话	028-87600564 028-87600533
邮政编码	610031
网 址	http: //www.xnjdcbs.com
印 刷	成都蓉军广告印务有限责任公司
成品尺寸	170 mm × 230 mm
印 张	12.5
字 数	224 千字
版 次	2015 年 1 月第 1 版
印 次	2015 年 1 月第 1 次
书 号	ISBN 978-7-5643-3567-0
定 价	35.00 元

序

青年兴则国家兴，青年强则国家强。要实现中国梦，希望在青年身上。高校承担着培育社会主义合格建设者和可靠接班人的历史使命，对人才的培养将直接影响国家的前途和命运。研究高校学生工作问题，对于实现中国梦，对于大学生的和谐发展，对于提高高等教育质量，对于加速实施人才强国战略，无疑具有重要的理论意义和实践价值。

陈永华、全晓松两位同志长期从事高校学生工作，感受着中国社会变迁对当代大学生思想的深刻影响，思考着大学生思想变化背后的深层次原因。在深入研究高校学生工作问题的过程中，他们的研究思路逐渐清晰并形成了一系列研究成果。他们分别从六个方面对地州高校学生工作的问题进行研究：第一部分，主要研究在新媒体、大学生就业多元化条件下如何构建高校思想政治教育新模式。第二部分，主要研究高校经济困难学生资助问题，积极探讨高校贫困生心理形成原因、贫困文化对高校贫困生不良心态的影响等问题。第三部分，主要研究高校毕业生就业的实践探索，围绕大学生的就业环境、就业能力提升、就业工作体系进行探索，为高等教育如何提升大学生就业竞争力把脉。第四、第五部分，分别从高校创业教育的实践路径及教育模式、高校学生社团的发展困境及突围之路相关的方方面面进行了研究和探讨。第六部分，从构建高校服务型与成长型学生工作模式出发，展望高校学生工作模式的前景。

高校学生工作肩负着为实现中国梦，培育社会主义合格建设者的任务，是历史、社会赋予高校学生工作者的神圣使命。相信作者能够在此研究的基础上，对高校学生工作问题的研究不断深化、升华，期望《和谐视域下高校学生工作问题研究》能对我省当前及今后的高校学生工作理论研究和实践探索发挥积极的参考和借鉴作用。

（云南省教育厅副厅长、云南省招生考试院院长）

2014 年 5 月 18 日

目　录

第一辑　聚焦育人主题构建高校思想政治教育新模式

一、新时期大学生思想政治工作探索

（一）加强高校大学生思想政治工作的重要性和必要性

进一步加强和改进大学生的思想政治教育，提高他们的思想政治觉悟和素质，努力把他们培养成为社会主义伟大事业的建设者和接班人，对于全面推行和实施科教兴国、人才强国战略，确保我国在当前激烈的国际竞争中始终立于不败之地，确保我国社会主义伟大事业兴旺发达、后继有人，具有重大的现实意义和深远的战略意义。

1. 加强大学生思想政治工作是构建社会主义和谐社会的需要

在社会各种竞争中，物质的有形的东西是具体的、可以看得见的、可以量化的，易于直接观察和比较，也容易发现问题，及时改正和纠错；而思想意识道德领域的问题则是精神的无形的，比较难以量化和进行具体比较的，也更具有隐蔽性、危险性和危害性。尤其是思想意识道德领域的问题直接影响到其价值取向和人生观，因此，我们必须把大学生思想工作作为一项政治任务，始终放在重要位置，常抓不懈。

2. 加强大学生思想政治工作是培养高素质大学生的需要

在当前的新形势下，伴随着我国改革开放的进一步深入，某些腐朽的生活方式正在影响和侵蚀着大学生的思想意识、人生观和世界观，我们只有高度重视对大学生的思想政治教育，不断加强和提高大学生思想政治水平，引导大学生树立正确的人生观和理想信念，增强其思想免疫力和政治辨别力，才能使大学生健康成长，成为学科知识、扎实思想政治过硬的高素质大学生。

3. 加强和推进大学生思想政治工作是高校生存和发展的需要

一所高校要想长期保持长盛不衰并有长足发展，除了必须重视学科专业教学和科学文化水平提高外，也必须高度重视学生思想政治素质和道德素质的提高，培养他们树立正确的人生观、价值观和世界观，使他们具有高度的社会责任感和使命感，具有为祖国和人民奉献的精神。这样的学生走入社会，才能胸怀大略，目标高远，与祖国共命运、与时代同步伐、与人民齐奋进。

（二）新时期高校大学生思想政治工作的新形势和新特点

当今高校大学生教育与以往不同，呈现出了许多新的思想特点和情况。高校学生思想教育工作者应以科学发展观为指导，与时俱进，不断创新观念，革新方法，有效开展和推进大学生思想政治工作。从教育规律看，教育是一种长期的潜移默化的行为，具有延伸性和导向性，学校教育的成果并不完全体现在学校教育时期，而更多地体现在学生离开校园之后，体现在学生踏入社会走上工作岗位之后，体现在社会重大历史时刻。因此，高校学生思想教育应避免因急功近利急于求成而产生的不良或负面影响。在新时期新形势下，高校学生思想政治工作具有以下显著特点：

1. 各种国际思潮的挑战和冲击使大学生思想政治工作的复杂程度加深

当今世界，在经济全球化政治多极化浪潮的强烈冲击和影响下，特别是随着高新技术蓬勃发展和日新月异，思想和意识形态领域也发生着巨大的变化，世界范围内各种思想文化相互浸透激荡，冲击和动摇着当代大学生既有的行为准则生活方式，打破了原有的价值取向，造成部分学生精神困惑价值标准混乱、思想政治方向迷失。这些情况表明，在经济全球化、政治多极化信息传递多样化的背景下，严重冲击和影响了高校思想政治工作的主导价值，使大学生思想政治工作更加多样化、复杂化。

2. 市场经济的社会背景对大学生思想政治工作产生深刻影响

在社会主义市场经济环境下，人们的生活方式、就业方式和价值体系都日益多样化，人们对事物的选择性，以及个性的差异性和多变性也日益增强，对外界事物和个人前途的期望也会随之发生巨大变化。大学生思想活跃，容易接受新事物，是一个容易为外界环境所感染的特殊群体。市场经济活动不可避免地会诱发出拜金主义、享乐主义、自由主义等，对一些学生的人生观和价值观造成影响。这就要求高校思想政治工作者追根溯源，了解和把握学生思想工作的特点和规律，对症下药，及时解决大学生思想上的困惑与心理上的不适等问题。

3. 网络时代的高速信息传播对大学生思想政治工作提出挑战

随着高新技术的迅猛发展，网络逐渐成为第四传播媒体（继报纸广播和电视之后）。有人形象地说：谁掌握了现代信息，控制了网络，谁就掌握了世界。当今社会，网络已悄然深入到我们日常生活的各个领域，改变着我们的学习方式、生活方式、交往方式和娱乐方式，甚至还改变了思维方式和语言习惯。当然，也对高校学生的生活学习和思想观念等产生着巨大而深刻的影响。由于网络具有无限开放互动性和虚拟性等特点，加之有些学生缺乏对网络信息和社会思潮的鉴别力和控制力，这就使一些学生的网上行为偏离了正常的道德规范和标准。另外，信息的超载和海量，往往也使学生对信息缺乏理性的思考与分析，无法有效地自我约束和道德自律，甚至脱离现实，沉迷于虚无缥缈的网络世界。

4. 独生子女的性格特点对大学生思想政治工作提出了新要求

各高校的在校生，大部分都是独生子女。他们在家庭中有很强的优越感，自我意识强，喜欢张扬个性，传统的思想观念和意识对他们影响较小。这些学生为人处世推崇实用主义，随波逐流，具有相当大的随意性和盲目性，易受他人影响和左右，做事好高骛远，急功近利，导致了自身学习系统性的缺失和破坏。这就对高校大学生思想政治工作提出了新要求。

（三）新时期高校大学生思想政治工作的举措与对策

1. 用马克思主义指导思想占领高校思想阵地，把握大学生思想政治的教育方向

马克思主义指导思想是我们党的根本指针，是我国社会主义核心价值观的精髓和灵魂。高校是教育和培养人的地方，肩负着生产和传播思想文化的重要任务，因此，高校必须用马克思主义理论去占领这个教育主阵地，用中国化的马克思主义最新成果教育和武装大学生，使马克思主义在高校思想意识形态领域始终占据主导地位。同时，还要面向全体学生进行党的基本理论、基本纲领、基本路线教育，基本国情和形势政策教育，使大学生端正认识，明确自己的社会责任和历史使命，积极引导大学生牢固树立马克思主义的信念，正确认识经济社会的发展趋势，明辨思想意识形态领域中的主流与支流，以便在错综复杂的社会现象中保持清醒的头脑，看清本质、明确方向。

2. 加强高校思想政治理论课建设，不断创新教学内容

高校思想政治理论课是对大学生进行思想政治教育的主要场合和渠道。

（1）对高校思想政治理论课的教学内容进行创新，及时向学生传授当代马克思主义最新成果，使马克思主义理论成为动态富有生命力的思想体系。要运用科学发展观，突出当前形势与政策、和谐社会建设等教育，不断根据形势发展要求及时对高校思想政治理论课的学科课程教材进行改革。

（2）将大学生心理健康教育纳入思想政治工作范围。由于大学生面临着学业、经济、就业等多重压力，其心理健康必然会影响他们的思想状态和人生观，因此，必须重视和加强对大学生的心理健康教育。

3. 运用现代网络载体，有效开展思想政治工作

要重视高校网络文化内容的更新和建设，充分发挥网络在培养人、教育人、塑造人的过程中的优势，利用网络具备的个性化和自由化的特征，借助网络对学生进行真正意义上的思想个性化教育。在网络中进行思想政治教育具有空前的自由度和极强的渗透性，这就为高校思想政治教育多样化、多元化提供了契机。因此，要根据大学生心理和生理特点，积极推出大学生喜闻乐见、生动活泼、富有教育意义的内容，让网络成为思想政治理论教育的好帮手。

4. 加强高校学生思想政治工作队伍建设，确保机制完善高效

高校要充分认识并高度重视加强高校学生思想政治工作队伍建设的重要性和必要性，将学生思想政治工作队伍视为学校党政管理骨干教学科研骨干，建设一支政治可靠、理论功底扎实，道德水准高、心理素质好，勇于开拓创新、善于联系实际的思想政治理论课教师队伍；建设一支具有献身事业精神和高尚职业道德，能从政治上、生活上关爱和贴近学生，并在学生中享有较高威信的班主任辅导员队伍。只有这样，才能确保高校学生思想政治工作机制完善、工作高效。

二、毕业生就业多元化视野下高校德育工作初探

近年来，随着高校就业创业教育的不断加强和就业渠道的逐步拓宽，高

校毕业生就业呈现出就业形式多元化、自主创业多元化等特征。本书从毕业生就业多元化视野出发，探索高校德育工作的新思路。

（一）毕业生就业多元化视野下高校德育工作的内容

高校在就业工作中加强德育工作，既是育人的重要手段，也是帮助高校毕业生顺利走出校门，实现充分就业的迫切需要。毕业生就业多元化视野下高校德育工作的主要内容如下：

1. 加强思想政治品德教育与法治教育

高校毕业生的思想政治品德教育的主要任务是，帮助大学生深刻认识所担负的政治使命和社会责任，认清当前的就业形势尤其是全球金融危机下的就业状况，合理调整就业期望值，树立到基层就业、到西部就业的心理和思想准备，树立科学的成才观。同时，要加强高校毕业生的法治教育和诚信教育，杜绝伪造证件、制作虚假简历、单方面毁约等就业失信现象。教育学生要知法懂法，对自己的行为承担法律责任与社会责任。

2. 推进高校毕业生的择业、就业与创业观教育

高校要结合毕业生的思想实际开展毕业前的就业、择业与创业观教育，通过专题讲座、各类报告、实践考察等多种形式，尽快帮助高校毕业生解决“我是什么人？”“我想做什么？”“我适合做什么？”“我怎样去做？”等问题。在思想教育过程中，要重视培养学生具有强烈的事业心、高度的社会责任感，引导学生根据自己的特长和兴趣，尽早开展职业生涯规划，明确就业目标和发展方向。

3. 注重人文关怀和心理疏导

面对严峻的就业形势和激烈的就业竞争，高校毕业生由于成长经历、心理素质等差异，在就业过程中会引发各种各样的心理问题，如自卑、焦虑、攀比、从众等心理问题。如果不及时对高校毕业生的这些心理进行调适与引导，很容易产生心理障碍，妨碍正常的就业。高校要注重人文关怀和心理疏导，加强心理健康教育，结合毕业生的心理问题，分析产生这些心理的主客观原因，通过多种方式进行教育和心理疏导，帮助高校毕业生在择业中科学定位、合理定位。

（二）毕业生就业多元化视野下高校思想道德教育平台建设的对策

高校毕业生就业多元化视野下，对高校德育工作提出了更高的要求，既要能满足高校毕业生的需求，又要能满足企业、社会对高校毕业生的要求。当前，高校德育工作平台要加强“五化建设”。

（1）高校德育工作平台制度化。高校德育工作必须贯穿于就业教育的全过程。在新的历史条件下，大学生就业形势呈现出许多新问题、新特点。高校只有认真研究这些新问题，把握这些新特点，才能有效地开展德育工作。高校必须有针对性地开展思想政治品德教育与法治教育，帮助大学生在择业、就业的过程中转变思想观念，树立正确的就业观与成才观。然而，要坚持把高校德育工作做好、做实，就必须具有制度保障。高校要建章立制，通过制度的形式，把相关德育工作固化下来，才能确保高校德育工作制度化。

（2）高校德育工作平台日常化。高校在日常教学和高校活动中，要渗入思想道德教育。教师要以自身的高素质和行为带动毕业生主动参与到思想道德教育活动中，形成积极向上的高校氛围。在主要学科的教学中，辅以高校思想道德教育引导，形成良好的学习风气。在校园文化活动中，坚持正确的思想道德方向。如以学科、专业竞赛为载体，开展挑战杯、数学建模等活动，培养大学生的创新意识与学术科研精神或以社团文化活动为载体，寓教于乐，吸引广大学生积极参与，培养兴趣爱好，拓展特长能力。

（3）高校德育工作平台人性化。一方面，重视对大学生竞争心理的引导，告诉高校毕业生竞争和挫折并不可怕，任何机会都不是决定性的，也不是唯一的，关键是要有积极和健康的心态。另一方面，培养高校毕业生积极健康的竞争意识，推行阳光下的竞争。高校教师应有效利用以课堂教学为主、个别心理指导为辅的教学手段对学生进行职业心理教育，要掌握毕业生的思想动态和心理特点，为学生解决心理问题，满足不同高校毕业生个体的需求。

（4）高校德育工作平台信息化。在互联网日益发达的今天，高校要积极运用新媒体，以电子邮箱、聊天室、论坛等多种形式，在互联网上开展德育工作，安排专门的老师负责及时了解、把握和引导高校毕业生的思想道德方向，开设以电话咨询为主体的电话思想道德教育高校平台，安排专业的老师及时回答高校毕业生在思想道德方面遇到的问题，展开梳理和引导，巩固思想道德教育成果。运用短信、飞信等高校毕业生善于使用、正在使用、多面使用等多种方式，向高校毕业生提供方便高效的思想道德教育，实现高校思想道德教育成效最大化。

（5）高校德育工作平台趣味化。心理学认为，兴趣是求知的前提，是学习的巨大原动力，要使高校毕业生接受思想道德教育，就必须激发其学习兴趣。如果高校毕业生对学习思想道德产生浓厚的兴趣，那么就会积极主动地学习；反之，则启而不发，学而不进，很难达到预期的效果。因此，高校思想道德教育高校平台必须对高效毕业生具有强烈的吸引力。如采用青春影视剧、漫画、歌舞活动、趣味比赛等多种高校毕业生易于接受、易于融入的方式，附加于高校德育工作平台中，提高其对高校毕业生的吸引力和参与学习的积极性。

三、浅谈信息在高校学生思想政治工作中的特殊作用

当前，信息技术的迅猛发展和广泛运用，带来了新技术革命的蓬勃发展，也向教育提出了严峻挑战。高校为了提高办学效率和办学水平，也在逐步推进各项改革。特别是近年来，教学制度从学年制、学分学年制向学分制转变，学生选课自由度加大，班级的作用受到一定的限制，以班为单位开展学生思想政治工作的模式越来越不能适应新形势的需要。而社会正向信息化迈进，因特网的出现，报刊、电视等大众媒体的广泛传播，必然会对学生的思想观念、价值取向、思维方式、个性心理产生深刻影响。在这种新形势下，如何迎接知识经济和信息时代的挑战，做好学生的思想政治工作，已成了一个新的课题。

（一）信息在高校学生思想政治工作中的特殊性

信息是人类社会赖以生存的可再生资源与再生资源之外，人们借以认识世界、改选世界的第三类资源。进入信息时代以后，人类社会的竞争，越来越表现为掌握和运用信息的角逐。任何社会活动，其价值的增大、成效的增长、效率的提高莫不与其信息活动息息相关，高校也不例外。

高校学生思想政治工作为什么要重视信息工作，主要是因为当前学生思想政治工作难以适应形势发展的需要。高校学生思想活跃、反应敏锐、接受能力强。信息时代，特别是网络的出现，使高校学生了解信息的渠道更宽，接触面更广，接触到的不同的观点更多，使学生在思想上形成两个比较明显的特点：一是理解信息的多维化，他们很难再简单地按照教育者事先设计的思想和目标去理解和领会信息；二是理解信息更加主动，他们会按照自己的人生观、价值观、择业观、恋爱观将各种信息进行比较，选择自己认为是正

确的，而不像过去那样被动地接受教育者的灌输和安排。一方面，高校学生的自我意识在明显增加。另一方面，由于市场经济的冲击，一些拜金主义、享乐主义、极端个人主义的不良思想也在不断地侵蚀高校学生。

在这种情况下，我们的学生思想政治工作仍然还存在一些流于形式、不够深入的问题。一是有的教师用空洞的说教代替思想政治工作，学生思想政治工作更多的是粗线条、大轮廓。一个最突出的问题就是，学生思想政治工作没有做深、做细、做到学生心里去。其原因就在于与学生接触时间少、接触方式单一，对学生了解不够、分析不够，因此，学生思想政治工作很难深下去、细下去。二是专门的学生思想政治工作队伍力量薄弱，而且自身发展后劲不足，思想政治工作的手段、方法和载体也相对滞后于时代和现代科技发展的步伐，大多是在相对封闭的状态下进行的，难以适应新形势下学生思想政治工作的新要求。而信息对于做好学生思想政治工作具有特殊作用，笔者认为，主要体现在以下三个方面：

（1）对学生思想政治工作具有辅助决策作用。现代决策学表明，决策的基础和前提是占有大量信息。掌握的学生信息量越大，学生思想政治工作就越有针对性、科学性和实效性。

（2）对学生思想具有预测预警作用。在大量掌握学生信息的基础上，客观地分析学生的思想动态及学生关注的热点、难点问题，才能准确把握学生的心理及行为，对学生思想做一些预测，从而掌握学生思想政治工作的主动权。

（3）在学生思想政治工作中具有协调沟通作用。在学生工作中经常编发一些关于学生思想动态的信息，一方面让学校教职工了解学生想什么、盼什么、关注什么，从而在教职工中形成合力，在教学、管理、后勤报务中更好地开展学生思想政治工作。另一方面学生通过这些信息，也可以了解到他们关心的问题，如毕业分配等，从而更好地沟通师生之间、学生与学校之间的感情。这些作用都有利于更好地开展学生思想政治工作。

（二）高校学生思想政治工作中应关注的信息重点和难点

古人云：“知己知彼，百战不殆。”做好学生思想政治工作首先要了解学生的思想状况，搞清楚他们思想中存在的问题，这样才能“对症下药”，才能针对不同的对象、不同的情况，采取不同的办法，才能做好深入细致的思想政治工作，才能做到有的放矢，取得良好效果。例如，国家各项政策出台以后和学校制定涉及学生的相关政策之前，学校要及时搜集学生的反映，听取他们的意见和建议。同时，还要定期分析学生在高等教育转轨和制度改革过程中在思想上存在的深层次问题，认真分析这些问题存在的原因和表现形式。对学生思想中存在的错误观念，要通过教育，帮助他们转变观念，提高认识，增强其辨别是非的能力；对学生思想中存在的一些模糊认识，要帮助他们澄清；有不满情绪的，要引导他们通过正常途径，以正确的方式反映、倾诉或发泄，尽可能理顺学生的思想情绪，充分调动他们的学习主动性和积极性。笔者认为，当前做好学生思想政治工作，要重点抓好三个方面的信息。

1. 及时搜集问题信息改进学校工作

这里所说的问题信息主要是指学生中反映出来的学校工作中存在的问题。它往往会成为影响学生情绪的导火线，有时甚至还会影响学校局部的稳定。例如，任课教师教学水平低，教学效果差，学生反映强烈。如果不及时加以解决，就会导致学生产生逆反心理，不认真听课或逃课，甚至使师生关系紧张引发一些不必要的事端。任何问题的发生一般都有预兆，月晕而风，础润而雨。因此，学校要把搜集问题信息作为促进和改进学生思想政治工作的一项重要措施经常化、制度化。通过定期召开不同层次的学生座谈会、进行问卷调查、个别谈心等方法，听取学生对教学、科研、管理、后勤服务等各项工作的意见和建议，并针对学生反映出来的问题，认真调查研究。情况属实的要及时调整和改进学校工作；情况不属实的，应加强对学生的引导，认真做好说服疏导工作，以争取学生的信任和支持，从而为做好学生思想工作奠定良好的感情和思想基础。

2. 经常了解热点、难点信息，帮助学生排忧解难

学生信息总是与学生关注的热点和难点相关，并且不同时期、不同阶段学生关注的热点和难点也不同。因此，在学生思想工作中要特别关注这些热点和难点信息，经常了解和反映学生的所愁所盼，为学生排忧解难。例如，对学生当前最为关注的就业问题，可以通过编印简报、召开信息发布会等形式，将就业信息及时反馈给学生；还可以主动邀请用人单位到学校召开供需见面会，鼓励学生积极参加省地举办的大学毕业生人才交流会等，帮助学生树立正确的择业观，为学生解决实际问题和困难提供线索，使信息成为沟通师生心灵的桥梁，密切师生关系的纽带。心理学表明，要激发人的善良动机，调动人的正常需求，离不开情感因素的影响力。学生思想政治工作要激发学生的学习动机、爱国热情，思想政治工作者首先要想学生之所想，急学生之所急。高校由于主客观因素的影响，师生之间有时会出现心理距离，人为地导致学生思想政治工作的一些困难。而感情因素影响力的正确发挥则有助于

这种心理距离的缩短与消除。而信息在情感因素的影响力发挥中正好充当了媒介作用。对学生热点、难点的关注与投入，会赢得学生的尊重和敬佩，必将“投之以桃，报之以李”。

3. 定期分析治安信息，防患于未然

保持稳定的校园秩序和良好的治安环境，也是做好学生思想政治工作的一个重要前提。特别是近年来，高校打架斗殴、酗酒闹事、与校外人员纠纷等问题长期存在，不但直接影响学生的人身、财产安全，而且会给学校带来一些不安定因素。因此，学校必须高度重视校园治安动态信息。一是发生治安事件要及时上报，并迅速掌握信息进展情况，果断采取措施，做好学生思想政治工作，尽可能减少损失和不良影响。二是平时要定期分析学校内存在的不稳定因素，抓学生思想苗头，特别是一些预警性信息、苗头性信息、倾向性信息，要特别注意。要及时采取措施，进行监控，把不稳定因素消灭在萌芽状态，防止小病变大病。

（三）充分发挥信息在高校学生思想政治工作在的作用

要充分发挥信息在学生思想政治工作的特殊作用，笔者认为，应该做好以下几个方面的工作：

1. 深刻认识信息在学生思想工作中的特殊作用，真正从思想上牢固树立“信息第一”的意识，努力提高开展信息工作的能力

到目前为止，许多高校思想政治工作者并没有对信息工作引起高度的重视，而是受习惯思维定势的影响，满足于传统的思想政治工作模式。对信息化条件下的学生思想政治工作缺乏深入的探索和研究。如对“大学生在网上做什么”的问题还较少有人关注。其中一个重要的原因是，许多高校思想政治工作者对网络知识知之太少，心有余而力不足。有人坦言，21 世纪是信息支撑的世纪。面对信息时代的挑战，思想政治工作者必须加强学习，增强信息观念，努力提高搜集、分析、监控、处理信息的能力，在思想政治工作中实现思维方式从“信息灌输”向“信息引导”“信息分析”的转变。

2. 建立信息网，加强思想预测，把信息触角延伸到学校的各个角落，形成纵横交错、上下连动的信息网络

要在学生工作中，不断拓宽信息领域，畅通信息渠道，在有效获取多方

位学生信息的基础上，抓住有利时机，进行动态监测，对学生信息进行定性和定量分析，从而更有针对性地开展学生思想政治工作。

第一，要加强信息员队伍建设。一是以学生处为中心，在各系及党支部设兼职信息员负责各系信息调研工作。兼职信息员可聘请系秘书或支委担任。二是在学生中挑选优秀班干部、团干部、宿舍舍长、社团负责人担任信息员，定期反馈学生中的第一手信息。

第二，要善于利用信息渠道，借鉴和学习其他院校在学生思想政治工作的经验。要充分利用因特网、报刊、电视等媒体，积极搜集兄弟院校在学生思想政治工作中的好经验、好办法。并按照不同选题进行筛选、归类、整理后提供给学校，为学校有针对性地开展学生思想政治工作提供决策参考。

第三，学校要设置专门机构由专人负责学生信息的搜集、分析、处理工作，编发《学生信息》。学生信息要避免套话、大话、空话，要具有针对性、操作性和指导性。

3. 加强网络建设，充分发挥校园网的作用

校园网是有形的，但它又同时代表着一种新的生活方式和学习方式，一种新技术革命时代的文化。因此，要站在视“有形网络”为“无形文化”的新起点上，按照“统筹规划，需求推动”的原则，逐步加快校园网的建设，并尽快实现信息资源共享，尽快使思想政治教育、学生心理咨询、勤工助学、就业信息与指导进入网络。同时，加强网络思想教育理论与实践研究，积极探索网络条件下学生思想政治工作的新途径、新办法。

（1）要加强对网络的监控，注意浏览学生在BBS上发表的署名或匿名文章，分析学生的想法和建议，从中发现一些带有倾向性、苗头性的信息。

（2）要对各类不良信息进行技术过滤，对某些不符合事实或影响全局的观点及时提供事实进行反驳，针对一些热点问题提出正确的观点，进行正面引导。

（3）要精心策划，开展融思想性、知识性、趣味性于一体的网上校园文化活动，如开设网上论坛，对学生关注的热点上网等问题进行讨论。

4. 建立健全信息工作制度，确保信息工作高效运转

一是建立重点信息必报制度，保证问题信息、热点难点信息、治安信息的及时、准确上报。二是建立信息通报制度，定期或不定期通报学生思想、学习、生活情况。三是建立信息预约制度，给信息员出题目、提要求，变被动等信息为主动挖信息，增强信息的时效性和有用性。四是建立激励约束机制，充分调动信息员的积极性，使信息工作队伍始终保持生机和活力。对质

量高、作用大的学生信息要通报表扬和给予物质奖励。

四、发挥高校社团在新形势下对大学生思想政治教育的作用

当前，国际国内形势深刻的变化使大学生思想政治教育环境也出现了一系列的新变化和新特点。就宏观而言，社会对大学生综合素质要求的不断提高，大学生群体构成表现出规模扩大、来源多样，学习、生活方式出现的新变化等特点；就微观而言，学生生理、心理发展表现出明显的特点，这些新变化和新特点，对大学生思想政治教育提出了一系列新课题。当前，高校学生社团正以空前的速度蓬勃发展，成为高校中具有重大影响力和凝聚力的群体。因而发挥高校社团在新形势下对大学生思想政治教育的作用具有重要的现实意义。

（一）高校学生社团在大学生思想教育的作用

大学生社团是由高校学生依据兴趣爱好自愿组成，按照章程自立开展活动的学生组织。这类组织形成的基础是学生之间有共同的兴趣爱好、生活方式、价值观和共谋发展的需要，以提高学生的综合素质水平为基本宗旨和主要任务。

目前高校有各种类型的学生社团，根据它们在学生思想教育工作中的作用，可分为和谐型、中间型和抵触型三种。

和谐型的社团在学生思想教育目标方向性上同正式组织教育是一致的。它们积极支持、配合学风、校风建设，通过参与社团活动来张扬个性，锻炼自我，并获得社会认可，如理论学习社团即属此类。

中间型的学生社团对学校的思想政治教育工作不够重视，有脱离思想教育的迹象，当集体活动有利于他们时，能主动参与；反之，则漠不关心，但一般也不会与集体利益发生尖锐冲突，如学校普遍存在的老乡会等。

抵触型的社团与学校思想政治教育工作处于对立状态。这种类型虽然比较少，但它们的破坏性极强，如带有犯罪倾向，逆反心理比较强的小群体。

（二）高校学生社团特点对大学生思想教育的影响

1. 知识化特征在高校社团中呈主体地位

高校社团的构成主体是高校大学生。大学生的科学文化、思想道德等方

面的基本素质都较高，加之受学校纪律的约束，因而高校学生社团便于引导，比一般社团更能充分发挥其积极作用，学生的思想教育工作也更具有自身的独特性和针对性。

2. 高校学生社团的青年性，使高校社团在学生思想教育工作中的作用呈上升趋势

随着高校的教学改革、学分制、教学方式的逐步实施，班级的概念正逐渐淡化，学生社团将逐渐取代班级地位，成为学生第二课堂的载体，从而使高校学生社团在学校思想政治教育中的积极和消极方面的作用日益明显。一方面，积极作用甚至要大于正式组织，学生社团对学校思想政治教育的认可，直接影响正式组织制定的规章制度能否得到很好的实施，对学风、校风建设起到促进作用。另一方面，学生社团的目标与正式组织的目标不一致时，可能会削弱正式组织的作用，会对工作产生抵抗情绪，甚至与集体发生对抗。

3. 注重学生个性化发展特点在当前高校学生社团表现得更明显

在新的形势下，大学生的思想观念、价值追求趋于多元化，大学生自立发展意识、自由空间越来越大，而校园正式组织开展活动的数量有限。因而近年来高校社团以特有的活力和注重青年学生个性呈现蓬勃发展之势。

4. 高校社团的开放性日益扩大

从学生社团的活动范围和内容来看，高校学生社团活动正由社团内部或校内自我封闭循环方式转变，走出校园、深入社会实践。随着素质教育的不断推进，高校大学生的综合素质培养问题愈来愈受到重视，大学生不仅要在校园里完善知识结构，还要走出校门，到社会的广阔大舞台中去经历风雨。因而社团的开放性使社团作为原点传播、发散大学生思想的速度更快，更具辐射性和影响力。

（三）高校学生社团存在的问题对思想教育工作的影响

1. 社团之间良莠不齐的状况比较明显

有些社团规模大、活动多、影响面广，自身建设完善，发展空间大。有些社团却没有章程，只凭社团成员的热情维持，这些社团活动的有序性和规范性还需加强。由于社团工作缺乏有序性和规范性，开展活动又较频繁，活

动中就容易存在一定的事故隐患，因此学生社团在对学生思想政治教育中产生积极作用的同时，也会产生一定的消极作用。

2. 社团活动层次有待进一步提高

许多社团的活动缺乏整体策划，缺乏教师指导，尽管大部分社团拥有自己的指导教师，但因为指导教师是义务为社团兼职不可能投入全部精力，使一些社团活动内容在低水平上重复，教师的思想政治教育作用的功能被弱化。

3. 学校对社团核心成员的思想教育和培养重视不够

目前，许多社团比较轻视社团新老成员的衔接和传统的承袭，包括社团资料、活动档案的留存。一些社团前几年活动轰轰烈烈，几年后销声匿迹，很大原因是由于该社团的核心成员只重视自己在任期间的活动怎么样，而不关心对下一任核心成员的培养。以至于核心成员毕业后，使一个社团走向终结。当前，学校对核心成员的思想教育和培养还不够重视。

4. 学生社团缺乏针对性和规范化的引导

学生社团不加以引导可能会演变成“帮派主义”。由于学生社团成员联系紧密，在同正式组织成员间缺乏沟通的情况下，学生社团成员容易形成“帮派”，影响集体的内聚力和团结，从而影响学校的校风和学风。

（四）正确引导高校学生社团，充分发挥学生社团在思想政治教育中的作用

1. 充分认识学生社团是新形势下高校学生思想政治教育工作的新增长点

当代大学生交往空间扩大，学生不再满足于第一课堂的知识传授，不再囿于原有的班级宿舍为单位的活动形式，他们迫切需要适合青年自身特点的能实现互教互学、提供交流机会、锻炼、表现自己、发展个人兴趣爱好的组织形式。因此，高校思想政治工作应加深对学生社团的认识。现代管理学家们认为忽视学生社团会对工作带来重大损失。因此，在学生思想政治教育工作中必须把正式组织和学生社团结合起来考虑，充分利用学生社团在协调人际关系、联络感情、满足心理需要、相互合作、提高工作效益等方面的积极作用，把学生社团作为当前高校学生思想政治教育工作的新增长点来抓，把学生社团作为学生思想政治教育引导的重要阵地。通过社团组织能有效集中搜集学生的思想动态，有利于有针对性地开展思想教育。同时，社团作为原

点更有传播、发散良性思想的作用，这对于减轻思想教育工作量和提高思想政治工作的成功率有着积极作用。

2. 高校社团应注重管理，分类教育引导，确保学生社团健康发展

（1）加强社团制度管理是有效凝聚青年学生开展思想政治教育的重要方式。对高校学生社团要坚持建设和管理并重，积极支持学生社团开展活动和加强指导、加大经费投入，规范完善管理办法。

（2）重点教育，加强对社团核心骨干的培养教育工作。学生社团的核心骨干相对于组织的每个成员来说，更容易被外界了解，同时，他们都具有较大的影响力和约束力。他们的一举一动都会得到其他成员的响应，他们对成员的影响有积极的也有消极的，因此核心成员是思想政治教育的突破口。做好了他们的教育引导工作，其他成员的工作往往也就迎刃而解了。同时，抓好社团骨干的培训工作，实行社团负责人持证上岗制度，开办培训班，开设专门课程对社团负责人进行培训。

（3）学校职能部门应制定社团管理办法，成立学生社团管理中心，通过思想政治教育工作进社团，党团组织建设进社团等措施，加强对学生社团组织的调控，建立学生社团评估体系和"星级社团"评选、"社团升留级"制度的建设，这些措施将逐步使学生社团的思想政治教育工作进入规范化管理的轨道。

3. 高校教师应积极参与学生社团，积极推动学生社团上水平、上层次、增强思想政治教育工作的实效性

一方面，学生社团的主体是学生，学生的积极性、主动性、创造性是学生社团的生命力所在；另一方面，教师的参与和必要的投入则是学生社团上层次、上水平、增强思想政治教育力度的关键所在。教师参与树立"全员德育"观念，鼓励热心学生社团工作的教师积极地介入学生社团活动，为学生社团建设提供教师指导力量的保障。为了在制度上落实教师积极介入学生社团活动，学校应把教师在这方面的业绩作为评选教书育人先进和工作考核的重要依据。

4. 区别对待三种类型的社团

三种类型的学生社团对学生管理的影响和作用各不相同，因此要区别对待、扬长避短。三种类型的社团中，对和谐型的学生社团关键是引导上层次；对中间型社团进行规范化管理；对"抵触型"学生社团，加强思想教育和转

化工作。对和谐型社团，要大力支持和鼓励，提升社团的地位，加大投入增强成员间的凝聚力，引导其他同学积极参加。对中间型社团，要进一步加强制度建设，对社团的负责人进行培训，鼓励他们朝星级社团发展。对“抵触型”社团，我们不能把它们定性为“小团体”而加以排斥，教育转化要结合他们的兴趣、爱好，理解、尊重他们的心理需要相结合，充分肯定社团的闪光点，利用他们的长处，推动社团的发展，让他们感受到成功的快感。

5. 深入社团组织，把握学生思想动态，使思想政治工作更具有针对性和实效性

社团作为在校学生组织的特有形式，是部分学生的集合体。学生社团是校园文化的载体，校园文化能给人以感染力和影响力，优秀的校园文化能给人以积极向上的鼓励，学生社团对促进并形成健康、高雅的校园文化有着十分重要的作用。从学校思想政治工作的角度看，通过社团组织能及时把握学生的思想动态，能摸清学生的价值取向趋势和他们的需要，以提高思想教育工作的针对性和实效性。通过对社团引导和教育工作，抛弃校园中学生的不良思想和行为，使校园文化和学生思想朝着健康的方向发展。

五、新媒体环境下高校自组织网络群舆论引导研究

在现代信息技术和新融合传播环境浪潮的推动下，新媒体成为重要的社会舆论集散枢纽。高校是大学生运用新媒体的密集区和网络舆论晴雨表的重要窗口。德国社会学家伊丽莎白·诺尔·诺依曼将网络舆论比作“我们的社会皮肤”。当前，我国社会转型期的各种社会思潮、社会矛盾、社会热点等问题和新媒体现代传播方式聚集交融，形成的高校自组织网络群舆论对大学生的价值理念、思维模式、行为规范、个性心理、政治倾向都产生了广泛而深刻的影响。因此，研究新媒体环境下高校自组织网络群舆论的主体、客体和媒介的特点，积极探索高校自组织网络群体舆论引导机制，促进和谐校园建设和大学生健康成长是新时期高校德育工作的一项重要课题。

（一）新媒体环境下高校自组织网络群舆论的研究背景

1. 新媒体的发展状况

新媒体是一个全新的舆论传播平台，与传统媒体舆论相比，它是以数字

信息技术为基础，以互动传播为特点、具有创新形态的媒体，是所有人对所有人的传播，是大众传播向分众传播转变的一个重要标志。当前新媒体的发展主要表现在三个方面：Web 2.0 理念的兴起与运用、新媒体传播环境的融合、多元终端的运用。

第一，Web 2.0 理念的兴起与运用。Web 2.0 是互联网理念的升级换代，它将互联网由原来自上而下的由少数信息资源控制者集中主导，转变为自下而上的由广大用户集体智慧力量主导的体系。Web 2.0 的理念中没有核心管理者和传播者，是平民化、去中心化的平台，它将互联网的主导权交还给个人，充分调动个人的积极性和创造性，使互联网的理念提升到新的阶段。现今互联网上代表性的应用有博客（blog）、标签（tog）、维基（wiki）、社会网络（SNS）、内容聚合（RSS）等。

第二，新媒体传播环境的融合。新媒体传播环境的融合表现为：传统媒体与新媒体融合、三网融合、有线与无线宽带网融合。三网融合是当前正在积极推广的一种最新融合方式，是互联网络、电视网络、手机网络在业务上、网络上和用户终端功能上实现融合。三网融合保持了接入互联网的多样化，发挥各自优势以适合不同情况，又能使用户通过多样化的终端设备接入网络，获得更加丰富的资讯信息。例如，中国移动开发的“飞信”聊天软件可以通过短信方式、WAP 方式、PC 方式、JAVA 方式、语音方式等接入互联网，并支持手机和电脑的多端登录以及应用时的任意切换，在一定程度上实现了多种网络之间的融合。

第二，多元终端的运用。随着无线网络技术的发展以及手机上网服务的广泛应用，上网终端不再局限于台式电脑、手机、PDA（个人数字助理）、MP4 播放器、上网本、移动电视设备都成为上网的终端。随着三网融合的不断深入，多媒体信息既可以通过互联网，也可以通过手机等终端载体传播，用户可以随时随地获得上网服务。目前，我国 3G 手机发展迅猛，中国移动推出了速度可达 2Mb/s 的上网服务，为手机上网提供了良好的技术保障。

2. 大学生与新媒体接触的现状

目前，大学生具有普遍接触新媒体的趋势。课题组在昭通师范高等专科学校校园网上进行了大学生与新媒体接触的情况调查，调查结果显示：参与这次调查的在校大学生共 2 600 人，其中，“最近六个月来，你从哪里获得信息”有 2 500 人选择互联网，以 96.1%高居榜首，有 57.2% 的大学生选择每天上网 1 ~ 3 个小时，有 43.9% 的大学生选择上网主要做的事是更新博客、个人主页等，有 51.3% 的大学生选择每月使用手机发短信 20 ~ 50 条，有 58%的大学生选择每天使用手机上网时间超过 20 分钟。由此可见，新媒体已经成为大学生生活、学习、交流、娱乐的重要平台。

3. 新媒体环境下高校自组织网络群舆论的特征

高校自组织网络群体舆论是构成高校校园舆论的重要组成部分。作为一个全新的舆论传播平台，与传统媒体舆论相比，高校自组织网络群舆论形成的主体、客体和媒介都发生了显著的变化。深入研究高校自组织网络群舆论特征，引导高校自组织网络群舆论促进和谐校园建设具有重要的意义。

第一，高校自组织网络群舆论客体内容具有专业深度的广泛性。

新媒体所有人对所有人的分众传播模式，高校自组织网络群的自主性、青年性、民主性特征和高校学术文化专业性三者融合，使高校自组织网络群舆论客体内容具有专业深度的广泛性。一方面，高校自组织网络群的自主性、青年性、民主性特征激发了大学生广泛参与的积极性，组成成员大部分来至同一院校，致使网络群体表现出兴趣、态度、观点、知识结构等方面的相似性；另一方面，新媒体所有人对所有人的传播模式，扩大了外校和社会上其他成员的加入，导致网络群成员的年龄、身份、社会地位等方面的差异，使网络群体又表现出相异性。高校自组织网络群体具有的相似相异性，使网络舆论的内容既有共性又有差异性，增加了网络舆论内容的广泛性，使网络舆论的内容覆盖经济、政治、文化、外交、教育、军事等社会问题的各个方面，加之高校自身特有的学术文化专业性，使高校自组织网络群舆论内容更具有深度、专业、权威的特质。高校自组织网络群舆论内容所具有的专业深度的广泛性扩大了它对整个网络舆论的引导力和影响力。

第二，高校自组织网络群体舆论具有对主体思想的引导内化性。

新媒体分众化传播模式孕育了越来越多的高校自组织网络群，由高校自组织网络群形成的舆论对大学生的思想有着极其重要的引导内化作用。高校自组织网络群舆论的引导内化作用是伴随高校自组织网络群舆论三个阶段形成而形成的。

第一阶段，高校自组织网络群舆论经历个体聚众、内化思想形成群体化舆论。大学生建立高校自组织网络群就是逐步完成个体聚众化的过程，建立起来的网络群体是具有共同需要和兴趣，并针对某种社会思潮、社会矛盾、社会热点等问题在高校自组织网络群发表言论，其中一部分成员的思想和言论能吸引和内化成另一批从众成员，使其在网络中形成具有相对统一的群体化舆论。

第二阶段，高校自组织网络群在个体聚众化的基础上进行聚核化过程凸现网络舆论领袖。在已经被聚众化起来的高校自组织群体中，个别成员积极传播其思想观念，其思想观念被网络群多数成员所感悟和认同，成为引导群体化舆论的核心人物，网络舆论领袖的出现标志着高校自组织网络群完成了聚核化过程。

第三阶段，高校自组织网络群在聚众化和聚核化的基础上，形成引导化舆论实现网络引导。当单个高校自组织网络群的群体化舆论迅速转化、传播和蔓延为整个高校自组织网络群的舆论，即形成社会关注的热点问题，实现了引导社会舆论。总之，高校自组织网络群舆论对网络成员的思想观念、思维模式和行为方式具有较强的引导性、内化性、定势性和强化性，网络成员的思想受到内化就难以改变，高校的引导舆论应在群体化舆论形成初期开展工作，应避免大学生思想形成定势而错过最佳引导时期。

第三，高校自组织网络群舆论传播介质的多样性。

高校自组织网络舆论是依靠新媒体介质的多载体、多渠道和多方式进行传播。高校自组织网络舆论传播载体主要有电脑、手机、PDA、MP4 播放器、上网本等。传播的主要渠道有互联网络、手机网络无线宽带网络等。传播的主要方式有即时通讯。即时通讯工具是当前被广泛使用的聊天工具，种类很多，如 ICQ、QQ、MSN 等。这类软件的特点就是互动性强，具有网上实时交流信息的功能。

电子公告板：BBS 是目前网民参与讨论、表达意见的最主要场所，大多数论坛都由相对固定的自组织网络群体组成，虽然这些论坛上的帖文话题较分散，但是，它们从各个侧面反映了网民的思想动向与意见倾向。

网络新闻及跟帖：网络新闻是事实性信息与意见性信息的集合。

博客和 QQ 空间：博客被誉为“平民媒介”，它是互联网应用上人们可以自由地表达自己、展现自己、经营自己的场所，并对传统的传播方式进行了冲击，重构了人们的话语权。

群电子邮件：群电子邮件是网络上最广泛，最成功的应用之一，是传播人们的意见，看法等内容的重要途径。

播客：播客即是自助广播，是一种全新的广播形式，它颠覆了被动收听广播的方式，使听众成为主动参与者。

维客：与博客相比，维客更强调多人协作。维客站点允许多人同时任意浏览、创建、更改网站上的页面。同一维客网站的写作者，自然构成了一个自组织网络群，从而进行舆论交流和传播。

总之，高校自组织网络群舆论传播介质的多样性，使高校自组织网络群舆论传播迅速、覆盖广泛，对网络舆论具有较强的影响力。

（二）高校自组织网络群舆论对德育工作的机遇和挑战

1. 高校自组织网络群舆论给德育工作带来的机遇

首先，高校自组织网络群体舆论导向内化的作用，能使高校德育工作利用高校自组织网络群体舆论的定势作用，在群体化舆论形成初期积极利用主导舆论，引导启发教育大学生，使之内化为精神动力把大学生的思想和行为引导到正确的轨道上。其次，高校自组织网络群舆论传播媒介的多样化，增加了高校德育工作的载体。高校德育工作利用高校自组织网络群舆论多载体、多渠道和多方式的传播模式提高主导舆论的覆盖力和渗透力。最后，高校自组织网络群体舆论预警预防作用，能使高校德育工作通过关注高校自组织网络群舆论的形成和发展，及时把握大学生的思想动态，对可能出现的矛盾保持警醒，以便科学研判，采取措施防止危机事件的发生。

2. 高校自组织网络群舆论给德育工作带来的挑战

首先，高校自组织网络群成员的广泛性、复杂性、异质性，增加了高校德育工作引导的难度。高校自组织网络群聚集了大量不同校的大学生成员，其实就是把大学生对社会问题反应快、易偏激的特点，高度凝聚化在网络群里。当某种错误思潮成主导舆论在各种高校自组织网络群中进行流传，高校自组织网络群成员受到网络舆论的引导和定势思维的影响，极易爆发社会群体性事件。其次，高校德育的主导性价值理念受到冲击。高校自组织网络群是开放性的平台，不同思想观念的传播和交融，不可避免地会混杂腐朽文化、错误思潮、虚假信息，这都使高校德育教育工的主导性价值理念受到多元思想观念冲击、挤压和挑战，导致大学生价值观念冲突激烈、价值选择困难。最后，高校德育教育方式受到影响。传统德育教育强意识形态化的灌输方式受到新媒体条件下民主、平等、自由等思想理念冲击，形成人人都是“发言人”，人人都有“麦克风”，打破传统的话语霸权，形成了平等的对话平台，所以当前德育工作出现“主体客体化，客体主体化”的现象，冲击了传统德育工作的教育模式。

（三）高校自组织网络群舆论引导的基本对策

1. 建设高校自组织网络群主导舆论领袖团队，引领网络舆论主旋律

为了提高高校自组织网络群主导舆论对大学生思想的影响力，学校应建

设一支由教师、辅导员、学生干部、学生工作负责人等组成的高校自组织网络群主导舆论领袖团队，聘请知识丰富、文字表达能力强、分析问题深刻、有独特见解的教师担任高校自组织网络群主导舆论领袖导师，充分发挥团队其他成员在学习发展、生活娱乐、思想沟通、体育健身、文学情感等方面的特殊知识才能，通过舆论领袖团队加入各类型高校自组织网络群发表各种言论，积极影响大学生的思想、学习、生活、修养等成长因素，引领高校自组织网络群舆论主旋律。

2. 精心构建高校网络平台综合功能，发挥高校自组织网络主导舆论的引导力

在新媒体环境下，高校网络平台的功能不能仅单纯满足于为当代大学生提供粗浅的信息资讯服务，当代互联网之争被称为“争夺眼球的战争”。高校网络平台必须在保持原有优势的同时，不断形成科学系统又及时有效的校园网络综合平台，建立集思想性、服务性、学习性、娱乐性、交互性于一体的校园网络综合平台，争夺大学生的“眼球”。通过思想性引导学生成长；通过服务性吸引学生关注；通过学习性吸引学生参加，如创办“学习超市”，利用3D虚拟平台，设置了虚拟大学、虚拟班级、虚拟课堂、虚拟试验室，建立了虚拟恐龙博物馆、航空博物馆、太空博物馆，吸引大学生主动学习；通过交互性增加教育的针对性和实效性，如网络环境宽松而自由，学生更容易暴露自己的真实想法，为高校德育工作者有针对性地开展学生思想工作提供了便利条件。总之，通过对高校网络平台综合功能的创新，凝聚网络人气，吸引大学生主动使用校园综合平台，发挥高校自组织网络主导舆论的引导力。

3. 创建一批优秀高校自组织网络群，发挥示范和引领作用

学校应通过激励措施，重点创建一批优秀高校自组织网络群，使之发挥示范和引领作用，从而带动整体高校自组织网络群，提高引领主导舆论的能力。对于被确定为示范的高校自组织网络群，学校应进行全程跟踪指导服务，并在队伍建设、活动经费、技术支撑、计划实施等方面提供支持和指导。

六、聚焦育人主题构建高校思想政治教育工作新模式

思想政治教育是教育工作者有目的、有意识、有计划的教育人、培育人的过程。传统的思想政治教育往往强调人的社会价值，而忽视人本身的意识

和价值，并且在教育的过程中，往往以教育工作者为中心，受教育者只当作客体，忽视了其自身的主观能动性，使受教育者一直处于被动的状态。在这样的背景下，当前的高校思想政治教育也不可避免地受到传统方法的影响。随着社会主义市场经济体制的发展，人们的经济、政治、文化也已经有了很大的变化，人们的思想也随着时代的发展出现了更强的开放性和自主性。传统的思想政治教育已经无法满足当代的需要，学生主体的发展要求思想政治教育应该促进主体发展，真正的"育人"。因此，在新形势下，高校思想政治教育应该重新审视现有的教育问题，结合时代的要求，聚焦"育人"的目标，转变传统的教育模式，构建高校思想政治教育工作新模式。

（一）当前高校思想政治教育存在的问题及原因探析

传统的高校思想政治教育由于受到计划经济的影响，主要强调统一性和权威性。在教育活动中，具有教师传授、学生服从并执行的特点。思想政治的教学采用的是"以课本为中心，以课堂为载体，通过教师传授给学生"的模式。这种教学模式有其自身的一些优点，在传统的教育体制下发挥了一定的作用，这是值得肯定的。但是，这种教学模式也有其自身的局限性，它不利于学生主体性的培养，忽视了学生个体的性格差异和背景的不同，难以满足学生成长和发展的现实需求。

当前，高校思想政治教育深受这种传统教育的影响，主要表现在如下几个方面：

第一，教育的目的往往忽视学生个体成长成才的需求，反而更加强调社会的需求。

第二，教育的价值观往往忽视教育的本意，反而更强调突出其功利性的价值。

第三，教育的内容往往忽视了培育人的完整性与全面性，反而更加强调工业社会技术的重要性。

第四，教育的方法主要采用理论灌输法，这种方法往往忽视了学生主动学习的能力，而是被动接受的学习，并且这样的教育方法常常枯燥乏味，使学生产生厌倦感。

第五，教学考评往往采用单一的考试方法，这种方法和考评结果往往制约了学生发挥自我意识的主动性和能力。

（二）聚焦育人主题构建高校思想政治教育工作新模式的内涵及核心理念

1. 内涵界定

聚焦“育人”主题所构建的高校思想政治教育的工作新模式，需要基于学生作为个体的人的思想和行为，而采用特有的教育方式去培养学生、影响学生，帮助学生树立正确的人生观、价值观和世界观，帮助每个学生确定针对他自身的发展方向，帮助学生完善道德人格，进而推动学生全面发展。构建高校思想政治教育工作新模式应当满足“育人”的发展需要，能够促进学生作为个体的人的个性发展、思想解放，以培养完整的和全面的人为目标。只有这样的思想政治教育才能真正深入每个学生的心中，也只有这样的思想政治教育才具有了可持续发展性。

2. 核心理念

聚焦“育人”主题所构建的高校思想政治教育的核心理念由三方面构成。

（1）育人为本，德育为先。教育的本质就是育人，它是对受教育者施以影响的一种有目的有计划的活动。

（2）提升质量，服务成才。全面提升教育工作者的技能，全面提升高校的各种服务平台，全心全意帮助学生成才。

（3）整合资源，合力推进。整合高校校内校外的各方面资源，合力推进高校的思想政治教育。作为学校教育高级阶段的大学教育，更加有必要通过选择、内化、传承并创新，来培育新一代具有创新精神，适应新社会发展需要的全面发展的高级人才。

（三）聚焦育人主题构建高校思想政治教育工作新模式的主要内容

1. 紧扣质量主线，推进学风建设，增强思想政治教育的说服力

教学质量是一切高校思想政治教育理论的落脚点和归宿点。学风建设是校风建设中最重要的组成部分，它直接反映高校的办学水平、办学思想以及培养的人才质量，它关系到一所高校的精神内涵与文化品位。良好的学风是培养高质量人才的重要保证，是体现教育教学质量的重要方面。因此，高校要全面紧扣教育教学质量，推进学风建设，进一步增强思想政治教育的说服力。

2. 关注弱势群体，破解就业难题，增强思想政治教育的感召力

由于高校的不断扩招，学生背景日益复杂，贫困学生逐年增加。高校的思想政治教育工作，对这些特殊群体，要有针对性地关注、教育、管理并引导。通过奖学金、助学金、国家助学贷款、减免学费和提供勤工助学岗位等措施，做到帮助经济困难的学生与育人相结合，鼓励他们努力学习完成学业，培养他们成为全面发展的社会主义事业接班人。针对当前就业压力大的现状，加强学生职业规划与就业的教育工作，培养学生的创业意识。通过邀请校内外的成功人士为学生讲述成功经历；邀请政府相关部门人士讲述操作流程；组织专家、学者帮助学生掌握实践的知识与经验等开拓就业渠道，真正增强思想政治教育的感召力。

3. 党员示范引领，师生结对育人，增强思想政治教育的亲和力

教育工作者中的党员要创先争优做表率，在培育学生中充分发挥党员的先锋模范作用。党员首先要做到，在思想政治教育工作中坚持以学生为主体，育人为目标，努力提高自身的水平和能力，帮助学生成长成才。充分尊重学生的人格，尊重学生的独立性，鼓励并引导学生独立学习和创新的能力，让学生参与到学习中来，变被动接受为主动学习，充分信任学生具有自我管理、自我约束和自我协调的能力，进而激发学生的学习兴趣和热情。师生结对育人，教师应该成为学生的良师益友，对学生进行思想政治教育，教会学生如何做人，真正增强思想政治教育的亲和力。

4. 组建事务中心，强化社区服务，增强思想政治教育的渗透力

组建事务中心，帮助解决学生生活中遇到的一些实际问题，当学生对学校的服务有意见或建议时，能够及时地反应给学校有关部门和领导，学生也能够及时地收到反馈信息。学生工作部门可以定期组织思想政治教育学生座谈会，与学生进行沟通交流。可以通过学生会等学生自己的组织，了解并搜集学生的问题及建议等。强化社区服务，完善学生的宿舍物业服务与管理水平，增强物业与后勤等方面的协调与沟通能力，维护学生的基本利益，使思想政治教育渗透到学生生活的方方面面。

5. 构建网络平台，加强队伍建设，增强思想政治教育的战斗力

随着当代科学技术的不断发展，网络等传播媒介极大地改变了人们的日常生活习惯，也为思想政治教育工作提供了现代化的新手段，拓展了思想政治教育的渠道和空间。当代大学生的思想与行为也在不断地发生改变，网络

传播成为切实有效的思想政治教育的重要途径。本着以学生为本，以“育人”为目标的理念，坚持与时俱进，顺应时代发展的需要，改变传统教育工作模式，利用现代化的网络平台对学生进行思想政治教育。

高校思想政治教育工作者的队伍一定要专业化、职业化。要加强培训教育工作者具备必需的专业知识，调动教育工作者的服务、热爱学生的积极性，增强他们的责任感和使命感。最终打造出一支高素质、专业化的思想政治教育人才队伍，增强思想政治教育的战斗力。

第二辑　高校经济困难学生资助的理性思考

一、高校贫困生现状及解困路径探析

随着社会主义市场经济体制的逐步确立，我国地区间经济发展不平衡性逐步扩大，城乡居民收入差距进一步加大；同时，随着我国高等教育体制改革的深入开展，尤其是实行招生并轨、学费制度改革，高校贫困生比例逐年增加，人数有所增加，问题日益突出。我国高校贫困生问题已经成为一个学生忧心、家长愁心、学校担心的普遍性的社会问题，目前已引起政府、社会的高度重视。

（一）高校贫困生现状分析

1. 高校贫困生的生活状况

对云南几所高校贫困大学生调查表明，一些贫困大学生连基本生活都难以维持，经常是连菜都舍不得吃，长期营养不良；拮据的生活让他们无力购置必需的衣物、学习资料以及参加学习培训；他们的生活水平低于学校所在地的最低生活水平，学费更是一项沉重的负担。调查表明，向亲友借钱上学的贫困学生达到 45.8%，另外一些贫困生依靠助学贷款和学校的减免学费政策，甚至少部分贫困生依靠社会的资助来完成学业，少部分能够争取到学校里的各种奖学金和助学金，大部分贫困学生面临学习和生活的双重压力，生活压力相当大。

2. 高校贫困生的心理状况

相比家庭经济条件好的学生，贫困学生不但要承受较大的经济压力，还要承受一定的心理压力。其主要表现在：一是同样环境下，因消费水平的不同而产生的心理落差，造成自卑感。这种现象普遍存在。据调查，50%以上的学生承认自己曾经有自卑心理。贫困学生产生这种心理障碍的概率要高于学生的平均水平。这种现象产生的原因主要是是与经济条件、周围环境和所受教育有关。二是一些贫困学生不太合群，易产生孤僻心理。主要可能由于贫困大学生既要学习，又要为生计奔波，没有精力进行更多的人际关系和参与学校集体活动等；加之他们往往具有强烈的自尊心和心理防卫意识，不愿意向别人吐露心声，人际交往过程中受到的挫折使他们觉得知音难觅，从而表现得较为孤僻。三是家庭和社会的影响容易使贫困大学生产生焦虑意识。他们最初简单地认为，上大学就可以改变家庭和个人命运，然而残酷的现实使他们屡遭挫折，无所适从，以致出现忧心忡忡、烦躁不安的焦虑心态。

3. 高校贫困生学习状况

高校贫困学生大多是克服重重困难才获得来之不易的学习机会，但家庭的拮据却使他们不得不为了生活而打工挣钱，不能全身心地投入到大学紧张的学习中去。相对而言，他们的基本知识面、学习方法、接受新事物的能力等方面表现欠佳，特别是计算机应用能力、物理化学实验、英语口语相对较差，并且由于经济条件拮据而无力购买必要的学习资料，以致在学习上有些吃力。成绩不理想，又容易使贫困生产生自卑心理和思想包袱，部分贫困生的成绩不是很好，他们获得奖学金的比例较低，从而使经济更加困窘。这种由于主客观条件所造成的现象，应该引起教育工作者足够的重视。

（二）高校贫困生引发的问题

1. 严重影响贫困生的生活、学业、损害其身心健康发展

绝大多数贫困生的生活难以得到保障，甚至一天只吃两顿饭，饥一顿饱一顿的现象在贫困生中很普遍。贫困生的生活常常被描述为“五个馒头过一天，一星期买一次菜，军训服装穿四年”，身体健康受到严重损害。而经济上的重负往往导致这些同学在心理上也承受着巨大的压力，使他们容易产生自卑、抑郁、焦虑、孤僻等心理问题，部分同学因此成为身心“双困生”。更为严重的是，这些问题进一步带来他们在教育和文化上的贫困。相当一部分贫困生在缺乏基本的学习、生活条件和身心严重受损的情况下，学业上感到困难和吃力，他们或者因四处奔波打工而无法保障应有的学习时间，或者因身心压力和生活困顿而不能集中精力进行正常的学习，致使学业受损，从而从根本上影响其长远发展，成为高校中的“多困生”。尤其值得引起注意的是，有一部分贫困生因家庭经济的贫困而对未来迷茫悲观，由此进一步引发了他

们对社会及当前改革的看法等一系列问题。

2. 引发越来越多的家庭和社会问题

贫困生问题绝不仅仅是一个贫困生的问题，更是一个影响家庭和社会的社会性问题。目前，绝大多数贫困生家庭为了给子女筹措高额学费而背上了沉重的经济负担，甚至负债累累，使整个家庭生活更趋艰难、难以为继，家长为此忧心忡忡、身心憔悴，导致家长难以安心工作和生活。近年来，不乏有一些家长由于为子女筹措学费无门而卖血，疾病久拖不治而成重症的事例。

3. 严重影响高等教育质量，并制约基础教育的发展

在高等学校中，贫困生人数的剧增严重加大了高校的办学和教育压力。一方面大量减免贫困生的学杂费及专项困难补助给高校带来沉重的经济负担；而贫困生身心发展和精神上的问题也大大增加了高校育人工作和管理工作的复杂性和难度。不少贫困生不得不四处奔波打工，身心疲惫，严重影响其正常学习和生活。这些问题严重制约了高校的进一步发展和教育教学质量。另一方面，贫困大学生问题的凸现也影响和制约了基础教育的发展。一部分贫困中学生认为“即使我努力念完初中、高中，将来也没钱上大学，所以现在上学也白上”，因而提前辍学。尤其在农村，贫困中学生因此而辍学的比例正在逐年加大。可见，当前我国贫困生状况不仅严重影响着贫困生个人及其家庭的正常生活和发展，制约着我国教育的整体质量，更关系到我国国民素质的全面提高，并影响社会的稳定与和谐发展，是一个迫切需要全社会进一步关注的重点问题。

（三）高校贫困生问题日益凸显的原因

改革开放前，我国高等教育费用全部由国家承担，国家统包了个人的高等教育学费与部分生活费，因此贫困生问题尽管存在但未得以显现。改革开放后，尤其进入20世纪90年代中期后，我国实行了高等教育制度改革，高等教育费用由个人和家庭负责，于是高校贫困生问题日益突出。具体来看，目前我国高校贫困生问题凸显的原因主要有以下三方面：

1. 地区经济发展不平衡，社会贫富分化加剧

统计表明，70%以上的贫困生来自“老、少、边、山、穷”地区。同时，近几年，城市贫困家庭尤其是下岗职工子女数量日趋加大。

2. 高校体制改革步伐加快，学杂费上涨幅度剧增

近年来，全国各类高校普遍“并轨”，尽管不同学校、不同专业的收费标准有所不同，但学生人均年缴费用大都在 3 000 ~ 8 000 元。其中，师范类、农林类为 2 500 ~ 5 000 元，普通高校普遍为 4 000 ~ 8 000 元，一些热门专业则高达万元。再加上住宿费和生活费用，培养一个大学生的年均费用为 10 000 元左右。一般家庭尚难以支付，更何况贫困家庭，以致高校贫困生人数不断加大。

3. 目前已有的助学体系难以从根本上解决问题

1987 年以来，党和政府一直致力于建立一种比较完善的资助困难学生的政策体系。目前已初步建立一种以“奖、贷、助、补、减、免”为主要内容的助学体系，并通过设立“绿色通道”、国家奖、助学金制度、省政府奖、助学金制度等多种方式助学。各高校也依据自身条件相应地逐渐建构“奖、贷、助、补、减、免”等助学体系，社会各界也以多种方式资助贫困生。应该充分肯定，我国高校贫困生助学工作尽了相当大的努力，也取得了一定的成效。但是，相对于日益扩大的贫困生，目前我国高校贫困生助学工作及其体系仍存在许多问题和不足，尚未建立起足够强有力的、稳定有效的工作机制，因而不能从根本上解决问题。

第一，各级各类奖、助学金只能满足极少数贫困生的需求，面小、额少，如同杯水车薪。虽然目前有国家和学校各种奖、助学金，但由于“奖优”和“助贫”界限不清，未能切实起到奖优、助贫、促学的作用。各种奖学金主要针对学习优秀生，而贫困生却常因经济、身心多重负担而影响学业，较难获得奖学金。据课题组调查统计，贫困生在获奖者中所占的比例不超过 10%。各高校尽管尽最大努力拿出 5% ~ 10% 的学费作为勤工助学基金，但仅能为20%左右的学生提供助学机会，且每人每月 150 ~ 300 元。国家奖学金制度，虽额度较其他奖学金大，但因其级别高、竞争大，对处于各种压力下的贫困生来说难度更大。据统计，获奖者中特困生的比例不超过 5% 。

第二，获得减免学杂费和专门困难补助的贫困生比例小，多数学校仅限于 5%的特困生。这不仅难以满足日益扩大的贫困生的需要，而且由于所减免的学费要由学校承担，给学校办学也造成了沉重的经济负担。

第三，贷学金制度严重不健全，学生贷款难。面对逐年迅速增长的贫困生总数和奖、助学金等的局限，贷学金本应成为解决贫困学子完成学业的最根本途径。但遗憾的是，自我国 2000 年始正式推行国家助学贷款以来，对贫困生的贷款比例、数额和次数等都有诸多限制。2002 年的制度规定，贫困生的贷款比例不得超过在校生的 20% ，每年可贷款不超过 6 000 元；且贷款手续繁杂，时间、条件等限制多，在校生只能一次性贷款，如四年学业期间突遭家庭、疾病等变故，则难以再次贷款；对于本科毕业继续攻读研究生者，必须先偿还贷款才能再次申请，否则不能再贷，使其研究生学业难以为继。随着研究生收费的全面展开，这一问题将更为突出，严重影响相当数量学子的继续升造。

第四，高校中勤工助学岗位少、稳定性差、基金短缺等问题突出。目前，各高校往往只能提供很有限的固定或临时岗位满足极少部分学生的需要。大多数贫困生为维持在校期间的基本生活，不得不整天四处奔波，忙于各种打工。加之他们所从事的又往往是重复性强、耗时间的简单体力活，这不仅加重了贫困生的生活压力，而且占用了其大量的学习和休息时间，造成了沉重的身心和学业负担，严重影响了他们正常的学习和身心的健康发展。

（四）解决高校贫困生问题的路径

高校贫困学生存在的问题不仅仅是贫困生个人的问题，而且已经成为一种亟待解决的社会问题，关系到贫困学生的成才甚至他们的命运；同时也对高校学生管理工作提出了新的挑战。解决好这一问题，一方面有利于贫困学生更加专注于学业，提高他们的知识水平与情商；另一方面有利于高校教育教学工作的顺利开展，保证教育公平与教学质量。

1. 要建立健全相关法律法规，完善各种助学制度

要建立健全相关法律法规，明确规定各级政府部门在高校贫困学生中的义务，进一步完善国家奖、助学金、省政府奖、助学金、勤工助学制度，出台各种具体的资助和帮扶细则、工作规范，形成一个科学、高效、有序的高校贫困生资助与教育扶助新格局。要加大对高校的投入力度，使国民收入分配向高等教育倾斜，改善高校的教学条件，完善各种教育福利制度。中央及各级政府每年要拿出一定经费作为高等教育贫困生的资助专项基金，使资助高校贫困生的基本经费得到保障。

2. 社会要积极参与贫困生资助工作，营造捐资助学的良好氛围

各国高校教育发展的实践证明，提高高等教育质量不仅需要国家履行自身职责，而且也需要社会各界的参与，建立与完善多渠道的贫困生助学体系。

一是要积极发挥社会舆论的导向作用，深入报道贫困生的生活学习状况、面临的困境和问题，引导社会各界和爱心人士去关注他们，动员一些知名企

业家、成功人士设立助学金或奖学金。

二是对于慷慨助学、无私奉献的企业和个人，政府及相关部门要通过多种形式对他们的先进事迹进行表彰和弘扬，并在经营、税收等方面给以鼓励和减免，营造良好的捐资助学社会气氛。

3. 高校相关部门要科学确定资助对象，完善动态的贫困生助学体系

由于现阶段我国教育投入不足、贫困生助学制度不完善、经费紧张等，在高校助学工作中，应坚持重点关注公平原则，对于那些家庭条件特别困难的学生，要有重点地解决他们的问题，通过奖学金制度提高贫困学生的竞争意识。学校应建立包括贫困生生源地、父母职业、贫困证明、家庭收入、受资助情况等相关信息在内的动态数据库，形成一个规范化、科学化的信息共享平台，以保证贫困生资助工作的客观、公正、公开。这一数据库平台主要针对贫困生资助工作者开放，使有关负责任人能利用贫困生资助信息库及时调整和更新资助工作。同时，学校要建立对学生的综合考察体系，并进行动态监管，使资助政策有针对性并能及时纠正偏差。

4. 高校要注重拓展勤工助学工作新局面

首先，高校应成立由学工部门牵头，教务处、财务处等相关职能部门共同参与的勤工助学管理机构，制定完善的制度和细则。

其次，积极拓宽勤工助学的途径，即一方面要争取得到社会各界企事业单位的支持和关心，建立企业与高校的长期合作关系；另一方面结合校内的实际情况，尽可能地多挖掘勤工助学岗位，在传统劳务性岗位的基础上多提供一些智力型的岗位，如开展一些助教、助研活动等。

最后，深化教育教学改革，实行学分制。学生可以自由选课，合理安排时间，学习和勤工助学两不误，边学习边打工，从而使学习优秀的贫困生可以在完成学分的情况下提前拿到毕业证书，以减轻经济负担的压力；也能促使他们提高学习效率。允许学生半工半读，一些特困生也可以中途申请休学，打工赚钱后在复学，为贫困生提供一个宽松的外部环境。

5. 高校要加强对贫困大学生的管理

首先，要加强思想政治工作，帮助贫困生树立正确的人生观。高校贫困生受经济条件的制约，相对于那些经济条件较好的学生，他们的生活、学习比较艰辛，更易形成错误的人生观和价值观。为此，高校辅导员、思想政治理论课教师等思想政治工作者，要帮助他们避免其成为经济上和精神上的“双

困生”。要引导高校贫困生客观地看待目前的困难，让他们认识到经济上的困难只是暂时的，精神上的困难才是最可怕的；要注重培养他们不畏困难、吃苦耐劳的精神，鼓励他们用自己的大脑和勤劳的双手，通过诚实的劳动获得报酬，在实践中培养能力。要帮助高校贫困生树立自强不息的精神，加强挫折教育。对于贫困大学生来说，来自国家、社会及外界的帮助终究是少量的，一个人的成功终究要靠内因的推动，只有树立正确的人生观、价值观，养成诚实守信的品质，自立自强，方能成才。

其次，加强对高校贫困生的心理健康教育。近几年，高校教育学生管理工作虽有了较快的发展，但仍相对薄弱。尤其在贫困大学生的心理健康方面尤为明显，需要加大力量建立健全大学生心理教育健康体系。高校应建立和完善专门的心理咨询机构，配备一定的专业人员；要给贫困生开设心理健康课，告知他们可能会出现的心理问题、心理疾病的预防和矫正方法，传授给他们心理学方面的知识；同时，要对那些已经有心理问题的学生进行一对一的心理咨询和帮助。让贫困生学会自我调适，学会分析解决问题的方法，保持健康的心理，预防心理疾病的发生。此外，要多开办各种形式的心理咨询讲座和心理辅导活动，通过举办一些优秀贫困生的经验交流联谊会，分享他们解困的成功经验，帮助那些贫困生摆脱心理束缚、减轻心理压力，使他们认识到贫困不是成功成才的障碍，有梦想就要勇敢去追求。

6. 加强高校贫困生的自我发展与扶持

据调查，高校贫困学生较少参与学校或学生社团的各种活动，也大多不是院系或班级的学生干部，组织能力和策划能力较弱，这也导致他们在各种竞争及工作中处于劣势地位。有研究表明，学生干部毕业后找工作的成功率要远大于其他学生。所以，高校要加强对贫困生实践能力的培养，注重提升他们的综合素质和竞争力，从而提高他们的自信心，克服他们的自卑感。

首先，要鼓励贫困学生积极参与学校、院系及班级的学生干部选举。要鼓励他们克服内心的自卑心理，敢于毛遂自荐，参与各级组织举行的公开选举，促使他们认识到当选干部不仅仅是荣誉的象征，更重要的是通过学校提供的岗位来锻炼自己，培养自己的各种才能。

其次，要鼓励贫困生积极开展和参与学校社团活动。高校应指导贫困大学生建立一些自己的社团组织，并给予政策和资金上的扶持。在社团里虽然大家都要面对着同样的生活压力，但可以在一起分享学习的经验和生活的感悟。他们可以有组织地开展社会实践、公益活动、集体的勤工助学以及环保、社区服务等志愿活动等。通过开展这些活动，一方面使他们感受关爱，走出孤独，增强自信心，培养他们的爱心和社会责任感；另一方面也能提高他们的交际能力、管理能力、组织能力和协调能力。

7. 要加强贫困大学生的专项能力培养

多数高校贫困生由于长时间的勤工助学和打工而耽误学习，并由于经济困难舍不得买学习资料和参加各种学习辅导班，导致学习成绩及各种能力普遍较差。因此，针对这种状况，高校要加强贫困大学生的专项能力培养和培训，组织对贫困大学生进行专项培训。例如，针对高校贫困大学生普遍存在的计算机能力差和英语口语水平不高等问题，开设几期免费计算机操作、英语口语培训班，鼓励他们平时多练习，从而锻炼他们的动手能力和动口能力；针对高校贫困生缺乏自信的问题，邀请一些学校优秀贫困生、白手起家的成功人士做经验报告，给他们浇灌心灵鸡汤；针对高校贫困生就业难的问题，邀请校内外专家为贫困生做专场就业指导会，拓展他们的就业思路。

高校贫困生问题已经成为困扰高校的一个突出问题，这一问题不仅严重影响贫困生的正常生活和学习，也制约我国教育公平目标的实现。高校的贫困生问题，是历史原因、社会因素、经济发展水平及家庭本身等多方面的原因造成的，单靠某一方面的努力在短时间内是难以解决的。因此，政府、社会、高校等方面要同心协力，相互配合，形成一股强有力的解贫合力，只有这样，才能从根源上解决这一社会难题。对于贫困生而言，则要增强自信心，克服自卑心理，树立正确的人生观和世界观；勤奋学习，掌握丰富的知识和专业技能，谱写自己人生的华美篇章。

二、高校贫困生的不良心态探析及对策建议

随着我国高等教育招生体制改革的不断深入和招生规模的持续扩大，高校贫困生人数逐年增加，贫困生的不良心态问题已逐渐显现出来。从总体上看，高校贫困生的主流心态是积极健康的。但是，由于经济压力和人文关怀不到位等原因，部分高校贫困生存在着不同程度的不良心态。这些不良心态客观上影响了贫困生的健康成长，如何帮助这部分贫困生解决实际困难，摆脱过重的思想负担，清除不良心态，也成为一个不可忽视的重要课题。

（一）高校贫困生不良心态的类型及原因探析

本书所指的不良心态，仅指农村贫困大学生由于经济压力等多种因素所

导致的个性特征和心理健康上的负面变化。比较而言，不良心态比经济贫困更具隐蔽性、危害性。受多种因素的影响，农村贫困生存在以下四种不良心态（这里主要分析昭通某高校的状况）。

1. 自卑封闭型心态

自卑是个体的一种心理特征，是个体对自我价值的一种否定和贬低，主要是对自己的能力、潜力、品质等自身因素评价过低，对相关社会因素估价过高，严重缺乏自信，从而萎靡不振、悲观失望、自暴自弃。在这种心态下，会出现三种封闭型形态：一是虽然能以优异的学习成绩得到一定的经济补偿，但始终认为家庭贫寒，自己不能像家庭富裕的同学那样大手大脚用钱，在同学们面前总觉得“自惭形秽”；二是虽然能够做到学习成绩名列全班前茅，但始终认为父母只是普通农民，社会地位低下，总觉得自己低人一等，自愧不如他人，悲观失望；三是虽然能够做到品学兼优，有所作为，但始终认为没有当官的爹妈，也没有做老板的姑舅，盲目产生无助感，总觉得自己命不好，自暴自弃。

探究自卑封闭型心态形成的原因，主要有三个方面：一是受贫困经济的影响。该校贫困大学生，大多来自昭通农村。在昭通 11 个县区中，除 1 个仅有 9 万多人口的水富县外，其余全是贫困县。按国家新的贫困标准（1 196 元）统计，2009 年昭通还有 188 万贫困人口，占总人口的 33.5%，占云南省贫困人口的 1/3。昭通贫困面大，贫困人口多，在该校学习的贫困大学生也多。这些大学生要面对面朝黄土背朝天的父母苦钱供自己上大学的现象，不仅经济压力较大，而且思想压力也不小。二是受贫困文化的影响。贫困的经济造就了贫困的文化，封闭的环境造就了封闭的思想。长期生活在封闭山区的人，必然形成封闭保守的思想、陈旧落后的生产方式、一成不变的生活习惯。这就是贫困文化，即思想的贫困、精神的贫困。曾经长期生活在封闭落后山区的大学生，受贫困文化的影响，视野较为狭窄，思想较为陈旧，到新环境一比较，自愧不如他人，自然产生悲观失望情绪。三是受不平等现象的影响。无论是在经济方面还是在就业方面，家庭富裕的学生与家庭贫困的学生还是不一样，父母当官的学生与父母没有当官的学生不一样，姑舅做老板的学生与姑舅做老板的学生不一样。看到这样的现象，一些贫困大学生自然产生自卑心理，甚至自暴自弃。

2. 自尊嫉妒型心态

自尊心理是个体的一种心理品质，是个人对自己的心理品质的认可或肯定性的评价，是个人希望得到别人尊重的一种特殊心理状态。嫉妒是与他人相比较，发现自己在才能、名誉、地位或境遇等方面不如他人而产生的一种痛苦或不满情绪。作为贫困生，经济上的贫困是他们最不愿提及的话题。出于自尊的保护，贫困生常常表现为偏执和过激。实际上，他们的内心是脆弱的，只能接受成功，不能经受失败，只能比别人好，不能比别人差。当自己不能成功时，当自己没有别人好时，就会产生嫉妒心理。

自尊嫉妒型心态形成的主要原因：一是他们认为自己虽然来自农村，但不论是学习还是智力、能力等自身条件都不比其他学生差，仅只是家境贫寒，没有特殊的环境和条件，所以感到心理不平衡、不服气；二是家庭富裕学生表现出来的优越感，有特殊环境和条件学生表现出来的傲慢，容易刺激贫困生，使其心生不满，产生嫉妒心理。

3. 焦虑内疚型心态

焦虑是由心理冲突或挫折引起的复杂的情绪反应。不少农村贫困家庭，主要靠种粮种菜、喂猪养鸡、外出打工供子女上学。这种收入不仅不多，而且不稳定。遇到天灾人祸，不仅没有收入，甚至还可能负债累累。这种情况，贫困大学生清清楚楚，因而常常为必需的学习和生活费用而焦虑，为给家庭增加负担而担心。他们或担心家庭欠债增多，或担心父母多病的身体，或担心家庭再出现其他意外的事故等。主要的表现为行为的无所适从、无法正确评价和认识自己。部分贫困生则是因为学习方法不当，成绩欠佳，既不能以优异的学习成绩得到一定的经济学而分担家庭的经济重担，又不能以优异成绩慰藉父母和家人，因而深感内疚和不安。由于焦虑和内疚，贫困生很容易产生怨天尤人的心理，在学习和生活中情绪低落，意志消沉，遇到一些小小的挫折就感到困难重重，过度否定自我，以致丧失学习的热情和兴趣、生活的信心和勇气。

焦虑内疚型心态形成的主要原因：一是家庭无法为他们提供足够的生活和学习费用，使贫困生的生活和学习没有稳定可靠的保证。即使贷款读书，今后能不能就业，有没有能力还债，贫困大学生也不得不考虑。贫困大学生在读书期间，既焦虑现在也焦虑未来。二是贫困大学生在求学过程中，往往承载着家庭和个人对未来更多、更高的期望。他们希望通过发奋成才来彻底改变自己、改变家庭的贫困境遇和自己的命运。然而在现实生活中，有许多现实问题是难以通过他们自身的努力和拼搏得到解决。社会需不需要，自己具不具备社会需要的条件，这些都是未知数，在读书期间是无法预料的。一旦不能实现自己的愿望，有负于家庭，自然很伤心和内疚。

4. 依赖攀比型心态

依赖攀比型心态是近年来出现的一种特殊心态。党和政府及高校重视经济困难学生的资助工作，先后出台了一系列的政策和措施，“确保每一个学生不因经济困难而失学”，为贫困学生顺利完成学业提供了有力的保障。仅昭通师专而言，2009 年各类资助贫困生的资金就达 1 600 多万元。这本来是好事，但有些学生不能正确认识这是对贫困生的资助，出现了依赖、攀比情况。有的学生家庭经济并不十分困难，却夸大其困难程度，上学只带几百元甚至几十元钱，认为“反正不交学费，学校又不会让我退学”，一个劲地争。有的学生认为，这是国家的钱，你该得我也该得，不能正确认识自家经济状况，盲目“攀比”，比这个，比那个，一个劲地比，一个劲地要。

依赖攀比型心态形成的主要原因：一是受“等、靠、要”思想的影响。这些年，国家为了改善贫困群众的生活条件，加大扶贫开发的力度，出台了一系列惠民政策和扶贫政策。这些政策的出台，解决了不少贫困群众的生产生活问题，有力地推动了扶贫开发的进程。但同时也使少数人产生了“等、靠、要”的思想。一些贫困大学生把这些思想带进学校，叫穷叫苦，等国家资助，靠国家资助，要国家资助。二是受平均主义思想的影响。有些学生认为，助学金是国家的资金，不论贫困不贫困，也不论贫困程度如何，应当平均发放。于是，当有的贫困生得到资助时，有的贫困生得到较多的资助时，“攀比”风就刮起来了。

（二）改善高校贫困生不良心态的对策建议

1. 加强思想政治教育，培养贫困生的良好心态

加强思想政治教育，培养良好心态，是克服贫困生不良心态的根本方法。要通过思想政治教育，提高贫困生的思想政治素质，使其树立正确的人生观、世界观、价值观和贫困观，铸就顽强拼搏、自强自立的健康心态，营造相互关爱、共同进步的人际环境。要通过思想政治教育，使贫困生克服不良心态，树立不以物喜、不以己悲的思想品质，造就奋发向上、自强不息的进取精神，培养宽容大度、与人为善的道德情操，成为品学兼优的、党和人民都满意的新型大学生。

第一，开展挫折教育和成功教育，帮助贫困生树立正确的人生观、世界观、价值观和贫困观。要让贫困生知道，人的一生无法回避挫折，贫困只是诸多挫折中的一种，人正是在战胜挫折中逐渐成熟和成长起来的。要通过挫

折教育，引导贫困生树立正确的人生观、世界观、价值观和贫困观。要使贫困生懂得，人生的价值在于创造和奉献，只有将个人的需求和崇高的社会责任感联系起来，才能创造有价值的人生。大多数贫困生的情绪是比较低落的，采取成功教育法可以鼓励贫困生参加集体活动，引导他们获得成功。在成功的体验中，增强他们的自信心，提高他们的耐挫力。例如，通过培养优秀贫困生入党，弘扬优秀贫困生先进事迹，能够激励贫困生奋发图强，帮助其树立正确的人生观、世界观、价值观和贫困观。

第二，加强个性化的心理咨询和心理调适，培养贫困生顽强拼搏、自强自立的健康心态。美国心理学家埃里斯的ABC理论认为，一些负性的情绪体验如自卑等都是个体对事物的某些不合理观念造成的。贫困生群体是心理疾病等心理障碍的高发人群。高校要高度重视对贫困生的心理咨询，通过个性化的心理咨询和心理调适，帮助贫困生化解由于暂时性困难所造成的心理压力。帮助贫困生建立积极有效的心理防卫机制，用乐观向上的情感来对待暂时性的困难，从而激励贫困生奋发向上、自立自强。实践证明，通过心理调适，能够帮助贫困生树立人穷志不穷、物贫志不贫的坚强信念。

第三，注重校园文化建设，为贫困生营造相互关爱、共同进步的人际环境。一是要以思想教育为导向，形成艰苦朴素的校园舆论环境，形成抵制和克服各种腐朽落后思想和社会丑恶现象的风气，营造开拓创新、拼搏进取的良好氛围；二是在平时的教育管理中，积极发挥党、团组织，辅导员、班主任的主导作用，鼓励条件好的学生与贫困生融为一体，促进相互理解，增进相互间的友谊，建立相互关爱、共同进步的人际环境；三是发挥社团作用，鼓励贫困生参与各种社团，锻炼自己的能力，体现自己的价值。可以根据贫困生的特点成立贫困生学生社团，并创造条件帮助他们开展活动，培养他们的成就感和自信心。

2. 全面推进助学工作，努力提高助学效果

全面推进助学工作，努力提高助学效果，是克服贫困生不良心态的保证。贫困生产生不良心态，不仅有思想上的原因，也有工作上的原因。哪个方面的工作不到位，哪个方面不公正，都会使贫困生产生不良心态。因此，必须全面、公正地推进助学工作。

第一，突出主渠道作用，切实搞好助学贷款工作。从目前助学实践看，助学贷款是最主要的助学渠道。因此，必须建立健全规章制度，认真履行监督制约机制，切实加强科学管理，确保助学渠道安全畅通：一是建议银行把助学贷款工作作为考核银行业绩的一项重要指标，促使银行积极推进助学贷

款工作；二是延长贷款期限，降低利息，使学生贷得起还得上；三是加大对贫困生的感恩教育和诚信教育，提高贫困生的诚信度；四是全面推动生源地贷款，有利于银行跟踪贫困生去向，确保贷款按期追回，提高银行贷款的还款率。

第二，深化奖助学金制度改革，重点向“双困生”倾斜。所谓“双困生”，就是物质与精神都贫困的学生。一是在高校适当提高学费中提取奖助资金的比例，增加奖助学金金额，扩大对贫困生的覆盖面。二是积极争取社会和民间团体的支持，设立专项奖助学基金和建立定向资助制度。贫困生、资助单位或个人共同签订定向资助协议，贫困生在校期间的学费由资助单位或个人支持。三是争取政府支持，根据当地生活水平，在高校建立贫困生最低生活保障制度，确保贫困生顺利完成学业。

第三，开展勤工助学活动，提高贫困生自助能力。高校勤工助学的指导思想是“满足两个需要，实现两个功能”，即满足学生和学校双方的需要，实现“助困”与“育人”的双重功能。高校要建立勤工助学专门的管理机构，建立健全勤工助学管理的相关规章制度，有计划地组织贫困生多渠道地开展勤工助学活动。一是转变观念，开展勤工助学技术技能培训，使勤工助学由劳务型向智力型转变。二是开辟社会渠道，寻找既需要而又有能力的企业、事业单位支持，提供临时性勤工助学岗位，由学校统一推荐勤工助学。三是学校设置部分临时工作岗位，如机房管理员等岗位，为贫困生开展勤工助学提供机会。通过开展勤工助学活动，一方面使贫困生获得一定的报酬，缓解一些经济压力；另一方面又磨炼他们自立自强的意志，增强他们克服不良心态的信心。

3. 深化教学改革，增加贫困生的自助机会

深化教学改革，增加贫困生的自助机会，是克服贫困生不良心态的重要举措。贫困生一般面临双重压力，既要完成学业，又要通过勤工助学等方式解决经济困难。因时间冲突问题，常常会两头为难。高校应该进一步深化教学改革，实行弹性式学分管理模式，在制度设计上为贫困生提供自助的时间和机会。按照《中华人民共和国高等教育法》(简称《高等教育法》)的相关规定，在校大学生修满相应学分，可提前毕业也可延长修业年限，参加社会服务和勤工助学活动。当前高校大多都实行了“学分制”，但大多是形式上的“学分制”。学生不能自由支配学习时间和学习课程。只有实行完全意义上的“学分制”后，学生才能成为学习的主体，才可自由支配时间和选课，边打工边学习。对于经济特别困难的学生，可以申请修学一年或更长时间，这样既

解决了贫困生的经济困难，又不耽误其学业的完成。同时，贫困生也可以通过勤奋地学习，提前修完学业毕业，早日走上自立之路。

高校实行弹性式学分管理，对贫困生的要求不是降低了而是提高了。它要求贫困生有较强的自主性、自觉性，主动、灵活地完成学业要求。贫困生必须按照《高等教育法》的相关规定，做出提前毕业或延迟毕业的选择，并根据指导性教学计划妥善安排自己的学习进度，高标准地修完规定的学分。这样，贫困生既没有耽误学业，又增加了自助的时间和机会。

三、高校贫困女大学生人际交往障碍原因探析及改善策略

随着我国高等教育扩招和高校招生收费制度的改革，贫困生已成为高校的弱势群体。如何帮助高校贫困生这个弱势群体解决经济困难和克服心理问题，也是摆在广大教育工作者面前的一个重要课题。本书立足于贫困女大学生人际交往现状，分析贫困女大学生存在的人际交往弱势，并试图提出相关的改进策略。

（一）贫困女大学生人际交往弱势的类型及分析

由于社会的急剧转型、社会的文化变迁、环境的迅速变化，使贫困女大学生在承受经济贫困的同时，出现了比较严重的人际交往障碍。贫困女大学生人际交往弱势主要表现为以下三种类型：

1. 自卑羞怯，害怕交往型

这部分贫困女生渴望交往，但内心自卑，又害怕交往，担心别人看不起自己，内心很矛盾和困惑。例如，某甲，女，大学三年级学生，来自红河州某农村，家中有父母及一个弟弟。父母都是农民，收入来源为种植，年收入不到 3 000 元，今年遭受特大旱害，收成微薄。她已借国家贷款 6 000 元。访谈中发现她始终低着头，非常胆怯，不善言辞。据她说，她没有太多的人际交往，只有几个同样的贫困朋友，没有谈恋爱，也谈不起，但很希望结交新朋友。这些贫困大学生表面上显得很强，甚至很自负，但事实上他们的内心很自卑、很脆弱。这主要是由于贫困大学生个性心理特征差异，而导致其心理上的不适应造成的自卑心理，自卑的人会形成一种认为自己能力差，交往

能力不行的消极自我暗示，从而产生自我认识、自我评价上的偏差，导致自卑者在交往活动中将自己限制在固有的交往范围内，不敢结交新朋友。

2. 独来独往，不愿交往型

这部分贫困女生不能正视贫困，觉得富贵在天，生死有命，不愿交往，我行我素，觉得穷点无所谓，只要自己活得好。例如，李某，女，大学二年级学生，来自昭通镇雄某农村，家中有父母和在读书的妹妹。李某还差 3 300 元的学费，两年来她沉迷于网络，用仅有的生活费上网打游戏，经常旷课，很多专业课重修，她独来独往。访谈中发现她衣着朴素，表情木然，不主动说话。她觉得贫困否定了她的一切，得过且过最好。一般这类贫困大学生自我评价低，他们没有生活目标，没有学习兴趣，对环境和周围的人和事持无所谓的态度。她们常常独来独往，这类人格的贫困大学生易出现逃学、沉迷网络等问题，甚至出现心理障碍。她们多数来自农村，城市和农村的巨大文化差异给他们带来了强大的冲击，使他们在人际交往中处于“文化边际人”状态，在人际交往中显得紧张、茫然和失措。这种“边际人”状态易引发人格障碍，造成大学生不能或难以正常社会化，甚至会疏远现实的人际交往，从而造成现实生活中的人际交往障碍。

3. 爱慕虚荣，主动交往型

这部分贫困女生大多学习成绩一般，但人相貌较好或性格比较温顺。她们认为贫困不是她们的错，不愿示穷，好面子，喜欢交往，希望通过交往改变处境。例如，某丙，女，大学三年级学生，来自保山某农村，家中有生病的父亲，家里经济来源以母亲种地为主，学费第一年以亲友资助，以后的学费都未缴清。生活费也是靠亲友资助。该同学学习成绩一般，但交友不少，有男朋友，衣着讲究，有手机和电脑，电脑是利用一部分学费和生活费买的高消费品。访谈中发现，她善于表达，表情丰富，她不愿谈到自己家里的经济状况，更多的是谈她大学的生活，一些想法很实际。与朋友的交谈内容多涉及饮食、服装品牌、赶潮流，讲时尚。这类贫困女大学生在高中时都出类拔萃，但到了大学要面临重新定位，其中一些人在学习方法上一时难以适应而导致学习落后，特别是校园内的贫富差距凸显、城乡生活方式的不同，导致这部分贫困女大学生对城市大学生的嫉妒。她们比较“爱面子”，以家庭贫困为耻，在穿戴举止方面刻意避免给人留下贫困生的印象，她们常常主动积极参与人际交往，有自己的交际圈，想法一般比较实际，常做有利可图的事情，对金钱比较渴望。她们利用自身仅有的条件（如外貌优势等）极力地改变自己，以求融入到群体中，避免被别人看不起，但事实往往出人意料。

（二）改善贫困女大学生人际交往的策略

贫困生从进入大学校园的那一刻起，就已决定了其人际交往的需要。人际交往是大学生活中的重要内容，但是人际交往并不是一件容易的事情。要改进贫困生的人际交往现状，促进其人际交往能力的提高，可以从以下几个方面考虑：

（1）树立正确的贫困观和人格观，增强人格平等和人际交往意识。贫困大学生产生心理问题的一个重要原因是缺乏正确的贫困观。不少贫困大学生将贫困归咎于父母的无能和命运的不公。因此，不仅要帮助他们形成对贫困的正确认识和健康心态，还要教育他们明白一个道理：物质上的贫困是暂时的，是可以改变的，而精神上的贫困却是一生一世的，精神的贫困远比物质的贫困更可怕。面对贫困，可以有不同的选择：消极萎靡会丧失改变处境的信心和机会，而意志坚强则会令人顽强进取、取得成功。同时，要教育贫困生人格是平等的，将相本无种，要敢于交往，大胆推销自己，才有成功的机会。帮助贫困生正视贫困，面对现实，克服自卑，增强人格平等和人际交往意识。

（2）充分利用各种资源，提高贫困生人际交往的能力。综合能力的培养是使贫困生自立的重要方式。高校应搭建实践平台，提高贫困生的专业技能和综合能力，同时帮助他们掌握一定的人际沟通技巧，走出人际交往困境。一是加强课程教学和专业技能培训工作。根据贫困生群体的特点，专门开设涵盖英语听说、计算机操作、人际交往等方面的课程，同时为他们提供各种免费的职业技能培训，拓展贫困生的综合能力和专业技能，使其找到成就感，不断获得自信，不断提高获取各种社会资源的能力。二是以项目为载体，培养贫困生的综合素质。可以参照福特基金会在中国开展的“提高高校贫困生能力”项目的做法，从学习到就业、从心理到生活等方面，系统提升贫困生的个人能力。三是积极鼓励和支持贫困生成立自己的社团组织。通过社团活动相互鼓励、相互扶持，缓解心理焦虑和各种压力，从而获得归属感。同时，与其他同学交流，增强自身的人际沟通能力。通过这些社团可以给贫困生提供了一个展示自己能力和特长的舞台，使他们的组织、协调、交际、表达等能力均得到锻炼，为其今后的发展打下良好的基础。

（3）重建贫困生对人际关系的认知结构。贫困生交友失败或人际交往障碍，一个重要原因是贫困生对人际交往缺乏正确的认知，因此要重建贫困生对人际关系的认知结构。一是交往是双向的，没有交流就没有了解。只有开放自己，才能更有效地接近他人，每个人所隐藏的内心世界，正是别人希望发现的奥秘。一般来说，只有真正开放了自己的内心世界，才能走进别人的心灵世界。二是交往是平等的，只有尊重他人，才能使别人尊重自己。在与他人交往时，要把双方放在平等的位置上，既不能低人一头，也不能自高、自傲、高高在上，在交往中要有信心，对别人要有诚心，在学习、生活、工作上，特别是在困难面前，要互帮互助，热忱的赞许与诚恳的批评，都能使彼此间愿意了解、信任、倾诉、交心、平等互利地交往，才有可能良好持久地交往。三是交往的期望值不要太高。不要期望每个人都能成为你的知心朋友，“一生得一知己足矣”。有层次的交往中一定要避免因情感投入过多而回报较少造成的心理失落感。四是交往是有选择性的。交往的双向性，决定了交往的互动性和选择性，并不是所有的人都适合你，要选择能够与你产生共鸣的人作为交往对象，不要一味的寻求数量的多少，一定要注意交往对象与自己是否真的可以持久交往，一厢情愿只会造成两败俱伤。

（4）努力营造民主、平等、和谐的校园人际交往环境。一是学校学生工作部门、任课教师和班主任、政治辅导员应密切配合，齐抓共管，在指导学生工作、传授学生知识的过程中要把学生当朋友，营造一个民主、平等、和谐的校园人际环境。二是教师要结合教学工作进度，主动地关心学生的学习和生活，渗透对学生进行心理健康教育的内容。三是同学之间应树立正确的人生观、价值观，学会理解他人、宽容和接纳他人，应有友善心态，正确地看待各自的生活习惯、文化差异，学会正确的人际沟通，建立起民主、平等、和谐的校园人际环境。四是要充分发挥学生会和学生社团的作用，积极开展心理互助活动，努力营造学生健康成长的心理环境，让贫困生感受到集体生活的温暖，从而消除经济困难给他们精神上带来的消极影响。

四、浅析贫困文化对高校贫困生不良心态的影响

近年来，高校贫困生成为社会普遍关注的一个弱势群体。由于家庭经济困难，他们学习、生活和人际交往等方面的压力远远高于普通学生，严重影响到他们的健康成长。国家和高校高度重视贫困生资助工作，先后建立了以“奖、助、贷、减、免、补、勤”为主的贫困生资助体系，使贫困生在经济方面获得了较大资助。近年来，贫困生的心理问题已成为贫困生资助工作的重要内容，进而国家和学校又加大了对贫困生的心理资助工作。据有关材料显

示，80%的贫困生来自农村和边远贫困山区。这些贫困生由于受当地贫困文化的影响，呈现出不同程度的消极心态，这些消极心态严重影响到贫困生的顺利成长和贫困生资助工作。本书试图从贫困文化的角度，就贫困生的消极心态及改进策略做一些初步的探讨。

（一）贫困文化概述

20 世纪 50 年代末，美国社会学家刘易斯（Oscar Lewis）在《贫困文化：墨西哥五个家庭实录》（*Five Families Mexican Case Studies in the Culture of Poverty*）中首先提出了“贫困文化”（culture of poverty）的概念。刘易斯认为，贫困文化是一种比较固定的、持久不变的、代代相传的生活方式，并从社会、社区、家庭和个人四个层次上做了系统研究。刘易斯认为，穷人之所以贫困与其所拥有的文化、贫困文化有关。这种贫困文化的表现是，人们有一种强烈的宿命感、无助感和自卑感；他们目光短浅，没有远见卓识；他们视野狭窄，不能在广泛的社会文化背景中去认识他们的困难。在刘易斯“贫困文化”理论的基础上，意大利学者莫伊尼汉（D. P. Moynahin）在《认识贫困》（*Understanding Poverty*）一书中提出了贫困和贫困文化的恶性循环理论。莫伊尼汉认为，生活于贫困境况中的人们，由于从小就受到贫困文化的熏陶，他们缺少向上流动的动力，环境也难以使他们有较高的成就动机；低成就动机导致低社会流动，受教育的机会少，层次较低，这使他们在就业上的竞争力薄弱；低教育水平，较弱的竞争力，自然导致他们只能进入低收入职业，处于较低的社会地位；低收入的职业和较低的社会地位使他们更为贫困。以上四个方面，形成一种周而复始的循环模式，使贫困者很难摆脱贫困的纠缠。

我国学者通常的解释是，贫困文化就是指贫困阶层所具有的一种独特生活方式，它主要是指长期生活在贫困之中的一群人的行为方式、习惯、风俗、心理定势、生活态度和价值观等非物质形式。长期生活于贫困之中，结果形成一套特定的生活方式、行为规范、价值观念体系等。概而言之，贫困文化是生活在贫困环境中的穷人所持有的特定文化、价值体系、独特生活方式，是直接根植于经济贫困的文化。贫困文化实际上是对贫困的一种适应。贫困不仅仅是物质资源的贫困，更是社会资源的贫困，即智力贫困、信息贫困、观念贫困、文化贫困。这种“贫困文化”的主要表现是：消极无为、听天由命的人生观；安贫乐贫、得过且过的生活观；懒散怠惰、好逸恶劳的劳动观；不求更好、只求温饱的消费观；老守田园、安土重迁的乡土观等。清华大学教授李强在《论中国的贫困文化》中指出，贫困一旦形成一种文化，就成为一种痼疾，解决起来难度很大。丰富的生活是一种文化，贫困也是一种文化，贫困文化一旦形成，就会代代相传。高校农村贫困生长期生活在边远贫困山区，长期受贫困文化的熏陶，必然呈现一些不良心态，不利于他们健康成长。分析高校贫困生的消极心态的文化原因，能更好地帮助贫困生调整心态，促进他们健康成长。

（二）贫困文化对高校贫困生不良心态的影响及危害

本书所指的消极心态，就是仅指农村贫困大学生，由于长期地处贫困山区受贫困文化的影响所导致的一系列个性特征和心理健康上的负面变化。比较而言，这种消极心态比经济贫困更隐性、更具危害性。主要有以下三种消极心态：

1. 安于现状型心态

相对而言，这是贫困生中最普遍的一种消极心态。这部分贫困生到校后，感觉学校的住宿、校园环境都非常好，与自己原来就读的农村学校相比已经有天壤之别，他们心里很满足，没有什么理想追求，对学习、生活没什么要求，虽然经济压力大一点，但也觉得无所谓，穷就穷点，反正就是个穷命。这部分贫困生没有上进心，得过且过，顺其自然。这种心态主要受到贫困文化中安贫乐贫、得过且过的生活观影响。低品味的生活观和较封闭的自然环境，使许多人产生了低水平的心理平衡，即得过且过，安于现状。

2. 消极无为型心态

拥有这种心态的贫困生比较消极。他们到校后，城市和农村的巨大经济文化差异对他们冲击很大，觉得自己经济窘迫，没什么特长，很自卑。特别是富裕学生表现出来的优越感和傲慢，刺激了他们的自尊心。他们不是奋发图强，穷则思变，通过勤奋学习来改变命运，而是把贫困归于老天的安排和命运所定。他们悲观消极，能混就混，经常逃课、上网甚至违反校纪校规。这种心态主要受到贫困文化中消极无为、听天由命人生观的影响。恶劣的环境和长期贫困的折磨，使许多村民形成了强烈的宿命感，他们把自己的贫困归于老天的安排和命运所定，面对贫困，他们不是穷则思变，奋发图强，而是听天由命，今日有酒今日醉等。

3. 依赖攀比型心态

这种心态是贫困生近年来出现的一种特殊的消极心态。党和政府及高校重视经济困难学生资助工作，先后出台了一系列的政策和措施，“确保每一个学生不因经济困难而失学”，为贫困生顺利地完成学业提供了有力保障。在对待社会、政府的助学态度上，有些贫困生存在“等、靠、要”的依赖心态，他们往往把自己的贫困归结为社会不公，认为自己受帮助是天经地义的事，作为贫困生就应该理所当然地得到学校的关心和大家的照顾，不帮助或帮助不够则是政府、学校或老师的失责。反正有国家的资助，自己要做的仅仅是等待。然而，当自己的学习成绩与国家奖、助学金要求的条件相差甚远而不能获得国家的资助时，就认为自己得到的关心和照顾不够，心理就会烦恼、哀叹甚至愤怒的情绪也随之而生。这种心态主要受到贫困文化中“等、靠、要”的度日观影响。我国长期实行的“送粮、送衣、送救济”的“输血”型扶贫方式，虽缓解了贫困人口的生活之需，但也产生了极大的负面作用，使一些干部群众形成了靠政府救治度日的依赖心理，他们坐等救济，坐吃救济，吃光用光救济再要救济。“有自由，无主张，抱着膀子晒太阳，坐等上面救济粮”，正是这种心理的生动写照。

（三）高校克服贫困文化对高校贫困生不良影响的对策

由于西部贫困地区长期处于贫困，贫困文化的积淀十分深厚，要根除贫困文化必然是一个漫长的过程。贫困文化对高校贫困生的不良影响是潜移默化的。因此，高校要积极实施文化扶贫工程。

首先，要让贫困生认识到贫困文化的存在，通过对贫困文化的分析及个案研究，特别是一些典型案例的剖析，帮助贫困生认识贫困文化的危害及本质，了解贫困文化对贫困生的影响及表现。文化扶贫工程中，不仅要注重对贫困大学生文化知识、心理素质、思想观念等方面的培养提高，还要通过多种形式对贫困生进行教育，逐步引导贫困大学生解放思想，转变观念，克服听天由命、消极无为的观念，树立人定胜天、积极进取的思想；克服安贫乐道和宁愿苦熬不愿苦干的懒汉意识，树立穷则思变、苦干脱贫致富的志向；克服“等、靠、要”的依赖思想，树立自强、自信、自立观念。这些新思想的形成，将会逐步斩断贫困大学生与贫困文化的联系，培育他们的现代人文精神，从而帮助他们从根本上摆脱贫困，创造新生活。

其次，要重视校园文化建设，通过先进的、科学的校园文化来鼓舞贫困生，影响贫困生。如开展不同主题的校园文化月活动，通过活动营造积极上进的文化氛围，鼓励贫困生好学上进，追求进步，锻炼能力，锤炼意志，培养坚韧不拔的品质和战胜困难、刻苦学习的精神。让贫困生在艰苦的个人奋斗历程中积累丰富的知识，最终用知识战胜贫困。

最后，要倡导鱼渔资助理念，转变对贫困大学生单一的资助方式和资助观念。一是要变单纯发挥资助的经济功能为经济和教育功能并举；有的贫困生因可以定期从学校得到困难补助金而养成依赖困难补助的心理，所以应该采取困难补助与勤工俭学、提高自主能力相结合的资助方式。因为教学生怎样去挣钱买面包比给他们面包要有意义得多，“授人鱼不如授人渔”。二是要变无偿资助为主为有偿资助为主，在现实条件下，对大学生进行有偿资助比无偿资助更能收到资助的效果，增强资助工作的有效性，将无偿资助转变为有偿资助，采取勤工助学、实行贷学金的制度等资助方式，能为真正需要资助的贫困生提供经济资助，使资助经费得到最大限度的利用。加大奖学金发放力度，激励贫困生能以此支付学杂费，补贴生活，解决生活困难，还有助于优秀的贫困生集中精力完成学业，更好地回报社会。

五、地州高校贫困生资助育人工作的不足及改进策略

高校贫困生资助工作是高校育人工作的重要组成部分。党和国家高度重视高校贫困生资助工作，通过建立“奖、助、贷、减、免、补、勤”为主的贫困生资助体系，基本上解决了贫困生的经济困难问题。同时，开展了贫困生的精神和心理解困工作。贫困生资助工作取得了重大成效，充分体现了社会主义制度的优越性。但部分地州高校由于经费资助渠道单一、师资队伍不足、对资助工作的认识和重视程度等原因，资助育人工作还处在层次比较低、资助质量不高的发展阶段。学者刘家梅就提出高校资助育人工作存在资助理念不统一、法律保障不健全、资助文化不浓厚、资助资源缺乏，资助内涵不深入等问题。培养身心和谐、全面发展的高素质人才，既是高校资助工作科学发展的要求，也是建设和谐校园的重要内容，对和谐社会的构建具有十分重要的意义。因此，加强地州高校贫困生资助育人工作的内涵建设，提升育人质量，是地州高校必须面对和急需解决的一个重要课题。

（一）地州高校贫困生资助育人工作的不足及原因分析

1. 育人主题模糊化

育人工作是资助工作的出发点和归宿，“资助”与“育人”必须相结合。资助工作，不仅要解决贫困生现实的经济困难问题，同时要重视对贫困生的

精神和心理的资助，特别是思想教育工作。要帮助贫困生正确认识贫困、正确看待资助，树立正确的世界观、人生观和价值观，要教育学生立志成才，感恩国家，回报社会。而目前的资助工作核心不突出，重资助、轻育人，更多的是形式上的经济资助。资助工作与育人工作脱节，育人主题模糊化的倾向十分突出。

2. 资助内容物质化

目前，各级政府、高校、家庭或其他组织，都把对贫困生资助的重点放在经济支持上，存在明显的"重经济资助、轻精神援助"的倾向，缺乏对贫困大学生的心理关怀和精神援助。经济资助相对于精神援助、心理关怀而言，一方面，可操作性强，受助者参与的主动性和积极性较高；另一方面，可以在短期内带来"立竿见影"的帮扶效果。但是，如蒋庆华所说，"对于家庭经济困难大学生这一特殊群体，仅有物质上的资助是远远不够的，学校必须坚持资助育人，确保贫困学生健康成才"。资助内容物质化不利于学生的健康成长，从一定程度上还会导致部分贫困生产生"等、靠、要"的依赖思想。

3. 资助流程形式化

多数高校以完成资助任务为主，按程序办，忽视主体的人。不论是贫困生的认定、奖助学金申请以及资助名单的公示等，都形成了形式化倾向。资助部门和经办人只考虑发钱，对学生的感受和隐私不关注，忽视了资助流程中对贫困生的思想教育、情感交流与沟通。资助工作形式化倾向，不利于加强贫困生资助工作的内涵建设。因此完善贫困生资助流程，丰富资助形式，是贫困生资助工作需要解决的一个难题。

（二）地州高校贫困生资助育人工作的改善策略

高校贫困生资助工作，要强化育人主题，坚持资助与育人工作相结合，不断改进和创新资助育人形式，提升育人质量。具体来说，地州高校必须坚持以育人为本，针对贫困生的个性特点和成长需求，构建"三大资助平台"。

1. 以励志成才为主题，构建思想教育和心理援助工作平台

思想认识是行动的前提。贫困生资助应"心理脱贫"和"经济脱贫"并重，先要解决贫困生的认识问题，从思想和心理层面上构筑工作平台。

第一，开展贫困观和成才观教育。能否正确客观认识贫困，是解决贫困

生思想问题和心理问题的突破口。在贫困生资助工作中，我们发现部分贫困生不能正确认识贫困，把贫困归于父母无能和老天的不公，甚至怨天尤人，有的因贫困自卑封闭，不愿交往；有的不能正视贫困，不愿示穷，甚至丧失尊严，追求虚荣；有的因贫困产生仇富心理，觉得社会不公平，产生一系列的思想和心理问题，等等。因此，以励志成才为主题，开展对贫困生的贫困观和成才观教育非常有必要而且很紧迫。帮助贫困生了解贫困的原因，教育学生“自古雄才出寒门”，贫穷不穷志，立志脱贫成才。

第二，开展心理咨询和心理辅助教育。心理问题是高校贫困生面临的首要问题。由于经济、文化及社会等差异，使贫困生产生不同程度的心理问题，有的自卑、多疑、产生孤独感，有的焦虑、苦闷、产生无助感，等等。高校要及时采取多种形式，开展心理咨询和心理辅助教育，帮助贫困生调整心态，客观辩证地看待社会，看待自己的处境和暂时面临的困难。要重视心理咨询的方式和时间、地点的选择，开展心理辅导时要注重贫困生的心理状态和情绪反应，特别是个性特征。一般情况下，不主张搞大锅饭式的心理辅导。

2. 以贫困差异为依据，构建贫困生个性化资助平台

第一，尊重和承认贫困差异，满足个性需求，维护学生自尊。由于东西部差异、城乡差异和个性差异，来自不同区域的贫困生的贫困差异大不一样，发达地区贫困生和西部欠发达地区贫困生的贫困标准差别很大。特别是贫困生的贫困需求也有很大差异，有的贫困生希望得到经济资助，有的贫困生渴望得到心理援助，有的贫困生需要现金资助，有的贫困生希望在升学方面有所倾斜，等等。此外，贫困生自尊心都很强。在现有资助工作中，我们常常忽视贫困生差异，从面上简单地划分等级，资助贫困生，而忽视贫困生的个性需求。一些贫困生虽然获得了资助，但没有获得真正的需求。因此，贫困生资助工作，应尊重和承认贫困差异，以贫困差异为依据，构建贫困生个性化资助平台。如探索贫困学生根据自己的需求申报贫困资助等办法。

第二，以职业导航为核心，以学生困难差异为前提，实施套餐式资助。客观上，现有高校贫困生资助更多的是物质资助，有的高校同时启动了心理资助、文化扶贫等工作，开始关注贫困生的心理和精神问题。但大多处于形式层面，还没深入开展。笔者认为，贫困生的资助核心在于能力资助，授人以鱼不如授人以渔，倡导鱼渔兼授的资助理念。因此，高校贫困生资助应以职业导航为核心，以学生困难差异为前提，实施套餐式资助。所有认定的贫困生在接受资助的同时，首先必须选择职业规划和职业能力培训，要求贫困生明确自己的职业规划和具备一项职业能力。在此基础上，高校可以根据自己的实际，设计不同类型的资助套餐，如贷款+学费减免+助学金，助学金+学费减免+勤工助学，奖学金+学费减免+勤工助学等。贫困生根据自身经济条件、学习能力等方面的实际情况，选择适合自己发展的资助模式进行资助。

3. 以能力提升为导向，构建贫困生自立自强自助平台

第一，转变勤工助学资助方式。现有高校大多是根据国家的相关规定，在学费中划出一定的比例设定勤工助学岗位，如办公室卫生岗、校园绿化岗、图书馆管理岗等，这些岗位大多只能满足经济资助的单一作用，学生大多是完成岗位安排的任务领钱了事。高校勤工助学岗位在设计上应充分考虑勤工助学有利于加强学生的思想教育、增强学生的自立精神、培养学生的实践能力和促进学生对社会的客观认识。因此，勤工助学资助方式应从输血式资助向造血式资助方式转变，把勤工助学岗位与学生的专业特点、能力提升、就业创业方向结合起来，构建贫困生自立自强自助平台。

第二，素质能力拓展专项训练。贫困生之所以贫困，除了经济贫困原因外，更多的是地域差异、贫富差异等因素造成的能力贫困、思想贫困。在能力方面由于见识少、锻炼少等原因，与非贫困生相比有一定的差距。因此，在贫困生中要有针对性地加强素质能力拓展专项训练，帮助贫困生提升某方面欠缺的能力。如贫困生交际能力差，应专题开展人际交往能力专项训练；语言表达差，应开设演讲课，等等。

总之，由于高校资助育人工作处于发展初期阶段，存在诸多突出问题。时代的发展需要高校资助育人工作与时俱进。因此，高校贫困生资助育人工作要针对贫困生的个性特点和成长需求，加强内涵建设，从而提升育人质量。

第三辑　和谐视域下高校毕业生体面就业的实践探索

一、大学毕业生就业问题与理念剖析

（一）毕业生就业问题分析

1. 眼高手低，自我定位不准

有些大学生对自身发展方向茫然无知，临近毕业了，缺乏应有的基本素质和特别技能，似乎什么都会，又似乎什么都不会，“门门通，都不精”，不知道自己应该做什么，又不甘心做太简单的工作。而大多数用人单位则反映，除了学生实际能力与他们要求存在一定的差距外，更重要的是毕业生要能摆正自己的位置，能够扎扎实实地、一步一个脚印地从基层工作做起。当今社会就业竞争激烈，无论是哪方面的毕业生，如果没有踏实肯干的务实态度，即使有了工作岗位也无法长期站稳脚跟。因此，大学毕业生首先要认清自己，摆正自己的位置，敢于迎接挑战和考验。要知道，任何环境都是对自己的一种锻炼和社会经验的积累。

2. 自视甚高，缺乏实干精神

许多大学毕业生自视甚高，对自己的工作和前途期望过高，但缺乏吃苦耐劳的品质、脚踏实地的敬业精神和艰苦创业的心理准备。总希望有一个好前途，毕业后能进好单位，但又不能从小事做起、从现在做起。事实证明，凡是诚实、敬业、吃苦耐劳、虚心好学的毕业生都会受到用人单位的好评，也能为他们日后迈向成功之路奠定坚实的基础。

3. 对综合素质重要性认识不足

大学生大多有自己的一技之长，具有一定的专业知识和专业技能，但对综合素质的重要性往往认识不足。事实上，用人单位都非常看重应聘者的综合素质，如沟通协调能力、人际交往能力、应变和处理能力、学习和接受能力、为人处世的态度和品行等。一些成功的经验告诉我们，要想立足于社会，不但要有真才实学，掌握一定的专业知识和技能，而且要不断学习，有意识地培养、锻炼和提高自己的综合素质，这样才能在激烈的就业竞争中自如面对，使自己立于不败之地。

4. 缺乏挫折意识，心理承受能力差

不少大学生是独生子女，从小就在优越的家庭环境中长大，上学期间一帆风顺，缺乏人生中应有的挫折意识，心理承受能力较差。有些毕业生由于自身和外界客观的原因，暂时找不到理想的工作，但他们不从自己身上找原因，而是怨天尤人，产生逆反心理。这种不平衡或逆反心理往往会导致一些人对社会产生不满，对人生产生偏颇看法。有些大学生面对激烈的职场竞争，因自己的专业技能不如其他同学，或因面试屡次受挫，便使自己无形中背负沉重的压力和痛苦，从而产生强烈的自卑感，以致失去了求职的勇气和信心。

（二）对症下药，克服错误就业观念

1. 缺乏前沿性就业意识

前沿性就业意识就是能在就业选择中具有长远的眼光和标准。善于发现职业中潜在的，具有发展性、成长性的潜力单位和企业。许多大学生愿意选择收入固定的单位或成熟期的企业，愿意进机关、事业单位或大企业，不懂得或不愿意选择具有潜在发展机遇或处于上升期的企业。实际上，具有潜在发展机遇或处于上升期企业的员工和中小企业的基层管理者有更多的发展机会。

2. 就业期望值过高

在薪资待遇方面，许多毕业生都为自己人为地设定了一个标准，非这个标准不干；在工作环境方面，很多大学生选择在恒温无尘的环境下工作，或要求在办公室工作；在行业选择方面，很多大学生趋向于机关、事业单位，或选择 IT、通讯电子类企业；在单位规模方面，很多大学生趋向于选择局级以上或大型国有企业、大型跨国公司、外资企业或行业著名企业。这些要求和标准与大多数大学生毕业自身的专业技能、实践能力和综合素质相比，就业期望值明显过高。

3. 就业盲目性和随意性心理

有些大学生对自己专业知识、专业技能没有足够的重视，对就业目标、职业兴趣、职业选择等缺乏清醒的认识，在国内严峻的就业形势面前，“饥不择食”，只要感觉有单位或企业招人，就去应试或递上自己的材料，抱着试试可能有所收获的心态，在择业的原则问题上具有很大的盲目性和随意性。

4. 就业被动性心理

在就业这个问题上，有些大学毕业生存在严重的依赖心理，表现为自己不作为，主要依靠学校推荐就业，依赖父母亲朋找关系实现就业。相反，靠自己在就业市场上实现就业的、自己动手设计就业推荐材料的、自己在毕业前实习中被机关单位和企业留用的大学生较少。

5. 就业自卑心理

很多大学生认为，自己不是名牌大学或重点大学的毕业生，甚至有些大学生毕业于专科学校，这就无形中使这些大学生在就业问题上产生自卑心理。这种就业自卑心理主要源于两个方面：一是认为自己的学校或专业不好，在就业的激烈竞争中处于劣势；二是在外地就业的情况下，外地劳动力与本地劳动力存在的事实差距使外地劳动力产生低人一等或自卑心理。

6. 怕苦畏难心理

很多大学生本身就是独生子女，在家中养尊处优，无所事事。在学校期间，缺乏吃苦耐劳精神，不能刻苦地学习专业知识和专业技能，无法独立地完成较为复杂的任务，没能为未来就业做好知识、技能和心理准备。在择业中，怕苦畏难心理严重，不愿意出差、加班，拒绝到工作环境或生活条件不太好的地方去工作。

7. 缺乏交际意识和团队精神

有些大学生在大学学习和生活中，主动融入集体的意识较差，特别是不能主动融入班级和宿舍这种群体中，没有想到要建立和拓展自己的人际关系，不懂得与老师和同学建立融洽关系的重要和必要性，过于以自我为中心，独来独往，缺乏交际意识和团队精神。这样的学生在就业中很难与用人单位进行沟通和交流，以致实现自我就业的希望非常渺茫。

8. 创业意识欠缺

创业意识是指人具有的开创事业的思想、观念、个性、意志、作风和品质。创业是就业的升华和更高境界，不仅可以实现自我，也能为社会提供更多的就业岗位。然而，创业也是一个非常艰难曲折的过程。很多大学生在谈到通过自主创业实现有效就业时，往往会过分强调场地、资金、人才、技术、社会背景等外部因素，或认为自己没有经验，创业对自己来说过于渺茫和遥远。

（三）端正认识，树立择业新理念

1. 辩证地看待现阶段的就业形势

市场经济的基本特征就是有效资源配置市场化，因此，竞争是不可避免的。反映到就业问题上，必然会出现优胜劣汰。这是现实，是市场规律，我们无法改变，只能顺应。这就要求我们必须面对现实，辩证地看待现阶段的就业形势：一是要看到我国的基本国情是人力资源非常丰富，每年需要就业的大学生多达上千万；二是要看到我国经济发展一方面会增加新的就业岗位，另一方面又会有结构性失业现象；三是要看到在知识经济的背景下，就业岗位对劳动者的文化程度和技能素质提出了更高的要求。

目前，我国就业形势非常严峻，不能盲目乐观，但也不能因此而丧失信心。我们要放眼长远，要看到市场经济的一个最大好处就是给年轻人提供了一个施展才华、发挥才能、后来居上、脱颖而出的发展平台。

2. 积极转变就业观念

大学生就业难最大的问题就是就业观念转变难。我们必须扭转过去那种非政府部门、非国有企业不去的计划经济时代的旧观念。大学生应根据个人的具体情况，综合考虑基层单位、私营企业、合资企业等。在现阶段，大学生就业要改变下面几个旧观念：一是就业分区域，讲远近；二是一味强调专业对口，专业不对口不考虑；三是强调高工资、高福利；四是过分强调行业或必须是行政事业单位；五是工作岗位必须体面、工作环境必须优雅，等等。我们要综合考虑，转变思想，破除陈旧的就业观念，就业机会才会大大增加，就业前景才会光明起来。

3. 树立择业新理念

新的就业理念就是适应市场经济的要求、符合现代化需要的就业观念。大学生在择业时要把个人愿望和社会需求结合起来，统筹考虑，果断行动。

其一，有目的地选择单位，但不要以单位性质为重。根据我国人力资源市场信息统计，就 2011 年上半年部分城市公共就业服务机构市场供求情况看，

95%以上的用人需求集中在企业。在企业用人需求中，内资企业占 78%，其中，私营企业、有限责任公司和股份有限公司用人需求所占的比重为 65%，国有企业、集体企业用人需求所占的比重为 5%，等等。这些统计数据告诉我们，就业不能只看单位大小、性质如何，大学毕业生应该把需求人数多的私营企业、股份制企业等作为就业的主渠道。

其二，积极主动的就业观。大学毕业生进入人才市场、劳服市场，实行双向选择，竞争就业，已成为社会发展的必然和常态。随着市场经济体制的完善，人才市场、劳服市场也将进一步规范和完善。因此，主动出击，积极走进市场，实现顺利就业的观念已成为必然。

其三，用己所长，但不必注重对口与否。市场经济要求我们必须摒弃旧的、传统的择业观念，自觉顺应市场发展的要求，灵活地调整自己的就业目标。一旦出现不能专业对口、用己所长，需要“改行”的情况，要及时进行自我调整。

其四，先就业，后择业。在选择和落实单位时，不求一步到位。在现阶段严峻的就业形势下，广大毕业生要对自己和社会有一个清楚、正确的认识和分析，对就业单位、岗位的选择要适度，要适当降低就业期望值，迟就业不如早就业。工作若干年后，随着自己知识的更新、实际工作能力的提高，还可以根据自己的实际情况、爱好和潜力，重新选择单位、岗位和发展方向。

其五，自谋职业，自主创业。由于主客观等多种因素，有些大学毕业生一时难以找到适合自己的工作，需要自谋职业，自主创业。这些人可以加入到个体工商户、科技示范户等行列，利用自己所学开创一番事业，也可以相互联合起来从事第三产业等。创业过程是一个克服障碍、战胜挫折的过程。成功不是不失败，而是不停留在失败中。能够从失败中迅速站起来，拍打一下身上的灰尘，昂起头颅继续前进，这才是创业者应该具有的可贵品质。决心创业，迈出创业的步伐时要有一番冷静的思考和艰苦的抉择。创业不仅仅需要热情、冲动和勇气，更需要明断的抉择和坚持。只有那些经历艰难、初衷不改的人，才有可能获得创业的成功。

二、新形势下大学生就业现状及对策

（一）国内外形势影响就业

伴随着市场经济的迅猛发展，社会和行业竞争也日趋残酷和激烈，这就对人才综合素质提出了越来越高的要求。自1999年高等学校扩招以来，大学生的就业率与社会行业供需关系就发生了很大变化，大学生供过于求，日趋严峻的就业问题已成为社会、政府、家庭等普遍关注的焦点。据悉2001年全国高校毕业生待业人数为34万，2002年人数为37万，2003年人数达52万，2004年人数达69万，2005年人数达79万，2006年人数达93万，2007年人数达124万。这些逐年骤增的数字充分表明了大学毕业生所面临的就业形势日益严峻、迫切和艰巨。2010年高校毕业生是670万人，加上2009年的300多万待业的毕业生，2010年等待就业的大学毕业生人数竟达到史无前例的千万人之众。同时，2011年的大学毕业生更是受国内外多种因素影响、美国债务危机、欧洲债务危机、国内通货膨胀等，就业形势就更加严峻。随着高校招生人数的进一步增加，高校毕业生待业的现象仍在大量出现而且有逐年上升趋势。这些可怕的数字就真真实实地出现在我们身边，无论是对大学毕业生本人，还是家庭以及整个社会来说都是一个亟待解决的复杂问题。前几年开始于美国的金融危机，对本就不景气的就业形势产生了巨大的冲击，直接影响着各行各业的就业。由于美国次贷危机而引发的国际金融海啸，结果导致了许多金融机构的连锁性破产，从而引发了金融行业的一系列裁员狂潮。不仅如此，金融危机还进一步渗透到各种实体经济领域，严重制约和阻碍了全球经济的增长。就我们国家而言，作为整个国际金融体系的重要组成部分，行业性冲击是在所难免的，特别是与国际贸易相关的部门与行业就业率下滑非常严重，有的甚至大量裁员，在世界经济尚未从金融危机的泥潭中走出现在却又陷入世界债务危机的深渊。美国债务危机，欧洲债务危机对我国的经济造成了巨大的冲击，理所当然地影响到我国企业和就业，这无异于给面临重压的国内就业形势雪上加霜。

（二）造成大学生就业难的主要原因

1. 大学毕业生自身存在的问题造成就业难

现在许多大学毕业生无视社会现实，思想中存在着不合时宜的就业观念和职业价值取向（盲目自信、期望目标过高），这就直接造成了其就业难，主要表现为下面几个方面：

一是就业观念僵硬、陈旧，对职业期望值过高。一方面过分强调和追求安逸舒适的工作岗位和环境，不愿意到偏远地区、中西部地区和基层单位等；

另一方面过分看中政府部门，事业单位、外企等，把眼光只盯在工资福利、医疗养老保障等上，普遍存在着不肯放下架子、择业期望值过高、缺乏从基层做起的脚踏实地精神。

二是自身素质无法适应用人单位的需要。一方面，一些大学毕业生心比天高，盲目自信，过分高估自己的能力和素质，但其自身的实际素质和能力却与社会和用人单位的需求存在较大差距，其综合能力和素质无法满足用人单位的要求；另一方面，有些用人单位也不愿意招收大学应届毕业生，理由是应届毕业生动手能力和实践能力较差，缺乏主人翁意识和责任感，职业素养和职业道德不够强。

三是缺乏创业精神和意识。许多大学毕业生仍受传统就业择业观念的制约和束缚，普遍存在着等靠要等陈旧择业观念和思想意识，缺乏进取和创业精神，面对当前巨大的市场创业平台，他们宁愿舍弃所学专业成为现有就业市场廉价的竞争者和替代者也不愿意开拓创新，突破自我，走上一条创业之路。

2. 高等学校教育本身存在问题造成就业难

就我国高校招生而言，计划经济遗留的痕迹依然浓重，缺乏应有的自主性和灵活性，没有与市场实现真正意义上的零距离接触。

首先，高等学校培养人才的层次比例与实际市场需求不相适应，同期招生人数层次结构与各层次就业率呈现反向。

其次，高等学校现有学科专业结构设置存在问题。多年来，学校学科专业仍主要根据自身的历史渊源和条件不去及时了解和掌握市场需要、脱离实际、闭门造车，结果造成课程结构僵化，学科专业供求错位，专业设置趋同化、集中化、重复化。

最后，偏重学术教育，轻视职业教育。在我国高等学校教育中，不管什么层次什么类型的高校都一心向综合性研究型大学靠拢，而这些大学的学生毕业后大多数要走向生产第一线，他们在学校的所学与市场需求严重脱节，毕业后很难融入社会和市场。

3. 用人单位设置过高条件造成就业难

有些用人单位不顾自身情况盲目追求高学历，提高选招录用标准，重学历而轻能力；也有的用人单位特别是某些企业动辄要求求职者的实际工作经验，而应届大学毕业生则往往因缺少实际工作经验而被拒之门外。

（三）解决大学生就业难应采取的措施和对策

1. 大学生自身应做出努力和调整

其一，转变陈旧落后的就业观念，树立新的就业观。大学毕业生应面对现实，从社会和市场实际出发，抛弃所谓的社会精英情结，树立正确、客观、实际的就业观。就目前社会而言，许多小城市城镇等地急需大量的人才，小企业、私企等还存在大量的用人要求。广大中西部地区还急需大量有一技之长的人才，因此大学毕业生应根据自身的特点和专业特长，树立事业意识和奋斗意识，勇于到基层去锻炼自己挖掘潜能，逐步实现先就业、后择业、再创业的择业策略。

其二，提高自身专业和综合素质，掌握就业主动权。面对目前严峻的就业形势，大学毕业生应清醒地意识到，优胜劣汰的市场竞争规律，树立危机感和竞争意识，着力提高个人能力专长和素质，养成良好的团队精神和合作意识，练就过硬的本领，才能在激烈的就业竞争中占据主动地位，掌握主动权，努力谋求理想的职位。

其三，依靠自身实力，实现自主创业。大学毕业生有知识、有朝气，思想解放，视域开阔，精力旺盛，家庭负担轻，可以及时利用这种有利条件，因地制宜、找准商机，发挥自己的一技之长，自谋职业，走出一条自主创业之路。自主创业不仅解决了自己的就业问题，实现了自己的人生价值，同时也为社会上更多的人提供了新的就业渠道，有力地缓解了社会的就业压力。

2. 高校教育的学科专业和课程设置急待改革

其一，高校教育应面向社会，面向市场办学，根据市场需求及时合理地调整学科结构和专业设置，使招生专业和人数与毕业生就业率趋向相结合，逐步加大社会和市场急需专业的招生人数，缩减专业设置不科学、不合理，教学质量不高的学校和专业招生人数。

其二，加强对大学生的就业指导工作。高校应高度重视就业部门和相关人员的配备，加强对高校大学生的就业指导，并将就业指导这一项工作贯穿于整个大学的学习过程之中。

其三，建立一支责任心强、素质高的专业化就业指导队伍。高校应充分认识到就业指导队伍整体素质的高低，对推动整个大学生就业工作有着举足轻重的作用，关系到本校学生的择业取向甚至以后的发展方向。因此，高校要对从事大学生就业指导的专职人员进行精心挑选、严格培训，努力提高他们的业务水平和综合素质。

其四，以就业为导向，加快推行教育教学改革。高校应对教育教学方法、教学内容以及课程设置进行改革，加强实践操作课程教学，改变传统的重理论、轻实践，重知识、轻能力的教学模式，突出专业知识，培养实际技能。

3. 政府职能部门和社会各界应在毕业生就业工作中尽全职责

政府职能部门应制定相应的政策法规，进一步完善就业市场体系。

首先，要建立健全各项法律法规，将就业市场规范化、制度化，把毕业生的就业工作纳入日常工作范围。应进一步制定和完善大学毕业生就业政策，深化改革出台毕业生人事户籍等相关就业政策，消除区域或其他就业歧视，打破市场分割局面，加强交流与合作，进行宏观调控，进一步促进人才合理流动和选择。国家应制定或采取一定的宏观调供政策和措施，采取必要的经济和行政手段，以实现人才的合理流动和配置。特别是要鼓励大学生积极投身西部建设，到西部地区贡献青春、安家落户。

其次，中国许多基层人才匮乏，急需大量受过高等教育的人才充实，国家应及时制定相关的法规和政策，支持和鼓励大学生到基层需要的地方去实现就业，到那里锻炼成才。转换经济增长方式，扩大就业岗位和需求，就我国目前的很多行业来说，知识结构陈旧，老龄化严重，产能落后，高耗能、低收益，迫切需要吸收大学生劳动力这样的知识群体。但由于各种体制下的困境，使大学生很难进入这些行业。为此，政府应多方努力采取措施，转换经济增长方式，加大提高人力资本在经济增长中的投入。用科学发展观来制定经济发展规划和调整经济发展模式，大力发展服务业和第三产业。充分发挥政府职能部门在促进就业中的重要作用，协调就业与产业升级的相互促进，努力创造更多的就业岗位。不断增加对大学生的有效需求，各方联动，鼓励大学生自主创业，以创业促进就业。

随着我国经济改革的不断深入和经济增长方式的转换，经济领域孕育了巨大的商机和创新空间。这就为受过高等教育且有良好专业知识的大学生提供了选择自主创业的绝佳机会。高校教育应采取有效的方法和途径，对学生进行比较系统的创业引导和教育灌输创业知识，进行创业训练，培养创业精神和意识，也可以与社会有关机构和单位结合指导学生制订创业计划，确定创业项目并进行一定的创业实践。自主创业是时代和社会发展的要求，是我国大学毕业生就业体系改革的一个方向，也是我国高校教育教学改革发展的一个趋势。联合国教科文组织曾把创业能力列为学习的第三本护照。俗话说，授人以鱼不如授人以渔，正是这个道理。自主创业不仅可以拓展就业渠道，提升就业层次，为大学生提供创造财富的新平台，而且可以产生新的就业岗位，以创业促进、带动就业。因此，政府和社会各界应多方联动，对大学生创业予以积极的重视扶持，为大学生自主创业提供政策法规、资金场地等支持。

三、地州高校毕业生的就业环境与群体心理特征分析

就业是民生之本，也是构建社会主义和谐社会的重点。近几年来，随着就业环境的变化，大学生们的就业问题已经成为社会和学术界关注的焦点。大学生们面对这样的压力，如何将其转化为动力，如何积极正确地面对择业，这是我国政府与高校必须思考和解决的。下面将从地州的就业环境和毕业生的心理特征两个方面入手进行分析。

（一）地州高校毕业生的就业环境

由于地州在我国处于特殊的地理位置，在高校就业环境上比别的区域要相对严峻一些。因此由它作为突破口来谈我国现行的就业环境能更充分、全面、完整。

1. 人口基数过大

我国是一个人口大国，人口问题一直制约着我国经济的发展与社会的进步，当然它也制约着我国高校毕业生的就业。调查研究表明，在“十一五”期间，我国的高校毕业生供给人数高达 2 700 万人。在此基础上，每年还会新增 1 700 万就业人口，其中城镇的就业人口达 700 万。这一统计表明，在每年新增的 700 万城镇人口中，绝大多数都是高校毕业生。在地州那些经济条件落后、地理环境相对复杂的区域来说，每年的新增毕业生都想通过高校，通过就业来重新选择城市。由此可见，我国高校毕业生的就业人数每年都在迅猛增长，就业压力越来越大，地州的高校毕业生还要同一线城市的学生一起竞争一个相对好的岗位。这样一来，社会每年所提供的岗位远远达不到需求量。这种供求关系的不平衡已经出现了多年，而且形势也越来越严峻。

2. 就业城市分布不均

由于大城市的经济发展水平高、环境好、机会多、发展空间大，因此每年高校毕业生在就业的时候往往都集中在这些地区。像地州的一些地区，地

理位置偏远，经济政治发展相对不如大城市迅速，环境也复杂多变，不但别的城市的毕业生不愿意去，就连当地的高校毕业生也很少愿意留在当地发展，从而使我国就业的城市分布不均，比例严重失调，经常出现大城市几百个人竞争几个岗位的现象，而在地州很多岗位都是冷门，无人问津。这样的情况，不但进一步加重了我国的就业负担，而且使就业结构性矛盾进一步恶化。

3. 经济政治制度不断改革

在我国，随着宏观经济的不断调整与转变，在某个程度上也直接影响着高校毕业生的就业情况。从以前的计划经济向如今的市场经济转变的过程中，我国社会的各个层面与相关领域都发生了深刻的变化。近几年来，社会上开始出现了下岗职工，出现了大量的剩余劳动力，这一部分劳动力要再就业也会与高校毕业生产新一轮的竞争。另外，随着高校毕业生人数的增多，国家不会还像以前那样，对毕业生进行“统包统分”，都是由毕业生自己选择出路。这样一来，虽然高校毕业生在选择上有了更多的自由，但面对如此竞争激烈的市场，除了有文化优势以外，在相关经验与技术上并不能产生绝对的优势。因为目前市场对人才的需求，已经逐步从劳动密集型转向技术密集型，这对人才的综合素质提出了更高的要求。在这点上，大多数的高校毕业生是无法满足的。

4. 市场供需矛盾突出

我国的企业，无论是国有企业、中小企业还是私有企业，每年都需要大量的优秀毕业生，而且随着近年来私有企业的不断建立与发展，其对人才的需求也进一步增大。但是这些私人企业由于工资待遇低，发展空间小，作息时间不规范等原因，很多大学生都不愿意选择。另外，这样的私人企业很多都是家族性企业，对大学生存在着用人不公和诸多的偏见，觉得大学生就是书读的多了点，人际关系、社会经验都相对缺乏，没有什么值得骄傲之处。这样的观点使很多大学生在岗位上无法正常的开展工作，也使一批大学生失去了择业的机会，导致就业压力进一步增大。

5. 家庭过度干预

如今的高校毕业生大多都是“90后”，从小被家长捧在手心里长大。家长是他们思想的主要引导者，很多孩子从小学到高中直到大学的每一次择校都是以家长的意见为主，父母对孩子从衣食起居到教育都存在着潜移默化的影响。因此在大学毕业选择职业的时候，一些父母会对其过度的干预，这样的干预会加重大学生的就业压力，而且容易产生家庭冲突。

6. 高校就业指导体系不健全

目前而言，高校对毕业生进行的就业指导是十分有限的，存在指导方式单一，指导内容不全等现象。有的学校，像地州的一些高校甚至没有对毕业生展开相关的就业指导，这就使高校毕业生在就业时整体方向不明，目标与实际相差甚远，在被用人单位拒绝后会感到异常的失落与挫败，觉得自己无能，以致对今后的发展产生迷茫、无助之感。如果这样的情况处理不好，就会直接影响毕业生今后的发展与出路。

（二）地州高校毕业生的群体心理

针对上面所描述的现状，如今的高校毕业生在择业时普遍存在一些心理上的问题与困惑，具体表现在以下六方面：

1. 不良的心态

现在的高校毕业生普遍存在的问题就是就业心态不良，这样的一种消极、被动的心态会直接影响自己在就业上的成败。由于就业形势一年比一年严峻，毕业生在就业时没有针对实际的情况做到冷静的分析，合理的判断，缺乏对自己的理性思考与认识，一味地在消极中等待机会。要知道，机会是留给有准备的人，我们要做的是找寻机会，而不是被动地等待。还有一些大学生对自己的综合认识不足，觉得自己很厉害，而在择业面试的时候，却处处碰壁，从而产生了一种“怀才不遇，知音难觅”的心理。这对他们今后的就业也产生了不好的影响。

2. 失落的心理

许多大学生在择业时会过多地考虑地域、工作条件、福利待遇等。每个人都向往自己能有一个高的收入、高的起点。因此，私有企业要想招到优秀的大学生是比较困难的。有调查显示，大学生在选择岗位上希望在大城市工作的占到 48.3%，而像地州等西部经济欠发达地区只占 6.6%。由此可以看出，在高校毕业生的心里，没有人愿意去一些无法得到发展的小城市。如果去那些地方工作，可会让他们产生一种莫名的失落感。当他们发现现实与理想的巨大差异时，便会出现“高不成，低不就”的现象，从而导致就业行为的偏差。

3. 择业的自卑感

自卑是一种缺乏自信心的表现。在高校毕业生当中，由于对自己的潜在能力了解不足，突然要走上工作岗位，会对自己能否做好工作缺乏自信。这样的消极心理是由于他们长期以来只注重学习，而不注重人际交往与实践造成的。在竞争岗位的时候，往往低估了自己的能力，对自己的信心不足。致使面试的时候，当用人单位想要得到确定的答复时，他们总会犹豫、退缩，不敢说我能行，只会说我试试看。这样的话，在几次面试失败后，便一蹶不振，丧失信心，对自己全盘否定，以致不愿意再做尝试与努力。

4. 焦虑的心理

焦虑与紧张是高校毕业生面试的时候常见的一种心理问题。一些学生在面对用人单位从几十人中选一到两个录用者的现实情况时本能地感到恐慌与焦虑。还有些因为与自己所学的专业，学历要求不相符合就不敢去尝试，面试时当用人单位进行一些深入的提问与考试时，生怕自己能力达不到要求而过于紧张，从而难以正常地发挥。这样的过度焦虑，如不能在短期内得到化解，就会严重影响毕业生的能力发挥，致使择业失败。

5. 茫然的心理

很多高校毕业生面对自己的职业发展与方向会表现出茫然与不知所措。他们一方面很渴望在社会中找到适合自己的发展空间；另一方面他们对于自己想要做什么，能做什么却并不清楚。很多学生会过高地估计自己的水平与能力，选择与自己的实际不相符的职业；还有一些学生对自己认识不足，不能向用人单位充分地展示自己，以致失去机会，这些都是因对自己认识不足而造成的。

6. 消极依赖的心理

“90后”的大学生与以前的大学生相比，依赖心理不断加重。在面对择业的时候，往往自己不主动联系，而是依靠学校与父母。这样便使自己在择业中处于一个相对被动的地位，积极性与主动性得不到充分地发挥。一旦父母通过关系为他们找到了工作，他们难以用正确的态度去积极面对，不是靠自己努力争取来的就难以珍惜。

（三）地州高校毕业生就业工作的对策思考

面对上述情况我们不难发现，高校毕业生的就业问题已经成为一项长期而艰巨的任务，要从根本上改善毕业生就业难的问题，我们就应该从学生、高校、国家三方面入手。具体来说：

1. 积极发挥社会的作用

面对高校大学生普遍就业难的情况，政府一定要加强对其的管理，积极发挥政府的宏观调控作用，实现人才资源的优化配置。在对一些西部地区的扶持上，一定要加强大学生的西部计划，培养他们的责任感与社会荣誉感，使他们积极地参与到西部的支教当中去。

2. 鼓励大学生自主创业

由于现在的市场竞争相对激烈，人才的需求与岗位不成正比，因此政府要大力扶持大学生自主创业，建设相关的创业基地，形成创业带动就业的新方向。对于自主创业的大学生，在相关政策上，要进行大力的扶持、优惠，这样才能调动大学生创业的主动性与积极性。

3. 加强教育体制改革

我国的教育体制改革已经推行了多年，在对创新性人才的培养上，政府与高校一直在积极的探索之中。当前，只有不断地加强教育体制改革，转变教学方法与陈旧的教学理念，加强大学生自身的理论修养与实践经验，才能更好地培养大学生的综合素质，为他们的成功就业增加机会。

4. 注重家庭教育影响

家庭教育与学校教育一样重要。我们在注重对大学生进行学校教育的同时，还要对他们进行良好的家庭教育。家庭教育的好坏直接影响学生身心的健康发展，因此，在就业这个关键问题上，家长一方面要认识到孩子的实际能力与兴趣所在；另一方面也要营造民主宽松的家庭氛围，针对孩子在就业问题上的不良心态，进行积极和有效的处理。

5. 积极培养良好的心理素质

大学生在择业时一定要做好充分的准备工作。

首先，要对自己有一个全方位的认识，这种认识包括对自身的能力、经验、优势与不足等全面的考量。学会正确地评价自己、面对自己，这样才能在择业的时候选择到真正适合的岗位。

其次，也要考虑到自己所学的相关专业是否能适应岗位的需求，这样才能有利于个人主观能动性的发挥。

在具体的择业过程中，良好的心态是前提保证，所以要调整好心态，积极地面对，遇到任何问题都不放弃，不退缩，这才是一个优秀的高校毕业生应该具有的心理素质。

6. 完善就业指导体系

目前，我国高校的就业指导体系还相对缺乏，对于大学生择业上缺乏合理、有效的指导，因此，建立健全大学生就业渠道，规范高校就业指导体系，是我们工作的关键所在。在进行具体的指导过程中，高校首先要明确指导方向，做出科学的职业规划，针对大学生普遍存在的心理问题进行逐一疏导，引导大学生客观正确地评估自己，然后让他们根据个人的实际情况去制订可行的方案。

综上所述，大学生的就业问题已成为一个社会问题。面对瞬息万变的社会，高校毕业生如何在竞争中求发展，找准自己的定位，找到适合自己的工作，需要国家与社会共同努力。首先，大学生们要明确自己的目标，充分全面地了解自己，努力提高自身的综合素质，不断调整自己的心态，积极主动的面对问题。其次，学校也要加强对毕业生的就业指导工作，做到真正的关心学生，服务学生，让学生能够正确的展其所长，服务社会。最后，国家与政府要不断地加强教育体制改革，注重创新型人才的培养，这样才能为社会培养出合格优秀的综合性人才，让更多的大学生们学有所用，学以致用，为社会事业的不断发展做出贡献。

四、地州高校毕业生的就业意愿及稳定性

目前，大学生就业难已经成为我国社会经济发展中的一个热点与难点问题。虽然近年来政府积极地拓宽就业渠道，以缓解就业的压力，但由于我国高校每年都在不断扩招，随着毕业人数的增加，就业形势变得更加严峻。大学生们面对这样的压力，如何将其转化为动力，如何积极正确的面对择业，这是我国政府与高校必须思考和解决的问题。

（一）大学生的就业意愿

我们针对地州某高校的 100 位毕业生做了相关的问卷调查，通过对问卷

的归纳与总结，我们了解到现在大学生在就业意愿上普遍存在着以下想法。

1. 得到社会认同

在调查中我们发现，大学生们通过自己四年的专业学习，都希望在走上社会的时候能得到社会的认同。他们这种强烈的认同需求，直接影响着他们就业的选择。经过数据统计我们发现，在100位毕业生中超过50%的学生希望自己以后从事的职业，能体现自己的价值，将自己最好的一面充分地展现出来，而有近30%的学生认为，做什么行业并不那么重要，就业只是一种生活需要；还有少数学生把就业作为自己实现兴趣爱好的一种方式。从中我们不难发现，渴望得到认同，得到社会肯定的学生占了多数。

2. 留在大城市

由于地州处于我国西部，其自然环境与经济条件都比不上南方的大城市，因此在学生们在就业的时候，都想去大城市和一些经济发达的地区。从我们的调查结果来看，在100位学生中，有60%以上的学生希望在苏南地区工作，25%的学生选择了上海、北京、深圳等大城市，还有15%的学生选择了浙江，几乎没有人选择留在西部，可见渴望走出去的想法十分强烈。他们普遍认为，在经济较发达的地区就业，相对的发展空间大，工资待遇高，环境好。基于这样的想法，我国每年都会出现西部地区“招工难”，南方大中型城市“就业难”的情况。

3. 青睐国企

在对企业的选择上，大学生普遍青睐于国企和事业单位，他们觉得进入了那些单位以后，工作稳定，出来也体面。在被调查的100位学生中，有55%以上的学生选择了国企或事业单位，30%的学生选择了三资企业，仅有15%的学生选择去往中小型企业和民营企业。从中我们不难看出，大学生在企业的选择上存在着严重的误区。随着经济的不断发展，私有企业和中小型企业不断增多，每年它们都需要招纳大量的优秀人才，大学生们去这些企业工作，往往会受到老板的重视，有更大的空间去发挥自己的专长。

4. 待遇是择业的重要因素

我们在调查中发现，有56%的学生比较看重工作待遇，有24%的学生比较注重工作的稳定性，还有20%的学生比较倾向于自己的兴趣爱好。如果一个行业需要从底层做起，而且待遇相对比较低的话，那么即便以后具有发展空间，毕业生们也不会去考虑。

通过上面的调查我们发现，现在大学生在就业的选择上普遍存在着一些不良的心理。这些心理在他们就业过程中，往往会影响工作的顺利开展。

（二）大学生的就业稳定性

我们对地州某高校2009年的毕业生展开了跟踪调查，在他们工作半年后对其就业情况做了统计，最后得出的结论是：在所有的400多名毕业生中，离职率高达70%以上，其中主动离职的占45%，被用人单位解雇的占25%。从中我们不难看出，目前我国的高校毕业生的就业情况很不稳定。我们进一步与那些主动离职的学生进行沟通，了解到造成他们离职的原因主要有以下几个方面：

1. 工作压力大

由于高校毕业生四年都是在学校学习，没有过多的时间去接触社会，进行一系列的实践活动，这就造成了他们实践上和综合能力上的不足。走上社会以后，面对不同的行业需求和激烈的竞争，他们普遍会感到工作压力大，自己无法胜任。另外，大学生在踏入社会之初，他们对社会的认识度和了解度都不够，所以相对缺乏安全感。他们对自己走上社会要面对的一些问题，要接触的一些人群的了解都是未知的，在工作中发现了问题后，就开始退缩。

2. 发展空间不足

很多高校毕业生在选择第一份职业的时候，都是比较茫然的，一旦有用人单位通知他们入职，很多时候基于比较迫切的心态，就会匆匆入职，等工作一段时间后才发现，这份工作的前景不是很理想，发展空间也相对狭小，于是就会考虑重新调换工作。另外，大学生在对职业的选择上，刚开始都会存在一些误区，当他们经过了一段时间的工作后，调整了一些观点与看法，知道自己适合做哪些工作，不适合做哪些工作，于是就想重新选择职业。

3. 薪水福利偏低

由于现在的工作单位，都存在试用期，在试用期内的工资相对是比较低的，很多大学生在做了不到两三个月后，觉得自己的收入与支出完全不成正比，就会产生心理上的落差，不愿意继续工作下去。

（三）促进大学生就业的对策

针对出现的上述问题，如何做才能真正地解决和改善呢？笔者通过相关的研究，总结了几点可行的对策。

1. 加强教育体制改革，实施人才优先战略

目前，我国仍然存在着产业结构不合理、所有制结构不完善等问题，这些问题造成了经济增长与就业比率的失衡。因此，政府一定要加快经济结构的转型，深化教育体制的改革，不断拓宽就业渠道，大力发展技术密集型行业，转变陈旧的教学理念，加强大学生自身的理论修养与实践经验，给他们创造更多的就业机会。在我国社会快速发展的新时期，最缺乏的就是综合性的人才。我们要改善大学生如今的就业环境，最关键的还是要加强他们自身的综合素质与能力。只有不断实施人才优先战略，全面提升大学生的整体能力，才能让他们在面对竞争的时候立于不败之地。

2. 完善高校就业指导体系，鼓励大学生自主创业

目前，我国高校的就业指导体系还相对缺乏，对于大学生的择业缺乏合理、有效的指导，因此，建立健全大学生就业渠道，规范高校就业指导体系，是我们工作的关键所在。

在进行具体的指导过程中，高校首先要明确指导方向，做出科学的职业规划，针对大学生普遍存在的心理问题进行逐一的疏导，引导大学生客观正确地评估自己，然后让他们根据个人的实际情况去制订可行的方案。

另外，我国的就业环境相对复杂，就业压力十分大，在这种情况下大学生们可以选择另一种方式来实现价值，这就是自主创业。自主创业一方面缓解了就业的压力；另一方面也可以培养学生们的主观能动性，让他们自己投身到社会当中，去不断的磨炼自己，提高自己，从而能在社会中找到属于自己的位置，为社会的进步做出贡献。

3. 培养良好心理素质，正确看待就业

大学生自己在择业时一定要做好充分的准备工作。首先要对自己有一个全方位的认识，这种认识包括对自身的能力、经验、优势与不足等全面的考量。学会正确的评价自己，面对自己，这样才能在择业的时候选择到真正适合的岗位。另外，也要考虑到自身的相关专业是否能适应岗位的需求，这样才能有利于个人主观能动性的发挥。在具体的择业过程中，良好的心态是前

提保证，所以调整好心态，积极地面对，遇到任何问题都不放弃，不退缩，这才是一个合格优秀的高校毕业生应该具有的心理素质。

综上所述，大学生的就业问题已成为一个社会问题。面对瞬息万变的社会，我们的高校毕业生如何在竞争中求发展，找准自己的定位，找到适合自己的工作，这是需要国家与社会共同努力的。首先，大学生们要明确自己的目标，充分全面地了解自己，努力提高自身的综合素质，不断调整自己的心态，积极主动的面对问题；其次，学校也要加强对毕业生的就业指导工作，做到真正的关心学生，服务学生，让学生能够正确的展其所长，服务社会；最后，国家与政府要不断地加强教育体制改革，注重创新型人才的培养，这样才能为社会培养出合格优秀的综合性人才，让更多的大学生们学有所用，学以致用，为社会事业的不断发展做出贡献。

五、高校毕业生就业失信现象的原因分析与对策初探

俗话说：“国无信不存，政无信不威，人无信不立，事无信不成。”“以诚取信”是中国几千年来的优秀文化传统，诚信是一个人立足社会的基础，是基本的社会准则，也是构建和谐社会的道德基石。但是，随着高校扩招和就业制度的改革以及严峻的就业形势，一些高校毕业生在求职过程中存在伪造证件、制作虚假简历、单方面毁约等就业失信现象。毕业生就业失信现象不仅使高校毕业生形象大打折扣，同时也干扰了正常的就业秩序，既损害学校声誉，恶化整体毕业生的就业环境，又危及用人单位的合法权益，挫伤用人单位招聘的积极性，增加了社会的运行成本，最终对社会整体道德水平产生影响。毕业生就业失信问题已引起了社会、用人单位和高校的普遍关注。因此，探讨高校毕业生就业市场存在的失信行为，分析失信原因，探讨对策是十分必要的。

（一）高校毕业生就业失信的表现形式

为了了解高校毕业生的诚信现状及就业失信原因，笔者对 2008 届毕业生采取了问卷调查和访谈的方式进行研究。在问卷设计和访谈问题上借鉴了国内的一些成果。根据调查的数据分析，当前高校毕业生在就业过程中的失信行为主要有以下两种表现形式。

1. 夸大事实，虚假包装

部分高校毕业生为了迎合用人单位的需要，投用人单位之所好，从而求得面试机会，因此面试前虚构自荐材料，美化其在校表现，面试时虚假包装，言过其实。

面试前的不诚信行为主要表现为：随意给自己带上××学生干部头衔；随意更改学习成绩；凭空捏造各种获奖证书或技能证书；编造“无中生有”的社会经历；文字材料辞藻华丽等。

面试时的不诚信行为主要有：其一，重金包装，西装革履；其二，与用人单位谈话时夸夸其谈，大肆吹捧，言过其实，使用人单位相信自己的业务能力和素质，从而达到被聘任的目的。根据问卷调查，72%的毕业生认为对“求职面试的作假行为”可以理解；22%的学生认为在不被发现的情况下可行；仅 6%的学生认为这是不诚信行为，不能这样做。在对学生访谈时，问及“如何看待求职材料作假”现象时，80%的学生认为，大家都如此，你不这样做，在就业中你就没机会。这些数据表明，这种夸大事实、虚假包装行为在毕业生中认同率很高。他们却不知自己为了达到个人利益，将诚信抛弃脑后的行为，不仅扰乱了正常的就业秩序，也造成了严重的诚信缺失。

2. 缺乏责任，随意毁约

根据教育部的规定，每位高校毕业生只能拥有一套高校毕业生就业协议书，每套一式三份，不得转借、涂改、复印。但据调查，70%以上的高校毕业生在求职过程中，在个人利益最大化的驱动下，往往漫天撒网地向许多用人单位散发自荐材料。而且还有部分毕业生更是不负责任，一接到单位的签约通知，便匆忙与之签约，以便保底。遇到待遇更好的企事业单位，就迫不及待地要求毁约。有的学生甚至在签订协议不到一周就要求违约。更有甚者与多个单位签订就业协议，脚踩几只船。还有少数毕业生，在用人单位花了不少招聘费用以后，才说明自己只是来试试自己的能力，并非真心要和单位签约。也有少数毕业生刚到单位就跳槽，视协议书和劳动合同为一纸空文。毕业生不负责任，随意毁约现象虽不能说普遍，但至少可以说是比较常见的现象。他们这种不顾用人单位利益的失信违约行为，既浪费别人就业的好机会，也耽搁了用人单位选人的好时机。不仅损害了用人单位的合法权利，使用人单位的招聘计划被打乱；同时，用人单位会很自然地把毕业生诚信缺失的责任追加到其所在高校，产生不信任感，使学校失去一个良好的合作伙伴甚至损失一批潜在的用人单位。这对高校的就业工作无疑是非常不利的。

（二）高校毕业生就业失信原因分析

高校毕业生在就业中表现出的失信问题的原因是多方面的，其中学生自身修养和自身素质不同，固然是主要成因，然而社会环境的影响、高校诚信教育缺失和监管不力以及用人单位虚高的招聘方式等也负有不可推卸的责任。高校毕业生的就业失信现象归根结底是社会、学校、用人单位和个人等主客观因素共同影响的结果。

首先，社会诚信氛围的缺失。随着市场经济的不断发展，一方面调动了广大人民的积极性和创造性，另一方面也诱发了人们的求利心理。近年来，在市场经济的冲击下，社会各领域中都出现了诚信缺失现象，如商业领域中的假冒伪劣、坑蒙诈骗，政治领域的贪污受贿、以权谋私，文化领域的盗版侵权、抄袭剽窃等。这些现象不仅给社会各个方面带来严重的影响，而且也侵蚀高校毕业生的思想观念，误导毕业生的行为规范。

其次，高校诚信教育的缺失。近年来，受严峻就业形势的影响，高校重教授学生知识，轻培养学生评判能力；重专业教育，轻德育教育；重就业技巧培训，轻诚信就业引导；重学校就业率提升，轻学校就业诚信监管。致使学生对诚信缺乏深刻、系统的认识，导致一些学生诚信观念淡薄。有的高校甚至在无意识地纵容学生作假。这样的教育环境，必然影响学生诚信品质的养成。

最后，用人单位虚高招聘的影响。一些用人单位偏离本单位的岗位需求和合理的人才配置，不按单位实际需要选拔毕业生，而是一味追求高学历，过分注重社会工作经历，强调获得的各种荣誉和等级证书等，如有的招聘职位明确规定需要计算机三级证书、英语四六级证书，而这个职位本无此需要。用人单位的这种行为无形调高了毕业生就业的门槛，增加毕业生就业的难度，更加激化了本就是供过于求的就业市场。用人单位这种不科学的选拔毕业生方式也是造成高校毕业生就业失信的一个客观原因。

除了上述三个客观原因外，高校毕业生就业失信的主观因素和本质原因在于一些毕业生自身道德素质不高、修养不足、诚信意识淡薄和择业观偏颇。由于社会价值观的多元化，社会、学校等对道德教育的弱化和对诚信教育的忽视，有些高校毕业生由于自身修养不高，世界观不成熟，涉世不深，对失信造成的对学校和社会的影响认识不足，以及高校毕业生不能审时度势，准确定位，把职业选择理想化等，导致了高校毕业生社会责任感的缺失，较差的自律意识和就业失信问题的产生。

（三）高校毕业生就业失信对策及建议

“明礼诚信”是公民基本道德规范之一。高校毕业生走向社会，必须要有诚信。要遏制高校毕业生的就业失信行为，增强高校毕业生的诚信意识，必须采取一定的措施。

1. 构建诚信社会，营造诚信氛围

学生诚信意识的培养非常需要一个普遍诚信的社会环境的滋养与熏陶。只有在全社会认可、欣赏诚信者，蔑视、唾骂失信者的大背景下，树立“以诚实守信为荣，以见利忘义为耻”的良好风气，形成人人讲诚信的良好氛围，才能从根本上解决高校毕业生就业失信问题。构建诚信社会，不仅仅需要道德约束，更需要法律制度的支持。对于就业管理部门来说，就是要建立科学的人才评价体系，全力营造诚实守信的就业环境，使高校毕业生和用人单位双方自觉遵守就业秩序，坚持公正、公平、公开的原则，给毕业生创造公平竞争、平等就业的机会。

2. 加强诚信教育，培养诚信品质

高校应通过对大学生的思想政治教育，把诚信观念教育纳入大学生入学和毕业教育中，贯穿于人才培养的全过程，使学生树立诚信意识，从而产生自觉的诚信行为，形成诚信品质。

首先，可以通过校园网站和各种宣传栏等渠道，加大诚信宣传力度，形成“诚信光荣，不诚信可耻”的校园氛围。

其次，举办诚信讲座，开设诚信课程，开展诚信实践活动等，将诚信教育渗透到教学、生活、管理的各个环节，多方位促进诚信意识的形成。

最后，教师不仅是诚实守信的宣讲者，也是诚信道德的实践者。因此，高校教师要作诚信的表率，树立“为人师表”的形象和诚实守信的榜样，以教师诚信的人格影响学生、感化学生，从而培养大学生的诚信品质。

3. 建立诚信制度，维护就业秩序

在新的形势下，解决高校毕业生就业失信问题，单靠道德教育是远远不够的，还需要有一套信用机制、一种制度来硬性规范、有效约束缺乏诚信的行为，使诚信者洁身自好，一如既往，失信者弃暗投明。渐趋诚信，从而改善整个就业市场的失信状况。建立诚信制度包括建立学生诚信档案、就业诚信评价制度、道德监督机制和就业失信惩罚机制等。通过此种方式，使学生

有一定的心理压力，从而形成更好的操守意识，维护就业秩序。

4. 完善就业服务，拓宽就业渠道

高校应健全就业工作服务体系，减少就业工作中的漏洞，拓宽就业渠道，避免毕业生就业失信行为的发生。

首先，高校要严把就业推荐关。对于就业推荐表上毕业生就业的各项基本信息，必须认真审核，切实保证信息真实可靠。同时，要加强就业推荐表和就业协议书的管理，做到领取有登记，份份有去向，不给违约者以任何机会。

其次，高校要加强毕业生就业指导工作，把握就业市场的最新动态。高校应通过多渠道的联系，保证就业信息畅通，积极举办人才招聘会，最大限度地为学生提供新的就业机会和创造良好的就业机会，缓解学生的就业压力，使学生在就业过程中诚实守信。

总之，“明礼诚信”是公民道德的基本规范之一，是整个社会交往的基础，是市场经济的核心理念，更是和谐社会的基本特征。加强毕业生诚信意识，实现高校毕业生诚信就业是就业市场健康运行的需要，是促进全社会诚信的重要保障。

六、大学生社团对提升贫困大学生就业能力的影响

大学生中的弱势群体贫困生的就业直接关系和谐社会建设进程和社会公平正义。在当前后国际金融危机的大背景下，大学贫困生就业成为社会和学校倍加关注的热点问题，高等学校大学生社团组织提升贫困大学生就业能力的作用正受到越来越多的重视。因此，分析研究高等学校大学生社团组织在提升贫困大学生就业能力方面的影响，具有重要的现实意义。

（一）高等学校大学生社团对提升贫困大学生就业能力的积极影响

1. 大学生社团的实践性能引导贫困大学生心理意识不断成熟

国内许多研究都发现，我国贫困大学生的心理健康水平明显低于非贫困大学生，自卑、抑郁、焦虑、偏激、悲观等负面情绪和幸福感较低是贫困大学生主要的心理健康问题。贫困大学生通过参加社团的各种实践活动和社会活动，走出相对封闭的内心世界，锻炼了在实践中克服各种困难的心理意志

品质，增强了心理承受能力，提高了情绪的自我调节和控制能力，从而获得更多的自信，更稳定的情绪，更趋成熟的心理意识，更能适应外界环境的变化，增强了就业过程中的心理抗压能力。本书对云南省五所大学的贫困生专题问卷调查显示：40.5%的贫困生认为在社团活动参与中“缓解了压力”，53.5%贫困生认为“学会了控制和调节自己的情绪”，49.1%的贫困生认为“自己的性格更加活泼和开朗”。通过调查发现，艺术类社团和体育健康类社团在对学生个性形成、情绪控制、自信建立、成就感获得等方面的影响更为明显。

2. 大学生社团的青年性能提高贫困大学生学习专业知识的积极性

同辈青年大学生在一起学习，可以突破一些禁忌，在宽松的条件和相对随意中更容易接受和学习知识，这种学习过程比课堂中单一的灌输知识更容易被大学生所接受。青年大学生在一起学习使他们更容易选择带有年龄特征兴趣的知识体系，这种学习知识不是经过认真规划和有目的计划进行的，而是在不知不觉中进行渗透的。这种非刻意的学习效果往往会更好。这种积极主动的学习有利于培养贫困大学生的创新能力和专业技能，从而构建合理的知识结构，有利于贫困大学生形成核心就业竞争力。

3. 大学生社团的开放性能提高贫困大学生的人际交往能力

人际交往障碍是许多贫困大学生面临的发展问题，在社团活动中许多贫困生缺乏处理各种复杂的人际关系的能力，有的甚至害怕与同伴互动。当前，我国的就业市场讲人情、重关系，这是贫困大学生必须面对的客观现实。调查发现，有 23.8% 的贫困生在参加社团活动的初期阶段“害怕与同伴互动”。大学生社团的开放性使贫困大学生在社团活动中，能与各种不同性格、专业和地域的人交流沟通，分享不同的见解、知识和信息，感受不同的处事方式，从而培养自己的表达能力、沟通能力和合作能力，提高自己的人际交往能力。贫困大学生参与社团，有利于拓展自身交际范围，形成自己的人际网络资源，增加潜在的就业社会资本。

4. 大学生社团的多元性能提升贫困大学生文化内涵，逐步形成良好的人格

贫困大学生基本来自文化贫乏家庭和生活环境相对封闭、基础教育落后的地区，因而导致贫困大学生在语言习惯、生活方式、审美能力和兴趣爱好等方面都与城市文化规则有隔阂，长此以往将会影响贫困大学生人格的发展。由于学生社团中的同学来自不同的地域、专业，形成了社团多元性和交叉性的文化氛围，因而贫困大学生参加社团活动，一方面有助于不断认同社团的

其他成员，学习和内化该社团的文化、价值和行为模式；另一方面也能使贫困大学生了解自己和他人的差异，探索他人对自我价值的评价和自己在其他成员中的形象，逐渐形成自我认识，而这种自我认识能促进自我人格的进一步完善和发展。

5. 大学生社团的自发性能潜移默化地提高贫困大学生职业道德精神

道德教育的实效，是在体验中发生，只有诱发和唤醒了体验的道德教育，才能对其生存和生命成长发挥实际的促进作用。大学生社团作为非正式群体，在培养贫困大学生思想道德品德、敬业精神和团队协作精神等方面存在相对优势，学校往往重视对贫困大学生的规范教育，通过一些有形的准则和规章制度等，加强对贫困大学生思想品德行为的规范教育，然而缺乏体验的一味说教，容易让贫困大学生产生逆反心理。而大学生社团作为一个自发性的非正式体组织，遵守社团的规范还要依赖于每个成员的自觉行为和自觉维护，在这个过程中社团成员体验了惯例、团队协作、传统伦理道德等职业精神规范的内容。从这方面讲，社团潜移默化的教育是正式组织无法替代的。

（二）高等学校大学生社团在提升贫困大学生就业能力方面存在的问题

1. 大学生社团活动层次有待进一步提高

许多高等学校的大学生社团活动缺乏整体规划和专业教师的有效指导，由于对专业指导教师的考评奖励机制不健全，影响高水平专业指导教师参与大学生社团工作的积极性，现有专业指导教师大多数是兼职教师，投入的时间和精力有限，导致大学生社团活动的内容单调、规模化效应低、影响力有限，大学生社团活动得不到质的提高，在低水平上重复运行，高等学校社团的作用被弱化。调查显示，分别有 49.5%、41%、37.5%和 26.3%的贫困大学生将“社团活动缺乏规划”“社团活动质量不高流于形式”“社团活动缺乏有效指导”和“社团经费不足”作为影响他们参与社团的因素。

2. 大学生社团缺乏完善的管理机制和评价机制

当前许多高等学校对大学生社团管理缺乏重视，致使大学生社团缺乏科学规范、统一有效的管理机制，缺乏统一可行的管理标准，加之没有完善的监督机制和评价机制，使社团活动流于形式，导致一些贫困大学生入学之际“红红火火”的参与社团，而高年级时又退出社团。管理机制的不健全、管理方法的不科学、管理效果的不理想，使高等学校大学生社团丧失了应有的功能。

3. 大学生社团资源缺乏，严重影响社团发展壮大

物质保障是大学生社团正常运转和发展壮大的基础。一方面，高等学校对大学生社团的资助经费非常有限，提供的活动场所、办公室条件也严重不足，很难从根本上满足社团各种活动的要求。另一方面，大学生社团本身没有发挥对外交流的综合优势，没有很好地与社会接轨，以企业化运作多渠道筹措资金的模式尚未形成。这些因素严重制约了大学生社团的发展，影响了社团活动的质量。

（三）建设科学规范的大学生社团，努力提升贫困大学生就业能力的途径

1. 探索以社会基金带动社团运作模式项目化和规范化的管理模式

社会基金项目主要是指企业成立助困项目基金，依托相关机构成立面向贫困大学生的社团组织，开展旨在提高贫困生就业能力的社团活动。如福特基金会在云南、贵州和广西三省区八所高等学校试点的“提高高等学校贫困生能力项目”（Pathways to Higher Education，PHE）。PHE 由项目团队（国家顾问委员会、教育部、省教育厅组成）、项目执行机构（富平学校环境与发展研究院）和项目实施机构（参与院校）构成。从目前试行的由社会基金项目带动的项目化社团运作模式，不仅是解决高等学校贫困生经济贫困问题的一种有效尝试，也是对高等学校传统社团运作模式的创新。它以其规范化的组织形式和社会化资本的参与，有效改善高等学校社团的竞争机制、管理机制、评价机制和监督机制，拓展了高等学校社团与社会各界的项目合作，为整合高等学校社团资源与社会资源打造了一条便捷通道，使社团活动体现出了很好的实践性、实效性和规范性。

2. 推进社团管理目标务实化和方式人性化

从贫困地区成长起来的贫困大学生群体更加务实，他们面临的首要问题是生存，其次才是发展。所以面向贫困生群体社团的组织目标、活动内容与形式必须更加务实，使他们能在社团活动中提高自身能力。由于贫困大学生群体大多有自卑、困惑、敏感、多疑、孤僻和封闭等性格弱点，因此在社团管理方式上要尽量人性化，要通过社团引导他们学会感恩和奉献，正确运用社会关爱，减轻他们的心理贫困，促进其全面发展。

3. 加强贫困大学生社团导师队伍建设

为了推动社团上水平、上层次，强化社团在提升贫困大学生就业竞争力方面的作用，学校应专门聘请威信高、有专长的教师担任社团的指导教师和顾问。社团导师不仅要在学生专业学习方面给予指导，而且还要在贫困大学生的心理、生活、修养、成长和求职等方面给予指导。作为社团成员全方位的导师，他们在社团活动中扮演着非常重要的角色，因此，要求这些教师在学术上有造诣，在人格上有魅力，在教育上有敬业精神。只有形成一支高素质的导师队伍，社团的层次才能提高，学生的就业竞争力才能在社团中得到有效锻炼和提高。

七、高校学生社团与大学生就业竞争力问题研究

当前我国高等教育正逐步向大众化教育阶段转变，随着招生规模不断扩大和世界金融危机对我国经济的冲击，毕业生就业形势发生了深刻的变化。大学生就业形势日益严峻成为全社会关注的热点问题，大学生就业问题关系到构建和谐社会、学校发展和学生前途。在大学生就业形势严峻的背景下，高校社团组织在促进大学生就业中的作用正受到越来越多的重视，因此分析研究高校学生社团组织的作用和建设，对提升大学毕业生就业竞争力具有现实的指导意义。

（一）高校社团与大学生就业竞争力问题研究背景

1. 大学生就业现状分析

据教育部统计，1998 年高校毕业生数为 83 万人，2008 年达到了 559 万人，是 1998 年的 6.7 倍，预计今后三年内还将以每年 50 万的速度增长。与此同时，我国城镇每年新增加劳动力 1 000 万左右，下岗登记 800 万左右，农村向城镇转移劳动力 1 000 万左右，而每年新增就业岗位只不过 700 万 ~ 800 万。由于我国产业结构的特殊性，新增的就业岗位仍以劳动密集型岗位为主，对普通劳动力和技术工人的需求更大。这些数字显示劳动力供给与就业岗位有限增加的矛盾将在今后相当长的时间内持续存在，加之世界金融危机对我国经济的冲击，大学毕业生就业压力进一步加大。导致大学毕业生就业压力增大的主要原因有：大学毕业生快速增长的供给和较少的需求造成的不匹配问

题、高校专业调整滞后、教育质量与市场需求不相适应、用人单位的需求与毕业生实际状况的矛盾、社会意识的影响、就业体制和机制的障碍等。在这众多的原因中，大学毕业生自身的就业竞争力是一个重要的内在因素，它直接决定毕业生是否能达到就业单位的要求，从而顺利就业。

2. 制约大学毕业生就业竞争力的因素

大学毕业生就业竞争力是指大学生进入人力资源市场以及在以后的职业生涯中能够相对于其他竞争对手能够更全面地满足社会和人力资源市场需求的能力，从而保证自身持续生存和发展的综合素质和能力。当前制约大学生就业竞争力的因素，有大学生自身存在的因素、有学校教育和社会政府管理中存在的因素。本书只分析大学生自身存在的因素，主要表现在以下几个方面。

（1）综合素质不过硬。当前在部分大学生中出现了重专业轻基础、重书本轻实践、重功利轻素质、重共性轻特长、重实用轻人文的“五重五轻”现象，致使大学生综合素质不高，就业效果不理想。

（2）核心竞争力不显著。就业不仅是综合素质的展示，更是核心竞争力的较量。部分大学生缺乏“人无我有、人有我优、人优我特”的特色意识，竞争优势不明显。

（3）人文素质不高。当前用人单位往往将本单位的文化、价值观念、经营理念以及对人才素质的要求结合起来，要求大学生不仅要基础知识扎实、技能过硬，而且要意志坚强、人格独立、个性健康、品德高尚。个别大学生不注重科学素质与人文素质并重，不注重智力因素与非智力因素的协调发展。

（4）缺乏就业技能。个别大学生在就业过程中存在职业意识模糊、自我定位不准、职业心理准备不足、缺乏自信、职业理想化、盲目从众、瞻前顾后、见异思迁、高不成低不就等现象。

（二）高校社团与大学生就业竞争力的调查分析

1. 调查对象和方法

为了解和把握高校社团与大学生就业竞争力之间的关系，课题组采取多阶段、随机抽样法对云南省具有代表性的五所大学的大学毕业生进行了专题问卷调查，它们是云南大学、云南师范大学、云南中医学院、云南民族大学、昭通师专。

具体做法是：在每个学校随机抽取 5 个专业，然后在每个专业的各个年级抽取 1 ~ 3 人，在系上查找毕业生联系地址、电子邮件或邮寄调查表、回收调查表。调查主要采用问卷形式，问卷针对毕业生在校期间是否参加社团、对学校社团的满意度、社团对提升本人就业竞争力作用的认同度等问题进行设计，另外还采取了访谈、个案研究等方法收集有关有效信息。本次调查共发放问卷 500 份，回收问卷 490 份，有效问卷 480 份，有效回收率为 96%，较好地保证了问卷质量。

2. 调查结果分析（见表 3.1）

表 3.1　大学毕业生在校期间参加社团统计

	参加社团总人数	参加社团人数百分比（%）	调查学生总人数
思想政治型社团	51	10.6	480
专业技能型社团	85	17.7	480
语言文学型社团	42	8.8	480
文化艺术型社团	74	15.4	480
公益服务型社团	64	13.3	480
实践锻炼型社团	78	16.3	480
从未参加过社团	86	17.9	480

表 3.1 显示：大学生在校期间参加过社团人数占 82.1%，说明大学生自主意识和参与意识增强，社团在高校对大学生成长的影响是十分重要的，学校要充分利用这一载体，提升大学生的就业竞争能力。

大学毕业生对社团提升自身就业竞争力的认同程度统计见表 3.2。

表 3.2　大学毕业生对社团能提升自身就业竞争力的认同程度统计表

	认同程度	认同人数	累计百分比（%）	认同百分比（%）
大学生社团	完全认同	15	3.1	3.1
	大部分认同	99	20.6	23.8
	认同一半	202	42.1	65.8
	大部分不认同	28	5.8	71.7
	完全不认同	136	28.3	100.0
	总　计	480	100	

表 3.2 显示：大学毕业生对高校社团能提升大学生就业竞争力是比较认同的，认同一半及以上的人数占 65.8%。但数据同时显示：大部分不认同和完全不认同的人数占 34.1%，说明当前学生社团存在一定的问题，需要进一步加强高

校社团的建设，才能真正发挥高校社团在提升大学生就业竞争力方面的实效性。

（三）高校社团组织在提升大学生就业竞争力的作用

高校社团是大学生以共同的兴趣爱好或目的作为吸引和凝聚社团成员的主要动力而建立的，旨在满足自身需要、促进自身全面发展的群体。高校大学生社团组织，在提高大学生就业竞争能力的专业知识、基本技能、工作能力、职业精神、身心素质等要素中具有十分积极的作用。

1. 高校学生社团的实践性能培养大学生的职业技能和增强大学生心理承受能力

大学生在活动中尤其是在社会实践活动中，不断接触社会，部分实现了培养职业技能的价值，在实践活动中锻炼大学生的社交能力、口头表达能力、实际动手能力。高校大学生通过参加社团的各种活动，在各种活动中增强大学生心理承受能力，提高自我调节和控制能力，从而更能适应外界环境的变化。

2. 大学生社团的开放性具有扩大学生知识面和增强就业竞争能力

高校学生社团的成员来自不同的学科和专业。这种不同专业知识的融合、交叉使大学生受到多学科氛围的熏陶，并培养和扩大了学生的知识面。此外，学生社团还存在和其他学校社团、本校学生社团的交流与合作，在交流与合作中，大学生的眼界和知识面能得到开阔，能迸发出创新思想和活力。

3. 高校学生社团的自发性对提高大学生职业精神具有潜移默化的作用

大学生社团作为非正式群体，在大学生思想道德品德、敬业精神和团队协作精神等方面的培养上存在相对优势。学校往往重视对学生的规范教育，通过一些有形的准则、规章、制度等加强对大学生思想品德行为的规范教育，容易让学生产生逆反心理。而大学生社团作为一个自发的非正式群体组织，遵守社团的规范还要依赖于每个成员的自觉行为、自觉维护，在这个过程中社团成员体验了惯例、团队协作、传统、伦理、道德等职业精神规范的内容。从这方面讲，社团潜移默化的教育是正式组织无法替代的。

4. 高校学生社团的青年性特征具有提高大学生学习专业知识的主动性和积极性

同龄大学生在一起学习可以突破一些禁忌，在宽松的条件下，在相互信赖和相对随意中更容易接受和学习知识。这种学习方式比在课堂中单一的灌输更容易被大学生所接受。青年大学生在一起学习，他们更容易选择带有年龄特征兴趣的知识体系，这种学习知识不是经过认真规划和有目的计划进行，而是在不知不觉中进行渗透的。这种无意学习效果往往会很好，这种积极主动性的学习有利于培养大学生的创新能力和人无我有的专业技能，构建合理的知识结构体系，增强就业竞争能力。

5. 大学生社团的民主性能促进大学生良好人格的发展，使大学生能准确进行自我认识和定位

大学生社团通过民主理念的实际运作，使成员一方面不断认同社团的其他成员，学习与内化该社团的价值、态度、目标、行为模式；另一方面也使成员了解自己和他人的差异，探索他人对自我价值的评价和自己在其他成员中的形象，逐渐形成自我观念。而这种自我观念又促进自我人格的进一步完善和发展，避免大学生在求职过程中出现缺乏自信、职业理想化、盲目从众等现象。

6. 大学生社团的流动性能促进大学生知识的互动，有利于吸收新的知识信息，激发大学生的创新能力

由于学生社团的非正式组织性，成员加入和离开都没有合同的限制。高校社团的成员具有流动性，每个学期开始都有新成员加入，老成员离开。这种流动是互动的，老成员在离开社团之后往往会把一些本人的知识、工作方式、社团理念传达给新成员，新成员将新的知识、观念带入社团，增强社团成员的创造力，这样社团就形成了一个良性循环和互动的知识群体。

（四）高校学生社团组织存在的问题

1. 社团活动层次有待进一步提高

许多社团的活动缺乏整体策划和专业教师的有力指导；很多大学生社团不具备自我学习发展的能力，学校有关方面又不能提供有力的指导，任其“自生自灭”；还有一些社团则在低水平上发展，活动的质量得不到提高，学生的能力与素质未能得到充分的发挥，社团的功能被弱化。

2. 学生社团缺乏完善的管理机制和评价机制

当前许多社团缺乏统一、有效、规范的管理，组织机构不健全，社团成

员层次不一，又无统一可行的管理标准，导致成员流动混乱，加之没有完善的监督机制和评价机制使活动流于形式，不能反映学生的真实需求，最后被社团成员所遗弃，丧失了社团应有的功能。

（五）规范化建设高校学生社团提升大学生就业竞争力

1. 把大学生社团建设纳入高校整个规范的育人流程中去建设

结合高校的学科建设、教学改革、师资建设、人才培养模式来建设社团，使社团建设成为高校大学生深化和拓展专业学习的重要平台、学生科研的重要阵地、创新精神和实践能力培养的有效载体。总之，通过对高校社团规范化的建设，使它成为提高大学生就业竞争能力的推进剂。

2. 在高校社团中引入“社团教学模式”进行建设

它是促进高校社团规范化建设的重要方式。通过学分制在社团中的引入，根据高校各社团的特点、国家产业结构发展趋势对人才需求情况和学生自身的需要有针对性的开设引导课程，形成理论教学和课外实践相结合的社团教学模式，使社团摆脱传统建设模式下的无序性和松散性；通过一定教学制度、教学规范和教学成果评价机制规范社团引导课程的开发和设置，实现社团建设学术性、文化品位性、科研性的提高，促进大学生就业竞争能力的提高。

3. 加强大学生社团导师队伍建设

为了推动社团上水平、上层次，促进社团在提升大学生就业竞争力的作用，学校应建立相关机制和部门专门聘请威信高、有专长的教师担任社团的指导教师和顾问。社团导师不仅要在学生专业方面给予指导，而且还要在学生职业生涯规划、生活、修养、成长、求职方面给予指导，是社团成员全方位的导师，在社团活动中扮演着非常重要的角色，因此要求这些教师在学术上有造诣、在人格上有魅力、在教育上有敬业精神。高校社团只有形成一支高素质的导师指导队伍，社团的层次才能提高，学生的就业竞争力才能在社团中得到锻炼和提高。

八、浅谈高校提升就业服务水平的问题及对策

高校毕业生就业工作是一个复杂的系统工程，需要个人、社会、高校三

方面协同配合，共同努力。高校是实现毕业生就业的中间桥梁，应该充分发挥其就业指导服务作用，培养大学生正确的择业观和良好的就业心态，提高他们的就业竞争能力，帮助他们顺利就业、成功就业。毕业生就业指导服务水平的高低，取决于高校对就业指导工作有无清醒的认识和务实作为。教育部在〔2002〕18 号文件里指出："要尽快提高就业指导教师队伍的整体素质，把就业指导教师队伍建设摆到整个高校师资队伍建设的重要位置，努力提高就业指导队伍的专业化和职业化水平。"2003 年，时任教育部部长周济在高校毕业生就业工作会议上提出要"加强就业指导机构和队伍建设，建立一支专兼结合的强有力的就业指导队伍和和机构"等。2007 年教育部办公厅印发的《大学生职业发展与就业指导课程教学要求》(教高厅〔2007〕7 号）明确将就业指导课程列入教学计划，并"贯穿学生从入学到毕业的整个培养过程。现阶段作为高校必修课或选修课开设，经过 3 ~ 5 年的完善后全部过渡到必修课"。同时，指出："建设一直相对稳定、专兼结合、高素质、专业化、职业化的师资队伍，是保证大学生职业发展与就业指导课程教学的关键。""就业指导已不再是简单的工作单位的推荐，而是涵盖了个人发展的自我认识、自我设计和自我实现诸多方面，是将择业技巧、心理咨询、心理素质教育、道德教育、职业生涯指导等融为一体的生涯指导。高校的就业指导工作需要向专业化、职业化、专家化的方向发展。"一项统计表明，大学生就业前接受过系统的就业指导的比例很低，只有 5%的大学生接受过系统的就业指导，大多数毕业生认为，就业指导内容单一，针对性不强；就业指导措施形式化，无实际意义；就业指导主要是针对毕业班级学生阶段性、临时性的，没有面向全校学生，没有做到全员化、全程化和专业化指导。可见，加强和改革对大学生的就业指导刻不容缓。

（一）加强就业指导，促进和优化大学生就业的重要意义

在当今的高等教育中，大学生就业指导工作的优劣直接关系到大学生能否顺利就业、成功就业，直接影响到高校的社会声誉和生存发展，已成为现代高等教育的一项重要内容。

1. 攸关家庭幸福和个体发展

1999 年扩招以来，特别是近几年来，大学毕业生人数逐年攀升，每年有 600 万 ~ 700 万大学毕业生，其就业问题影响到数百万家庭的幸福和稳定。由于区域发展不平衡、贫富悬殊等多种原因，大学生中的经济困难学生比例较

大。据统计，目前我国高校家庭经济困难学生总数已高达 700 多万人，占在校生总数的 20%～25%，家庭经济特别困难学生占在校生总数的 8%～10%，西部地区高校的经济困难学生比例还会更高。由于受经济困难的限制和社会环境等因素的影响，这一部分经济困难毕业生成为就业中的弱势群体。经济困难毕业生家庭希望子女尽快就业的愿望十分迫切。在西部农村调查中，有的家长曾说："三年不吃过年猪，要让娃儿读出书。"有的家庭为了子女读书，全家举债数万元。有的家庭为了子女能完成学业，父母节衣缩食，四处打工筹集学费。有的贫困家庭集中供一个男孩子读书而其他姐妹不能读书等。如果付出了高昂的读书费用却不能及时就业或尽快就业，那将会直接影响家庭的幸福和社会的稳定，也将直接影响构建和谐社会。特别是在西部欠发达地区的广大农村，导致贫困家庭贫困的主要原因之一是子女读书造成的，因此从一定意义上来说，解决了一个贫困大学生的就业就相当于解决了一个贫困家庭的脱贫问题。大学生就业工作涉及方方面面，高校就业指导工作是其中的重要一环，应当发挥就业指导工作的积极作用，为大学生就业提供科学指导和优质服务。

2. 攸关社会和谐与稳定

就业是民生之本，稳定之基，历来为党和国家高度重视，社会各界广泛关注。大学生就业是一个关乎其个人前途和全社会发展稳定的大事，国家先后出台了多项政策和制度，积极促进大学生就业。如拓宽高校毕业生到基层就业的渠道，鼓励高校毕业生到基层、到西部、到艰苦的地方去建功立业。对大学生申请自主创业时，给予资金支持或优惠政策等。此外，还要规范毕业生就业市场，建立健全有关法律法规，如《中华人民共和国就业促进法》等。同时，大学生择业观演变也呈现出新的趋势，

第一，择业观由一元向多元并存发展。大学毕业生不仅仅只满足于铁饭碗的工作岗位，一部分毕业生开始自主创业，毕业生就业呈现出多元化态势。

第二，择业主体意识增强。毕业生被动就业的体制已不复存在，大多数毕业生的就业主体意识明显增强，主动找工作已成为大势所趋。

第三，择业观由"社会价值型"向"经济价值型"转变。高校能否结合大学生自身发展的需要和社会对人才的岗位需求来培养人才，关系到个人幸福和社会和谐。大学生是未来的栋梁，是国家最宝贵的人力资源，也是国家实施科教兴国战略的潜力军。能否最大限度地实现人才资源的合理配置，让毕业生做到学用一致，人尽其才，在最合适自己的岗位上充分发挥作用，为祖国建设做出应有的贡献，是高校毕业生就业指导的中心工作和主要目标。

3. 攸关学校教学质量与声誉

高校毕业生的就业质量是衡量高校办学质量和办学效率的重要指标之一。一个学校办得好不好，教育教学质量高不高，归根到底要看培养出来的学生是否适应市场需求和满足社会需要。因此，如何以就业现状为切入点和突破口，准确把握市场需求，找准自己的办学定位，为社会培养适销对路的人才，从而真正提高教育质量是学校办学的根本。提高人才培养质量是学校的中心工作，也是一切教学活动的出发点和归宿。就业指导工作是学校人才培养工作的有机组成部分，是学校培养人才与社会人才的结合点，是学校联系社会的重要纽带。高校在人才培养方面不仅要重视大学生智力因素的培养（如专业知识、专业技能和专业水平的培养和提高），更应该重视非智力因素的培养（如人格的不断健全、人文精神的养成和不断提高等）。就业指导水平的高低直接关系到大学生的就业质量、就业率，就业质量的高低直接反映了学校的办学水平，直接关系到学校的声誉、生存和发展空间。通过就业指导的成效，可以反观高校的教学质量优劣，特别是专业设置、人才培养模式等是否适应社会需要和市场需求，从而促进教学质量的提卄和高校发展。

（二）高校在学生就业上存在自尊脆弱和能力欠缺问题

1. 自尊脆弱

计划经济时代，高校是知识的主体、拥有者。对社会有一定的软威慑能力，主要担当社会知识的传送者角色。学校是从上向下的俯瞰，学生硬性分配，就业不是问题，也不会关系到学校发展的前途与命运，高校有足够的自尊，高校也根本没有就业指导教师一说。但是随着市场经济的到来，招生与就业挂钩、专业设置与就业挂钩等，高校开始逐步适应市场，初步认识到就业的重要性。但是，时至今日，一些高校就业指导工作还停留在针对上级检查，而不针对下面学生就业的实际情况。还没有从学校生存发展的高度认识到就业工作的重要性和紧迫性，没有在学校层面召开就业工作会议、研究问题、部署就业方案。有的还认为，就业是政府的问题，与学校无关等。从一定程度上讲，就业仍不是学校的主要工作，制约了就业指导工作的发展，从而也导致就业指导师资相当紧缺，就业指导师资队伍建设滞后，使师资问题成为制约大学生就业指导整体水平提高的“瓶颈”。计划经济时代，大学生就业实行分配制度“统包统分”，根本不存在就业难的问题。市场经济条件下，大学生就业实行“市场导向、政府调控、学校推荐、学生与用人单位双向选择的就业机制”。随着高等教育“大众化”和就业“市场化”，大学生就业矛盾凸显，就业难已成为不争的事实。在高校中，就业指导课处于附属地位。就业指导课大多为选修课，且没有明确的学科归属，课程建设尚未得到足够的重视，发展速度仍较缓慢。就业指导教师多由党政机关或校、院学生工作人员兼职组成，他们的教师身份不太明确，搞好就业指导或教学工作的动力不足。此外，就业指导机构大多是应付性机构，承担着传声筒的功能；而且就业指导机构本身很少做理论研究，即使较少的研究成果其指导性和针对性也不足，无法满足现在就业发展的需要。我国高校就业指导工作开始的时间较短，适合我国国情和高等教育规律的理论研究与实践成果较少。

2. 能力欠缺

据国内相关调查显示我国高校就业指导师资主要有三个来源：

一是辅导员。多数高校大多聘请辅导员兼任就业指导教师。随着高校扩招和毕业生就业制度的不断改革和深化，高校学生工作的内容越来越丰富，就业指导只是其中的一项工作而已，包括学生日常事务管理和服务、贫困生资助、就业指导、政治思想教育、党建、校园文化建设、社会实践等多项工作，辅导员根本无法再进行深入的研究和探索。另外，辅导员在学校地位不高，并且多数年纪比较轻，大多是刚毕业的高学历青年教师，经历比较少，学科背景较杂，从事就业工作的专业素质参差不齐，就业指导师资队伍的结构不太合理，从事就业指导教师的积极性、主动性不高。

二是行政人员。主要是地方党政机关的办事员、退伍军人等通过一些渠道进入高校工作的，他们有一定的行政工作经验，工作也比较认真，有的从事过文秘、人力资源管理工作，人际关系较广，但是对教育理论明显匮乏，大多是经验型就业指导，难以形成正规的指导力。

三是一些在教学、行政上发展有障碍的老师或者工作人员，被领导调剂或者安放到学生管理部门或者就业指导部门充当就业指导老师。这部分老师有些对就业指导工作不太上心，主要是应付或被动型指导学生就业。

这些反映出部分高校对学生就业工作不重视，把学生就业指导部门视为人员安置的部门。从就业指导师资来源来看，高校就业指导师资总体上存在能力欠缺问题。

（三）加强能力建设，发挥高校优质的就业指导服务

目前，高校就业指导主要有两种工作模式。“一种是学校纯职能部门工作

模式，只设学校层面的就业工作机构和人员，不设院系级的就业指导机构和专职人员，学校就业指导中心或招生就业处直接针对全体学生开展就业指导工作；另一种则是‘学校职能部门＋院系就业工作专职人员’工作模式，在这种模式里，学校就业指导中心或招生就业处共同完成对学生的就业指导工作，但各有侧重，学校就业指导中心或招生就业处负责为全体学生提供就业信息、指导与咨询等服务，而院系就业工作专职人员则主要为毕业生提供具体的辅导和咨询。两种就业指导工作模式各有利弊。”但从目前大学生就业的多元化趋势和大学生需要更多的个性化服务来分析，无论是按哪一种就业指导工作模式，都不能适应新形势发展的要求。因此，高校要与时俱进，构建全方位、多元化、结构合理、功能齐全的大学生就业指导和服务系统。根据上述分析，笔者认为可以从以下几方面加强高校的就业指导教育。

1. 降低自尊，明确意义，健全就业服务管理体系与制度

高校要降低自尊，贴近市场，认清形势，统一认识，重视就业工作，先要健全就业服务管理体系和制度。

第一，统筹安排，强势推进。就业工作是一项系统工程，必须重视顶层设计，在制度设计上强势推进。学校院系两级都要坚持党政一把手工程。就业难，关键是领导重视了就不难。因此，在学校领导层面，明确由党委书记、校长总负责；成立包括企业成功人士、杰出校友和相关部门人力资源专家等代表组成的学校就业工作指导委员会；由一名党委副书记或副校长具体分管就业指导工作并抓落实。在职能部门管理层面，学校成立招生就业处或大学生就业指导中心，下设职业生涯规划办公室、就业创业教育教研室、就业心理咨询室和校友就业促进会。在系部管理层面，明确由系主任、书记亲自抓；成立包括有该系毕业生中的企业成功人士、杰出校友等代表组成的系部就业指导工作组；由一名院系领导具体分管就业指导并抓落实。在班级管理层面，成立包括由辅导员、班主任和学生骨干组成的毕业班就业指导工作办公室。

第二，分解目标，层层落实。就业工作是一项系统工程，必须全校一盘棋，上下联动共同推进。学校应该根据“责、权、利”相等的原则，在机构建设、人员配备和经费保障方面给予进一步的统筹。学校层面主要负责机构设置和人员编制、经费、场地的总体规划和具体落实，同时制定工作目标，明确工作任务，抓好督促检查等。职能部门负责制订具体实施计划，分解就业工作目标，组织职业生涯规划指导的教育实施和研究，开展就业心理咨询活动等。系部具体负责抓好就业政策的组织学习和制订具体的目标落实计划，具体实施对学生的职业生涯规划指导，配合就业心理咨询室开展工作等。

第三，目标管理，强化考核。就业工作是一项系统工程，必须强化考核，围绕目标稳步推进。目标管理是以目标为导向，以人为中心，以成果为标准，使组织和个人取得最佳业绩的现代管理方法。目标管理亦称成果管理，俗称责任制，是指在企业个体职工的积极参与下，自上而下地确定工作目标，并在工作中实行“自我控制”，自下而上地保证目标实现的一种管理办法。高校就业指导工作中要引进目标管理理念，就业工作考评办法围绕实施目标管理制定。这样，“可以将总目标任务分解到每个组织和成员，各级领导可根据分解的任务，有针对性地对下属进行指导、管理、考核，从而保证高校就业指导工作总目标得以实现。考评中要实行自评、互评，上级对下级考评等结合，上级组织要将这些成果评价与物质奖励和精神奖励挂钩，并将评价结果及时反馈，让各级评价主体充分总结经验，在今后的工作中更加精心组织，精心实施，注重实效形成良性循环”。

2. 提高服务能力，努力打造一支专业化和职业化队伍

研究结果表明，在大学生获取就业信息、就业相关知识的主要渠道中，位列前两位的是校园供需见面会和学校网站。这说明现在大学生找工作捕捉就业信息的渠道主要还是在学校，因此，一所大学所提供的就业服务的质量直接影响到毕业生的就业率和就业质量。除了通常强调的就业指导机构不健全、经费不足等方面外，高校就业服务机构指导人员的工作职责简单，专业化和职业化程度低也是一个重要的问题。目前，我国高校就业指导人员的工作职责大多还停留在政策解说、信息发布、就业技巧指导与就业咨询等环节，而对长远的职业生涯规划、职业适应性指导等重要环节还十分薄弱，就业指导人员的专业化水平还亟待提高。“就业指导专业化是国际职业指导的发展趋势，它既包括就业指导内容的专业化，也包括就业指导队伍的专业化。说到底教师是关键，没有教师的专业化，就不会有就业指导的专业化。专业化已成为社会职业发展的重要趋势，专业性也成为衡量职业成熟性的重要指标。”学校应加强就业指导队伍的专业化和职业化建设。

第一，高校应坚持以科学发展观为指导，充分挖掘和整合校内资源，适当引进社会资源，通过优化配置、分类指导，着力打造一支“专兼结合”的就业指导师资队伍。高校要稳定和盘活现有的就业指导队伍，要针对现有就业指导队伍中存在的突出问题进行分类解决，不适应就业指导工作的人员要坚决调整，对于就业指导成绩显著的人员要充分肯定和加强培养，要从制度设计上保障就业指导人员的工作积极性，使他们想做事、能做事，构建工作有经费，做事有平台，成绩有激励的工作机制。要大胆引进校外资源，通过

成立就业指导导师团、校友就业促进会等形式，聘请成功校友、行业专家、企事业人力资源负责人及社会成功人士等，定期或不定期到校做讲座、做报告，作为校内就业指导的有力补充。通过整合校内外资源，加强高校与社会、企业的深度合作，通过合作，既可丰富就业指导教师资源，又可增强就业指导队伍的活力和稳定性。同时，高校就业指导人员要通过不断加强理论研究和工作实践，不断改进就业指导方式、方法，提高就业指导的层次和水平。

第二，加大就业指导的力度和深度，建立和完善选拔考核的激励机制，不断提高就业指导队伍的素质和能力。目前，“高校就业指导工作过多地强调信息指导、政策指导和形势指导，而在生涯规划、观念指导和心理指导方面明显不足”。高校应加大就业指导的深度和力度。一是就业指导人员一般应掌握就业政策、心理学、经济学、教育学、法律、电脑网络等方面的知识，外聘成员要有重点企业、党政机关工作的经历和经验或自主创业的成功经验。二是要重点培养专职就业指导教师。采取通过听课评估、教学课件评比、学生网上评教等途径遴选出既有学生工作实践经验，又乐于为大学生就业服务且有激情从事就业指导工作的人选作为专职教师。三是建立和完善选拔、考核的激励机制，积极开展“优秀就业指导教师”和“大学生职业辅导、就业指导优秀课外指导教师”等的评选，并将评选结果作为职称评比和职务晋升的重要依据，从而规范就业指导师资队伍的管理，促进就业指导师资队伍的和谐、健康发展。

第三，加大经费投入，大力开展培训工作。高校加强就业指导人员在岗和岗前的培训，不仅非常必要，而且迫切。培训作为人力资本投资的一种方式，是一种持续发展的新动力，具有较高的回报率。“就业人员要注意培训的连续性和系统性，要充分考虑培训知识的内在逻辑联系，并能根据参加培训的就业指导人员的实际状况特点分层次有针对性地开展培训，同时要注意选用具有科学性和规范性的培训教材，增强理论指导实践的时效性。”一是高校每年要有计划地组织就业指导教师参加国家或专业机构组织的相关培训，让教师熟练掌握和使用相关测评工具和量表，增强就业指导团体、个体辅导的实际操作能力。二是重视课题研究，鼓励支持教师申报国家、省或学校的科研课题。同时，建议学校成立毕业生就业工作研究会，设立就业指导专项研究课题，通过课题研究提高就业指导教师的专业理论水平。三是不定期加强与外校、社会及企业的联系，定期组织教师参加考察及相关就业实践活动。四是提供条件，积极支持教师参加全球职业规划师、职业指导师等考试，获得相关职业资格证书。

综上所述，当下我国高校务必站在更高的历史起点上，坚持以科学发展观为指导，客观地认识和分析我国高校就业指导工作面临的新环境、新形势和新任务，更加清醒，更加务实有为。一是大学生就业环境和就业制度发生了巨大变化。计划经济条件下，大学生就业实行“统包统分”的时代已经不复存在。市场经济条件下，大学生就业实行“市场导向、政府调控、学校推荐、学生与用人单位双向选择”的就业机制已成为不争的事实。高校必须坚定地走出计划经济对高校就业工作的潜在影响，充分认识大学生就业的重要意义，积极应该对市场经济条件下的高校就业工作。因此，面对就业，高校要转变观念，走出计划经济的影响，从拥有足够的自尊到降低自尊再走向拥有足够的自尊的过程中，扎扎实实地推进高校毕业生就业指导工作。二是大学生就业指导的传统模式和就业指导的能力不胜任新形势下大学生就业工作新要求。不可否认，近年来，我国大学生就业在个人、社会、高校的共同努力下，取得了历史性的成就。但毕竟我国进入市场经济发展的时间不长，高校就业指导工作开始的时间较短，适合我国国情和市场经济条件下的高校就业指导的理论研究与实践成果还较少。从总体上看，我国高校就业指导工作还处于探索阶段。如何适应市场经济的发展，推进高校毕业生就业指导工作是高校当下不可回避的重要课题。高校要坚持把毕业生就业工作作为一个系统工程，必须重视顶层设计，在制度设计上强势推进；坚持全校一盘棋，上下联动共同推进；必须强化责任考核，围绕目标稳步推进。三是提升高校就业指导的水平关键在师资，离开了高素质的师资，大学生就业指导要取得成效就是一句空话。高校应充分挖掘整合校内外资源，加大经费投入，大力开展培训工作，着力打造一支“专兼结合”的就业指导师资队伍。同时，加大就业指导的力度和深度，在就业指导的内容、方法、方式上，与时俱进，大胆突破计划经济思维的禁锢，结合大学生实际，为大学生就业提供科学指导和优质服务。

九、构建高校毕业生就业工作模式的创新思考

就业是民生之本，稳定之基。高校毕业生的就业与社会的和谐稳定息息相关。特别是亚洲金融危机以来，高校就业工作既要应对金融危机对就业的不良影响，又要面对扩招以来毕业生大幅增加的就业压力，还要满足毕业生对就业层次、就业质量等方面的需求。在这样的外在压力和内在需求下，如何创新高校毕业生就业工作模式，已成为高校急需解决的重要课题。

（一）目前高校就业工作模式所面临的压力与挑战

1. 现行的高校毕业生就业工作模式不适应就业工作多元化发展的新需要

近年来，随着高校就业渠道逐步拓宽，高校毕业生就业呈现出多元化趋势，毕业生既可以报考公务员、参加事业单位考试，也可以到民营企业就业，还可以自主创业。以云南省为例：仅 2010 年，到非公单位就业或流动就业的高校毕业生超过 5 万人，占已就业毕业生总数的 52.8%。到基层就业的高校毕业生数量大幅增长。高校毕业生就业呈现出就业形式多元化，既是经济发展的需求，也是社会发展的要求。计划经济条件下的统一分配的就业工作模式已不适应市场经济条件下就业多元化发展的需要。此外，通过就业制度的不断改革和发展，高校毕业生就业市场已逐步趋于规范，校内外招聘会已成为毕业生就业的主要途径，毕业生就业工作的内容已呈现出多元化。学校不仅要重视人才培养质量，还要定期或不定期开展就业咨询与生涯辅导工作。而高校毕业生就业工作的压力主要来自于高校的就业职能部门，院系就业工作多数只是配合高校就业职能部门做一些事务性的工作。因此，高校要适应就业工作多元化发展的需要，改革就业职能部门单兵作战的工作模式。

2. 现行的高校毕业生就业工作模式不适应人才培养工作提出的新要求

提高人才培养质量是学校的核心工作。毕业生就业质量是人才培养质量最基本的体现。高校毕业生就业难从根本上看是由于高校培养的毕业生不能适应社会的要求，这就需要高校根据市场导向和社会的需求对人才培养模式进行改革，对专业设置进行适时调整。目前，我国就业市场已逐渐完善，就业平台也已初步形成。高校应顺应这些发展和变化，及时掌握就业动态和人才需求，不断提高人才培养质量和毕业生就业竞争力，这就需要高校加强对大学生就业能力的培养和锻炼。调整高校就业工作重心的同时，大学生对高校就业工作的需求也在调整，高校能否提供更优质的教育来适应未来就业的需要开始被大学生所关注，而不仅仅是高校提供给学生丰富多彩的大学生活。大学生更希望高校能为其未来的职业规划提供专门的帮助和指导。同时，许多计划经济时期形成的就业事务管理工作要退出，该市场调节的要还给市场，该法律管辖的要还给法律，学校把应管理的事务切实地做好。因此，高校要适应人才培养质量的新要求，适时地调整就业工作模式。

3. 现行高校毕业生就业工作模式不适应信息化、网络化发展的新挑战

信息化、网络化社会，就业工作呈现出许多新特点，网络、手机等新媒

体对就业工作的方法和手段提出了新挑战。大学生不出门也可以参加应聘和面试，仅靠传统的就业工作方法很难满足毕业生的就业需求。目前，高校促进供需双方的信息交流和沟通的方法和途径主要有：毕业生就业网站、各种招聘网站、网络面试等。这些方法和途径尽管在深度和广度上仍有不足，但在很大程度上有效地推进了毕业生就业工作。为了更好地帮助毕业生了解就业政策、择业技巧和用人单位，高校应以毕业生的需求和发展为出发点，适应信息化、网络化社会对就业工作的挑战，充分发挥新媒体的作用，创新高校就业工作模式。

（二）高校实现就业工作模式创新的主要内容

1. 采用“统筹安排、分级管理、多管齐下、全员参与”的工作模式

传统的就业工作模式由一个职能部门单一负责就业已经不能满足就业工作发展的要求。高校应采用新的工作模式——统筹安排、分级管理、多管齐下、全员参与。由高校党政一把手负总责，统筹安排毕业生就业工作。采用校系分级管理体制，同时加强与政府、企事业单位和人才市场的衔接，从而形成多方面的就业平台，全力推动就业工作。为了促进就业工作要“分解职能，权力下放”。将中小型企事业单位招聘会、毕业生档案管理等相关工作下放到院系，从而高效地实现就业工作的整合。学校层面建立就业工作考评制度，增强对院系工作的监督和规范，使院系的主观能动性和责任意识被激发，从而真正发挥院系领导就业工作的基础作用。在院系就业工作中建立目标责任制，制定奖罚机制，将就业工作的实绩与院系的目标考核关联起来。促进高校与社会需求的联动，促进各职能部门、各教学系部主动参与就业，动员校友会联系校友为毕业生推荐工作，从而使校友资源转化为帮助毕业生就业的资源，形成以高校为主，全员参与，人人促进就业的良好局面。

2. 建立健全高校毕业生就业保障体系

人才培养质量是高等教育的核心。人才培养的质量有保障，毕业生就业亦有相应的保障；反之，毕业生就业的质量亦影响到高校教育事业的发展。高校要做好从招生到培养再到就业这三项流程间的良性循环，是推动创新招生就业工作与提高高等教育质量的有效措施。优质生源能提升高校培养的人才质量，优质的人才则提高学校的就业率，而毕业生踏上好的职业道路又会提高学校的影响力，进而帮助高校吸引更多更好的生源。从长远考虑，应该

加强以市场需求和就业为导向的高校改革，将专业设置、人才培养模式等与市场对人才的需求统筹结合。根据市场需求确定招生的专业与规模，及时更新课程内容，监控教学质量，实现办学与社会需求对接。强化对学生创新能力和创业意识的培养，不仅要传授学生必备的专业知识，也要培养学生的实践能力，综合提升学生的就业竞争力。通过毕业生招聘会的举办，用人单位可以直接到高校选拔人才，从而创造更多的机会实现毕业生的就业。要从根本上促进就业工作，需要将高校的招生、培养和就业三者连接成环状，环环相扣，形成“优质的生源促进人才的培养，好的人才带动就业，毕业生好的出路提高高校影响力进而吸引优质的生源”。

3. 整合资源，搭建平台，积极开拓毕业生就业市场

市场经济条件下，高校应主动出击，整合校内外各种资源，积极为毕业生开拓就业市场。当前，高校应积极搭建和运用好四个平台来开拓就业市场。

首先，借助地方政府，搭建区域性就业平台。可采用主动走访地方政府，了解当地各类人才的需求情况，积极争取企事业单位到高校招募人才，推进高校与政府和用人单位的联系。

其次，依托主管部门，搭建行业性就业平台。高校根据其办学特点、专业特色，积极与相关主管部门联系。通过举办行业专场招聘会、座谈会等形式，帮助高校毕业生就业。

再次，借助校友资源，搭建人文性就业平台。校友与母校是亲情关系，本着校友自愿回报母校的心愿，与毕业生就业工作相结合，既能满足广大校友回报母校的心愿，又能帮助高校毕业生实现就业。因此，高校应充分利用校友会，举办校友支持的招聘会等形式，不仅能加强高校与校友间的联系，还能促进毕业生的就业。

最后，依托信息技术，搭建就业信息平台。高校加强就业信息的收集，充分运用毕业生的 QQ 群、飞信群、短信、E-mail、就业网等方式发布丰富的就业信息，确保每位毕业生都能及时接收到。

4. 引导学生理性选择，合理分流，多元就业

面对严峻的就业形势，特别是高校毕业生对就业的期望值不同，高校要引导毕业生合理分流，理性就业，多元就业。为了有效地防止毕业生求职中出现的拥堵现象，高校应根据毕业生实际，引导和帮扶毕业生合理分流，主要包括五种分流。一是向高走，鼓励毕业生继续深造，出国留学或者读研究生；二是向上走，鼓励毕业生去省内大中城市就业；三是向外走，鼓励毕业生到省

外就业；四是向下走，鼓励毕业生下基层；五是独立走，鼓励毕业生自主创业。

十、和谐视域下大学毕业生体面就业的理性思考

（一）实现“体面劳动”必优先实现“体面就业”

“体面劳动”在 20 世纪末被明确地提出，其提出的背景是：全球化一方面带来了经济的发展，同时也给劳资关系造成了严重的消极影响，全球资本家首先联合起来了，而全球的劳工大众反而没有联合起来的状况使劳动者难以公正地分享到经济发展带来的成果。为消解由于全球化所带来的对劳动者不公正、不公平的状况，在 1999 年第 87 届国际劳工大会上，国际劳工局局长胡安·索马维亚（Juan Somavia）在施政报告《体面的劳动》中提出了给人以“体面的劳动”的新概念，将基本劳工标准以及恰当的报酬、工作条件和社会保障融入其中，作为检验“全球化的试金石”。国际劳工组织制定并施行了《体面劳动议程》。

2002 年 5 月，劳动和社会保障部与国际劳工局在上海共同召开了“体面劳动的衡量标准研讨会”。2004 年 4 月，索马维亚先生在“中国就业论坛”又做了“体面劳动——化冲突为对话”的主题报告。2007 年 4 月，中国国家劳动和社会保障部、中国企业联合会、中华全国总工会与国际劳工组织北京局签署了“体面劳动与中国国别计划”。2007 年 8 月，以“增长、就业与体面劳动”为题的“亚洲就业论坛”在北京举行，这一活动有力地促进了“体面劳动”概念在中国的传播。在“2008 经济全球化与工会”国际论坛开幕式上，胡锦涛同志在致辞中说道：“让各国广大劳动者实现体面劳动，是以人为本的要求，是时代精神的体现，也是尊重和保障人权的重要内容。”温家宝同志在《政府工作报告》中指出：“我们所做的一切都是要让人民生活得更加幸福、更有尊严。”应该说，实现“体面劳动”，是让劳动者“生活的更加幸福、更加尊严”的题中之意。

“体面劳动”的概念为大部分中国人尤其是学术界知晓和作为研究对象后，做了更多中国式的理解与解读，比如许振华等人把所谓的“体面劳动”理解为九方面的权利。一是政治权利。劳动者应得到国家和全社会的尊重，有选举权和被选举权（依照法律被剥夺政治权利的除外），有宗教信仰自由，人格尊严不受侵犯，以及《中华人民共和国宪法》等法律法规规定的各项政治权利。二是劳动报酬权。劳动者付出劳动，应得到相应的报酬，数额应不

低于本地区、本行业的最低工资标准，企业应做到不拖欠定期发放，并且随着效益的提高而增加。三是劳动保障权。不论国有、集体、个体私营还是外资企业，都要按照《中华人民共和国劳动法》《中华人民共和国劳动合同法》的有关规定与劳动者签订劳动合同，为劳动者缴纳养老、医疗、工伤、生育、失业等社会保险。四是知情参与权。劳动者对用人单位的性质、生产经营状况、发展状况、公司结构、重大事项特别是涉及劳动者切身利益的重大事项等都有知情权，用人单位要定期向劳动者公开通报，并就涉及劳动者利益的决策、制度等重大事项的出台事先征求劳动者的意见。五是发展权。对劳动者的技能、素质及个人的成长进步，用人单位应提供必要条件、合理的经费和相应的设施，为劳动者提供成长发展平台，让劳动者实现自己的人生价值。六是休息休假权。劳动者的工作时间要严格按照《中华人民共和国劳动法》的规定不得超时，国家法定的节假日应得到休息，确实需要加班应征得劳动者同意，并按规定发放加班工资和调休。七是劳动安全保护权。企事业用人单位应给劳动者提供安全的工作设施、劳动工具和工作环境，劳动者对有自己的劳动环境和工作条件提出合理要求的权利。八是就业选择权。要创造更多体面的工作岗位，保障劳动者的就业权，充分尊重劳动者意愿，对劳动者提出调整工作岗位应协商满足。九是文化娱乐权。企业要经常组织劳动者开展丰富多彩的文化体育活动。

根据国际劳工组织的定义和学界的阐释，笔者认为，体面劳动就是指在政府、有代表性的工人组织和雇主组织共同参与下，男女在自由、公正、安全和具有人格尊严的条件下实现体面就业、社会保障、劳动保护，尊严目标四大目标，也包括实现这些目标必不可少的工会权利和社会对话等基本手段，较全面地反映了劳动着的基本权益。所以，实现体面劳动的首要目标就是实现体面就业，没有体面就业就无从谈起体面劳动。

（二）社会“和”“谐”与大学生“体面就业”

1. 社会主义和谐社会建设的提出与研究

什么是和谐？“和”的本义是指乐声的调和，“谐”则是协调、配合得当的意思。“和谐”就是指协调，配合得当。音韵和谐则优美，色调和谐则入目，关系和谐则顺达，人生价值观和谐则人正。在极其漫长的岁月中，中华民族形成了源远流长、博大精深的民族文化。作为中国传统文化的重要组成部分，传统“和”的哲学实际上就是以和谐为目的的哲学思想和观念的总结。传统

“和”的哲学基本思想主要体现在四个方面：

第一，“和而不同”——和谐的本质观，和谐不是没有差异的统一，而是不同事物之间的共生共存状态。

第二，“和则多力”——和谐的作用，和谐促成组织的凝聚，从而增大整体的力量。

第三，“和为贵”——和谐的价值，和谐构成了最宝贵的价值。

第四，“仇必和而解”——和谐的辩证法，任何事物的矛盾，经过冲突与斗争，最终必定以和谐的方式解决。

党的十六届四中全会把构建社会主义和谐社会作为党的执政目标。这是中国共产党吸取中国优秀的传统哲学思想与马克思主义一起成为指导党和国家的一次思维重大转变，说明中国共产党是兼收并蓄的，一切先进思想和文化都可以为其所用。正如胡锦涛同志指出，社会主义和谐社会应该是“民主法治、公平正义、诚信友爱、充满活力、安定有序、人与自然和谐相处”的社会。自从党提出建设社会主义和谐社会后，研究社会和谐的文人、学者前赴后继，络绎不绝，从目前的研究成果看，有关和谐社会建设主要有两种观点。

第一，制度机制论。社会的和谐，最为重要的是能够具有一种促使社会和谐运行的机制，优先注重制度建设。社会和谐机制一旦形成，就能够自发地搜寻、发现影响社会和谐的因素，并发挥调节矫治的作用，有效地整合社会各部分及各种力量，使社会结构获得平衡，使社会运行在良性的状态下进行。和谐社会的基本条件是社会公平正义，而制度是社会公平正义的根本保证。因此，和谐社会的建立，关键在于制度创新。制度创新应以制度的合法性、公正性、透明性、民主性和可行性作为价值取向。推进制度创新，要以加快转变政府职能，加强民主、法治建设，加速社会整体配套改革，建立一种新的利益诉求、表达机制为切入点。

第二，民生利益论。构建社会主义和谐社会要以改善民生为重点、改善民生之所以成为社会建设的重点，主要是因为：首先，民生问题是和谐社会建设最基础的必要条件；其次，民生问题在当前是社会矛盾多发凸显最基本的根源；最后，民生问题是个人安全和整体社会安全的连接点。社会利益共享机制的构建和优化是构建社会主义和谐社会的必要之路。利益和谐是最核心、最关键的和谐。利益关系不和谐，社会就难以真正和谐。因此要化解当前的社会矛盾，构建社会主义和谐社会首先要构建和优化利益共享机制。

2. 大学生的体面就业是社会和谐的根基

当前，大学生就业问题不但关系到毕业生自身价值的实现及其家庭的切身利益，而且还关系到高等教育的健康发展和社会的和谐与稳定。温家宝同志在2010年政府工作报告中指出，千方百计扩大就业是保障和改善民生的头等大事。就业乃民生之本，和谐社会的前提就是体面就业。严峻的就业形势将会给社会、高校和学生个人及家庭等带来一系列的影响 。

第一，大学生“NEET”队伍越来越庞大。

“NEET”一词来源于20世纪80年代的英国，是“not in education，employment training”的首字母缩写，意指在结束学校教育以后，那些不升学、不工作也不接受职业培训意愿的一类人群。面对严峻的就业形势，许多大学生在毕业后没有找到自己满意工作的情况下，选择等待考公务员、考研究生、考事业单位、出国考试等，凡进必考，闲着家里或者租房复习，缓慢等待，来规避就业高峰。近年来，考试大军正突飞猛进，数量与日俱增，这类人群也许一年，也许两年，也可能一直考不上。在备考期间，他们无任何收入来源，有的打打临时工，有的全凭父母提供生活费，复习资料费，甚至补习费用。这种现象在中国各大城市都有，尤其是北京海淀区各大高校周围地下室里，出租房内云集大量的全国各地的“北漂”，也就是中国的“NEET”。

第二，大学生“非正规就业”越来越多，无法“体面”起来。

1973年国际劳工组织的《就业、收入和平等：肯尼亚增加生产性就业的战略》的报告提出了“非正规部门”的概念。在国际劳工组织《1991年局长报告：非正规部门的困境》中将非正规部门定义为“发展中国家城市地区那些低收入、低报酬、无组织、无结构的很小生产规模的生产或服务单位”，并认定非正规部门主要有三类：小型或微型企业、家庭型企业、独立的服务者。改革开放之后，我国在正规部门也实际存在大量非正规就业，包括正规部门里的短期临时就业、非全日制就业、劳务派遣就业、分包生产或服务项目的外部工人等，即“正规部门里的非正规就业”。一些学者将我国当前非正规就业的基本特征概括为户籍分割、劳动契约关系松散、福利保障差、工作不稳定等。目前，我国大学毕业生越来越多，一些地方高校、高职院校的毕业生很多属于非正规就业，表面就业率很高，但其实很少是“体面就业”，无法实现体面就业的四大目标。

（三）高校就业工作“监督模式”：大学生体面就业奠基和谐社会

在所有国家，一切负责的政府都应把重视大学生就业作为事关国家发展、民族进步的重要议题。大学生群体是国家最为优秀、最有劳动价值的青年人，不能等同一般的劳动者、农民工。所以大学生应该遵循劳动市场自由选择的前提，先优先就业、体面就业、优先得到政府和社会的保障。

大学生就业是关系到社会稳定和发展的重大问题。作为培养人才的高校，毕业的学生将成为校友，校友是学校服务社会的价值体现，校友与学校声誉荣辱与共。所以高校应该创新工作，既要培养在校的学生，又要关心走出学校的校友一辈子的成长。学生体面就业是以后成长的起点，学校应该起媒介的作用，不仅要联系用人单位、牵线搭桥，而且要监督用人单位兑现体面就业的四大目标，对有损毕业生权利的要帮助其维权、申诉。高校要从过去的“媒介”转换到“监督”。

首先，保证毕业自愿平等地签订劳动合同。在劳动合同的签订及执行上，毕业生处于弱势地位。很多用人单位与毕业生订立劳动合同时，往往将合同的主要内容制定成格式化、定型化的条款，而作为合同另一方当事人的毕业生很少有或根本没有修改权。更有甚者，把一些对劳动者很不利的条款内容强行加入到劳动合同中去，采用欺骗、压迫和其他非法、非自愿的形式强迫劳动者签订劳动合同，以方便用人单位随意解除劳动合同。对于有损毕业生权利的，高校可以免费提供帮助其维权。

其次，保证制度机制健全。进一步转变高校毕业生就业观念，健全和完善市场导向、政府调控、学校推荐，学生与用人单位双向选择的就业机制，努力实现高校毕业生充分就业；依法建立完善统一开放、规范有序的人力资源市场，实现市场统一、信息资源共享；引导和鼓励毕业生面向基层就业；组建全国高校毕业生就业网络联盟，加强毕业生就业信息，政策咨询服务；继续全面实施劳动预备制度，加强对青年学生实施就业前的职业技能培训和创业培训；改善就业与创业环境，鼓励大学生自主创业；全面执行《中华人民共和国就业促进法》和《中华人民共和国劳动合同法》，大力促进公平就业，推进体面就业。加强对求职困难的学生提供有针对性的就业服务；鼓励大学生参与社会实习，增强适应能力；建立高校毕业生就业指导服务机构，依法加强对高校毕业生的就业指导。

最后，以人为本，民生导向。在对就业有困难的同学实施体面就业各项政策的同时，坚持先培训，后上岗的原则，以提高社会协管类和公共服务类岗位从业人员的素质。转变就业观念，“以人为本”，重在切实保障就业、生活、发展权利，在就业是要考虑“岗”的问题，还要考虑“人”的问题。主要从思想上转变就业观念，改变就业期望值过高，不切实际地希望找到舒适轻松、报仇优厚、相对稳定的工作的思维方式。

总之，实现体面劳动是我国社会发展的重要目标。恩格斯指出：“资本和劳动的关系，是我们现代全部社会体系所依以旋转的轴心。”胡锦涛同志强调：“让各国劳动者在良好的生态环境中生产生活，是实现可持续发展的根本目的，也是各国广大劳动者实现体面劳动的重要前提。”他还深刻指出，努力实现可持续发展，实现体面劳动，符合各国广大劳动者的根本利益，是“关系人类前途命运的重大目标”。

第四辑 高校创业教育的实践路径及教育模式研究

一、高校创业教育现状及存在问题探析

创业成为一个全球性的话题，在促进经济增长、解决社会就业、加快技术创新及提高生产力发展水平等方面发挥着越来越重要的作用，受到世界各国政府的重视。随着我国经济的迅猛发展，人民生活水平正在稳步提高，目前改革已经进入到攻坚阶段，产业结构面临调整和升级，如何在这种情况下仍保持国民经济的持续增长，已成为一个亟待解决的重要问题。高校作为培养“高素质、创新型”人才的摇篮，担负着为国家与社会发展培养所需要各类人才的重要任务，理应加强教学建设，深化教学改革，提高教学质量和办学效益，开展大学生创业教育，努力探索提高大学生创业教育的有效方法和对策，为建设创新型国家做好人才培养的后勤保障工作。

（一）高校创业教育问题现状分析

1. 思想观念障碍

从历史的角度看，“学而优则仕”的思想在知识分子的脑海中根深蒂固。新中国成立后，我国高等教育长期实行“统招统分”政策，大学生就业处于被动的地位，缺少自主意识，因而在我国较少有大学生创业。同时，学生家长也认为，大学生能够进入机关、企事业单位，有稳定的工作，有稳定的收入，要比毕业后自己开个小商店有面子、有保障，所以他们也不支持大学毕业生创业。从经济学意义上讲，创业就是从无到有的创建一个企业，或使已有的企业从小发展到大，这就要求创业者要具有创新精神、创业素质。但是，由于我国高等教育模式的“局限性”，学校对学生的创业精神培养不够，学生的创业素质不高。与此同时，受传统文化观念的影响，人们头脑中形成了“墨守成规，安于现状，顺其自然，害怕竞争”的思想，它深刻影响着人们创业

意识和冒险精神的形成。在改革开放中成长起来的大学生，尽管容易接受新事物，在思想上、行动上也时常表现出超前意识，但对待创业这一问题，他们还是缺乏自信心。人民网“大学生自主创业”调查显示：在为何不想创业的调查问题中，46.7% 的网友表示“创业风险太大”。

2. 理论知识和实践经验局限

杨振宇曾指出：“中国教育界几十年来形成了一种念死书的习惯，其结果是尽管培养了许多非常努力、训练很好、知识非常扎实的学生，然而这些学生的知识是片面的。”的确，我国的教育体制是从高中便开始文理分班，进入大学后专业划分得更细，这就使培养的人才技能单一、知识面狭窄，并且校内各院系之间缺乏交流，校际交流就更少。这样的环境难以实现不同类型的知识间的整合，也难以使基础课程、专业课程、人文课程、学科课程有机结合起来。创业是一种全新的行为，创业者必须熟悉各行各业的运作模式和规则，随时准备应对各种变化。这就要求大学生不仅要具备专业才能，而且要具备选定项目、组建创业团队、筹集资金、开拓市场、开发产品或提供服务等方面的经验。事实上，许多学生在开发项目、设计产品时并不了解市场需求，或者主观臆断，闭门造车，对市场未来的发展方向不能进行正确分析，使下大力气研制的产品或昙花一现，或无法实现经济效益以失败告终。

3. 创业资金缺乏

创业并不是仅凭热情、知识、能力就能完成的社会实践活动，需要一定的物质基础作为支撑。大学生毕业后去创业，一般来说，都是有知识无资金，所以，资金问题就成为制约学生创业的瓶颈。要想创业，他们要么从亲朋好友那里借得少量的资金，要么从风险投资公司或银行那里寻求资金支持。选择向“亲朋好友”借，其资金量必定有限，有时也不一定能借来。选择“寻找资金”，风险投资公司往往在投资的过程中提出过多条件，从而限制了大学生能力的发挥。选择“银行贷款”，贷款银行往往以其严格的评审制度，在一定程度上影响了贷款人创业的实施。

4. 创业环境障碍

首先，缺乏系统的创业扶持政策。一是创业政策的制定缺乏系统性。制定实施的各项扶持大学生创业的政策，主要集中在企业注册、税费减免和贷款支持等方面，而缺乏大学生创业教育、培养和指导方面的政策，而且制定政策的各个职能部门大多基于各自身视角考虑，不大注重各项政策之间的协调和整合，落实起来有一定的难度。二是创业政策内容缺乏实用性和多样性。现在，各级政府对于大学生创业的优惠政策，主要集中在税收优惠、工商注册优惠、房租补贴、鼓励技术成果投资等方面，在大学生创业活动的其他支持要素，尤其是市场信息的发布、社会资源的共享，有关社会配套服务等大学生创业关心的要素方面，帮助则显得不够。

其次，缺乏创业教育和创业培训体系。一是学校对大学生创业教育重视不够，落实不到位。很多高校只是对高年级学生开设大学生创业教育课，而没有将其融入大学生培养的全过程。二是目前我国大部分高校创业教育只局限于建立大学生创业园、组织学生开展“创业计划大赛”、参与“创业设计活动”等创业浅层面，大多数教师缺乏创业经历和实践能力，因而在指导学生创业过程中，偏重于理论教育，而不能很好地将理论与实现结合起来。四是没有将创业教育融入学校的整体教学体系中，课程设置缺乏系统性、针对性、可操作性和全过程性。五是社会对大学生创业培训的体系尚未形成。缺少专门为大学生创业提供服务、支持和帮助的组织，缺乏针对大学生的创业培训。

最后，大学生创业的法律服务工作不同步。一是现行法律对大学生创业规定有待完善。我国现行法律中由于没有充分考虑大学生创业的特点，存在一些不利于大学生创业的规定。如在工商登记上，需要审批的范围过宽，大学生进行创业需办理的审批程序太多，成本太高。在税收方面，对大学生创业中涉及的增值税税率相对较高，而且关于增值税抵扣范围规定，也不利于大学生创业中的科技创新。二是政府部门执法和法律服务有待加强。目前，政府部门在执行大学生创业的相关政策时还存在执行力不强，办事效率低等问题。另外，在对大学生创业提供法律引导和法律咨询服务等方面，政府部门做得还不够。

（二）高校创业教育的探索

1. 构建三个课堂联动的教学平台

“三个课堂”是根据创业型人才培养的要求和获取知识与培养能力的规律来建设的。因此，大学生创业教育过程可以划分为三个部分，即第一课堂（创业理论课程）、第二课堂（创业活动课程）和第三课堂（创业实践课程）。这三个部分既相互分离，又相互联系，形成一个有机整体。

（1）大学生创业教育第一课堂——创业理论课程。在大学生创业教育第一课堂中，主要采取理论课程教学的方式来对大学生进行创业教育，通过理论课程的学习来培养大学生的创业意识，为大学生传授创业知识，培养大学生的创业技能。创业理论教育可以包含科学渗透、必修课和选修课。创业教育的科学渗透是把各学科的专业教育和创业教育有机集合起来，以学生自身专业为基础进行创业教育。例如，以文科教育为基础来进行创业意识的教育，以理科教育为基础来进行创业意识的教育，以技能教育为基础来进行创业技能的教育等。创业教育的必修课程是开展大学生教育的基础课程，要尽可能地让大学生都参加与到该课程的学习中来。在必修课程当中可以开设创业意识课、创业常识课、职业指导课、创业技能课、公共关系课、经营管理课、法律知识课、市场营销课及各类专题报告等。例如，有的大学以 KAB、SIYB、创业心理教育等课程为载体，对大学生进行课程教育。创业教育的选修课课程则是学生根据自己的爱好、兴趣、特长以及不足等有选择地学习，从而满足不同学生的发展需要，弥补自身的不足。

（2）大学生创业教育第二课堂——创业活动课程。大学生创业第二教育课堂以培养学生的创业能力、获得创业经验为目的，让学生在创业活动中去感悟，去体会创业教育。活动课程主要包括开设创业论坛、举办专题讲座、举行创业计划竞赛、参观访问成功企业等。例如，有的大学每年都会开展“挑战杯”大学生课外科技作品竞赛、大学生科研创新计划、大学生创业计划竞赛、大学生程序设计大赛、机械设计大赛、数学建模大赛、创业金点子大赛等活动项目。与此同时，学校逐渐发展形成了一系列精品讲座、论坛活动，主要包括“做人做事做学问”名家系列讲座、师生“讲述昭通学院人自己的故事”、政府和企业单位领导主讲的“地方社会经济发展论坛”“企业家论坛”“百名优秀企业家、高级管理人才进大学”“昭通学院文化节”“昭通作家群系列讲座”等。这些活动邀请来的一些成功企业家和著名人士给学生带来了各种各样的案例，能够让学生看见到不一样的成功特质，对学生的直接影响很大，对学生寻找适合自身的成才方式、探求人生发展机会都有很好的启迪意义。

（3）大学生创业教育第三课堂——创业实践课。创业实践课程不同于活动课程，它涉及直接的动手操作。在创业实践中，指导老师与学生组成一个团队，让学生通过模拟创业亲身感受创业的流程及方式。指导老师也可通过实习的方式把学生分配到企业内部进行实战演练，将理论和实践结合起来，对学生的创业过程进行直接领导。

2. 构建三类实践互促的实践平台

“三类实践”是指创业课程实验、创业基地实训和创业社会实战。创业课程实验以课程实验为主要内容，提高学生的创业理论水平；创业基地实训以扶持创业团队进行创业活动为主要内容，培养学生的创业实践能力；创业社会实战以政府、高校、企业相结合的创新活动为内容，为学生提供真正的创业机会，培养他们的实战经验。

（1）创业课程实验。创业课程实验是在课程教育的过程当中，模拟进行一些企业行为，让学生来模拟充当创业者，让学生从中体会创业需要哪些基本条件。课程实验可以利用 KAB、SIYB 等创业教育课程为平台，通过角色模拟、沙盘演练、商业游戏等方式来完成。

（2）创业基地训练。大学生创业教育具有一定的实践性。但是如果让大学生直接进入社会进行创业，不仅难度大，而且创业风险也很高，创业成功率也会相当小。让大学生在创业基地的真实环境开展创业实践，能够有效培养大学生的创业意识和提升创业能力。目前，我国许多高校创立了大学生创业孵化中心或大学生创业园等创业基地，为缺乏创业经验和办公场地的大学生创业者提供一段时期的孵化和政策扶持，为大学生创业搭建有效的平台，鼓励大学生进行创业实践，而不是仅仅停留在“纸上谈兵”的层面上。

（3）创业社会实战。大学生的创业最终还是要回归社会。高校在大学生创业教育的后期，要探索一定的途径帮助大学生进行创业社会实战，把一些优秀的创业项目引入社会。大学生创业指导中心的成立，为大学生创业搭建了一系列的平台，协助创业团队办理税务登记、工商注册、提供企业管理、法律咨询、专利申请、科技计划申报等服务。创业中心还要帮助成熟的创业团队联系地方创业基地，帮助做好入驻工作；组织校外有关专家和管理咨询机构提供一系列的咨询服务和人员培训；同时还提供会议室、接待洽谈室、培训教室等公共设施服务；帮助学生创业团队进行宣传以获得社会的投资。创业指导中心定期组织创业成果推介会，通过推介会将学生的成果推介到相关企业当中，或者帮助学生吸取资金实现自身创业。

3. 建立“普及创业教育和提升层创业教育”相结合的创业教育理念

针对不同的教学对象，创业知识教育实施分层次教育，即“普及创业教育+提升层创业教育”相结合。“普及创业教育+提升层创业教育”方式，实际上是学校创业教育目标和理念的具体体现。

（1）创业教育培养普及层。在面对全体大学生的情况下，要采用普及型创业教育方式，以培养大学生的创业意识和创业精神为教学目标。在全校范围内开设创业教育的必修课和选修课，辅导学生进行创业计划制订，举办一些创业类的讲座、论坛，邀请一些企业家给学生普及创业知识，与学生分享创业经验。从大学一年级开始培养学生的创业精神和创业能力，并随着年级的升高加大这种教育力度。现阶段，一些大学开展的“大学生创新创业训练计划”是开展普及型创业教育的最好载体，使大学生创新创业教育四年不间断。普及层创业教育是面向全体学生的，其教育任务是培养学生顽强的意志和实际动手的能力，使大学生在毕业的时候能够敢于面对激烈的就业竞争，与创业者的心态打工并使自己脱颖而出，以在条件成熟的时候进行自主创业。在教育设计方面，要注重理论教学和实际教学的相互结合，专业课程与知识课程的相互渗透。

（2）创业教育学生层。面对在校期间有创业能力和创业条件的学生采用提升层创业教育，以培养创业者为教学目标。要通过测评软件找出创业型职业苗子的学生，为他们提供一定的创业培训和创业支持，培养自主创业者。如“项目准入、全真管理，企业孵化、定期考核四级联动模块”创业指导模式，通过提供专业的创业教育，在学生创业过程当中提供创业基地和创业启动资金，积极推动大学生进行创业尝试，积极鼓励组建创业团队以培养创业者，定期对学生创办的公司进行考核评比。

（3）提升层创业教育。提升层创业教育是面向具体有明显创业倾向而且有家庭背景的学生，教育目标是培养学生的创业精神和创业能力，使他们成为自主创业者。在教育设计上，除了要让他们接受普及层创业教育外，还要开设一些直接与创业相关的知识性和技能性课程，让学生参加与模拟并获得直接的创业经验。接受普及层创业教育后，通过一定的选拔方式选取具有明显创业倾向的学生进入提升层创业教育，以培养未来的创业者。

二、浅谈地州高校毕业生创业的心理特征及成因

就业是民生之本，也是构建社会主义和谐社会的重点。近几年来，随着就业环境的变化，大学生们的就业问题已经成为社会和学术界关注的焦点。大学生们面对这样的压力，要选择一个适合自己的、有发展空间的岗位是很难的。在遭受打击后，又不愿放低要求，给私企和中小型企业打工，部分毕业生就会萌生自主创业的想法。这一部分群体的心理特征需要我们去关注。

（一）毕业生的创业心理及成因

1. 创业群体的心理

（1）自卑心理。毕业生的自主创业意识都不是很强，最终让他们走上自

主创业的道路，很多是由于择业的失败形成的自卑感。在高校毕业生当中，由于对自己的潜在能力了解不足，加之选择岗位的时候也没有充分地考虑，往往会造成择业的失败。几次失败之后，他们就很容易失去信心，形成一种自卑感。不敢也不愿意去面试，遇到问题总会犹豫、退缩，开始怀疑自己的能力。在笔者对地州高校毕业生的走访中发现，由于他们学校特殊的地理区域，在面试岗位的时候根本不占优势，很多用人单位对于西部等地的高校毕业生都带有一定的偏见。有些企业不但怀疑他们的能力，也质疑他们的人品。这种情况使他们形成了强烈的挫败感与自卑感。时间一长，很多学生不愿意再出去找工作，从而产生了自己创业当老板的想法。

（2）消极心理。由于现在社会的就业压力越来越大，当他们到了大四，必须要去面对这些压力的时候，很多学生还没有做好准备，他们一开始就没有抱着积极的心态去面对。笔者在调查了解中发现，特别是地州高校的毕业生，他们普遍的心态是这样的：像我们这样的大学与大城市的名校是没办法比的，现在连清华、复旦的毕业生都找不到工作，还有研究生在市场上卖猪肉的，更何况我们，我们出去肯定是找不到好的工作的。基于这样消极的心态，很多大学毕业生往往都没去尝试找工作、面试。一毕业就待在家里，最后不得不走上自主创业的道路。

（3）依赖心理。如今的社会，大学毕业生都是“90后”，他们对学校对家庭的依赖程度是十分大的。随着社会的不断进步，人们的生活条件也越来越好，很多家长都希望把最好的给孩子，于是只要孩子开口就一定满足，这就造成了孩子过度依赖的心理。笔者在接触地州高校毕业生的过程中发现，很多学生口中的自主创业，并非是真正意义上的自主创业。笔者随机采访了一位男生，问他毕业后准备做什么？他说自己不想找工作，想自主创业。笔者问，那你打算通过什么样的方式来自主创业呢？他回答：“反正是家里人给我钱投资，做什么都行。”可见，很多大学生由于家庭条件比较宽裕，又不愿意去企业打工，就通过父母投资的形式来创业，这其实并不能算自主创业。

（4）茫然心理。很多的高校毕业生虽然选择了自主创业的道路，但对做什么，怎样做，资金如何筹集，根本没有一个全面的规划。他们只是觉得自主创业可以自己当老板，不用受气，但并不了解自主创业所需要的艰辛与付出，因此对一切都是比较茫然。这样的情况往往达不到理想的结果。在采访中，一位地州高校的女生告诉笔者，她想毕业后开一家设计工作室。笔者问她，那你准备开在哪？面向的消费人群有哪些？需要多少资金？能保证一定盈利吗？她被问得一下愣住了，她从来不知道，开一家小公司要考虑这么多的因素。

由于上述不健康或者不正确的心理，导致了我国高校毕业生自主创业人群普遍对自主创业的认识出现了偏差，这样的偏差往往会使他们在实际做的过程中，出现种种问题。那么，是怎样的环境造成了他们的这种心理呢？应该从学校、社会、家庭三方面来分析。

2. 形成原因

一是就业指导不完善。就目前而言，高校对毕业生进行的就业指导是十分有限的，普遍存在指导方式单一、指导内容不全等情况。有的学校，像地州的一些高校甚至没有对毕业生展开相关的就业指导，也就弹不上对他们自主创业意识的培养。这样一来，使毕业生们对当今社会的整个就业环境，就业压力没有一个全面的了解，也不知道何为自主创业，要自主创业需要付出多大的努力，致使他们普遍对自主创业问题产生了偏差，以为这只是很简单的一件事，找不到好工作就自己创业开店，从来不会去考虑要付出什么，投资能不能得到相应的回报。

二是就业环境严峻。我国是一个人口大国，人口问题一直制约着我国经济的发展与社会的进步，当然它也制约着我国高校毕业生的就业情况。在地州那些经济条件落后、地理环境相对复杂的区域，每年新增的毕业生都想通过高校，通过就业来重新选择城市。由此可见，我国高校毕业生的就业人数每年都在迅猛增长，就业压力越来越大，地州的高校毕业生还要同一线城市的学生一起竞争一个相对好的岗位。这样一来，社会每年所提供的岗位远远达不到需求量，这种供求关系的不平衡已经出现了多年，而且形势是越来越严峻。这样的一个就业环境，最终导致了很多学生找不到工作，不得不走上自主创业的道路。

三是家庭教育不当。家庭对子女的教育不当，是她们产生这种不良心理的一个重要原因。因为从小到大，除了学校老师，家长是他们思想的主要引导者，很多孩子都习惯了听从父母的安排，父母的想法，缺乏自主意识。没有一个父母不疼爱孩子的，她们从衣食起居到对孩子的教育都倾注了太多的关爱。当孩子在毕业找工作受挫以后，很多家长都是站在孩子的角度，对用人单位批评指责，并没有替孩子找到失败的真正原因。因为怕孩子受气，一些家长会拿出钱给孩子投资开公司、开店，以图个安稳。他们也不指望孩子能赚钱，万一经营不善，赔钱了也没关系，只要孩子有事情可做。这样的心态与教育方法是很可怕的，它一方面会使孩子对自主创业的认识产生严重的偏差；另一方面也不利于对孩子综合能力与素质的培养，使孩子的主观能动性与自主意识得不到充分的发挥。

（二）改善策略

通过对上述问题的分析，就如何改善这样的现状，笔者提出了一些自己的想法。

1. 完善就业指导体系

目前，我国高校的就业指导体系还相对缺乏，对于大学生的自主创业问题缺乏合理、有效的指导。因此，建立健全大学生就业渠道，规范高校就业指导体系，是我们今后工作的重点。在进行具体的指导过程中，高校首先要明确指导方向，做出科学的创业规划；另外，还要针对大学生普遍存在的心理问题进行逐一疏导，培养他们的自主创业意识，通过一些创业竞赛来锻炼他们的能力，磨炼他们的意志。

2. 加强教育体制改革

面对社会如此严峻的就业环境，政府一定要深化教育体制改革，不断地拓宽就业渠道，转变教学方法与陈旧的教学理念，加强大学生自身的理论修养与实践经验的培养，给予自主创业的大学生相应的优惠政策，让更多的大学生能加入创业的队伍。

3. 注重家庭教育

家庭教育与学校教育一样重要。我们在注重对大学生进行学校教育的同时，还要对他们进行良好的家庭教育。家庭教育的好坏会直接影响学生们的身心健康发展，因此，家长不能溺爱孩子，要给孩子充分的空间去发挥他的主观能动性。在他们自主创业的时候，多给予思想上的支持与鼓励。物质上的帮助一定要控制在一定范围内，要让孩子更多地学会自己去面对问题，解决问题。

4. 培养良好的心理素质

大学生在自己创业的时候，一定要摆正心态，做好充分的准备工作，千万不能出现上面所说的不良心理。在准备自主创业的时候，一定要对自己所要从事的行业有一个全方位的认识，还要对自身的能力做一个正确的判断。在具体的创业过程中，良好的心态是前提和保证，所以要调整好心态，积极地面对。遇到问题不放弃、不退缩，这才是一个优秀的高校毕业生应该具有的心理素质。

综上所述，大学生的就业问题已成为一个社会问题。面对瞬息万变的社会，高校毕业生在自主创业过程中，如何调整好心态，在竞争中求发展，需要国家、社会和家庭三方面的共同努力，只有这样才能达到最理想的效果，让学生学以致用，为社会的发展做出贡献。

三、高校创业型社团支持体系建设研究

创新创业是当今时代的主题，大学生是最具创业精神的群体之一。大力推进高等学校创业教育，鼓励大学生自主创业，是建设创新型国家、加快发展方式转变、实施创业带动就业战略的重要举措，也是深化高等教育改革、推动高等教育事业科学发展、培养学生创新精神和实践能力的重要途径。如何更好地支持和鼓励高校学生参与创业、积极创业、成功创业，也成为当前高校创业教育面临的一个难题。本书从高校学生自发组织的角度出发，探索高校创业型社团支持体系建设。

（一）高校创业型社团的现状及发展制约因素

高校创业型社团是指高校学生在课余时间，自发组织具有共同创业愿望的学生开展创业实践活动的学生群众组织。积极组建高校创业型社团，能够引导大学生树立正确的人生观和价值观，有效培养学生的创业意识和创业能力，促进学生积极创业、成功就业。但是由于社团自身的局限性及外部发展环境的影响，高校创业型社团的发展还处于次成熟、次稳定的阶段。目前制约创业型社团发展的因素主要包括以下六个方面：

1. 缺乏创业技能

一些高校创业型社团眼高手低，当创业计划转变为实际操作时，才发现自己不具备解决问题的能力；面对错综复杂的实际情况，缺乏协调解决的方式方法，这样的创业社团无异于纸上谈兵。

2. 盲目选择项目

高校创业型社团创业时大多缺乏前期的市场调研和论证，特别是专家的咨询和指导，只是凭社团成员的兴趣和想象来决定投资方向，甚至仅凭一时心血来潮做决定，必然要以失败告终。

3. 社会资源贫乏

企业创建、市场开拓、产品推介等工作都需要调动社会资源，高校学生平时参与各种社会实践活动的机会较少，人际交往的范围较窄，高校创业型社团在社会资源的整合方面感到非常欠缺。

4. 融资渠道单一

资金风险在创业初期会一直伴随着创业者。是否有足够的资金创办企业是创业者遇到的第一个问题。创业以后必须有足够的资金支持企业的日常运作。对于初建企业来说，如果连续几个月入不敷出或者因为其他原因导致企业的现金流中断，都会给企业带来极大的威胁。如果缺少融资渠道，创业计划只能是一纸空谈。而高校创业型社团除了国家政策贷款和家庭支持外，从根源上没有其他的融资渠道。

5. 缺乏管理经验

一些高校创业型社团成员虽然技术出类拔萃，但理财、营销、沟通、管理方面的能力普遍不足。其中包括：决策随意、信息不畅、盲目跟风。特别是高校学生知识单一、经验不足、资金实力和心理素质明显不足，更会增加管理上的风险。

6. 团队精神不足

高校创业型社团在创业和成长过程中最主要的力量来源一般是创业团队，一个优秀的创业团队能使创业企业迅速地发展起来。但与此同时，风险也就蕴含在其中，团队的力量越大，产生的风险也就越大。一旦高校创业型社团的核心成员在某些问题上产生分歧不能达到一致意见时，很多初创时关系很好的团队成员便会闹得不欢而散。

（二）高校创业型社团支持体系建设的构想

所谓体系，泛指一定范围内或同类的事物按照一定的秩序和内部联系组合而成的整体，是不同系统组成的系统。高校创业型社团的支持体系是对高校中具有创业导向性的学生社团在其建立、组织、发展的整个过程中由高校为主导给予其人力、智力、财力等支持的体系，该体系包括从价值、组织、文化、技能、物质等五个方面给予支持。

1. 高校创业型社团的价值支持体系建设

组织价值是指通过组织系统内部诸多资源的组合、共生所表现出来的被市场所认可的经济实力和社会影响力。这里定义的组织价值包括两个方面：即被市场所认可的经济价值和被社会所认可的社会价值。对于高校创业型社团而言，就是要树立其核心价值，确定高校创业型社团成员共同的组织目标，使高校创业型社团更加具有凝聚力和竞争力。

一是确立高校对创业型社团价值的主导性。高校在创业型社团价值树立的过程中具有天然的主导优势，充分发挥高校的组织功能、教师的个人魅力、优秀学生的榜样作用。

二是培养高校创业学生良好的心理价值倾向。良好的创业心理品质是创业成功的基本条件，是支撑艰辛创业道路的精神支柱。由于各方面的因素，高校学生开展创业活动，无论成功与否，必定要经历许多困难和挫折，这就需要创业者具有承受失败、克服困难的良好创业心理品质。创业教育就是要引导学生不断磨炼自己的品质，锻炼自己的意志，培养他们乐观向上、努力进取的创业精神。

三是树立创业不等于经商的理念。高校学生毕业后真正能经商、创立企业的毕竟是少数，设计、创办、经营和管理一个企业或公司是创业的重要内容，但这远远不能涵盖创业教育的全部内容，要培养高校学生的创业精神和创业意识。

2. 高校创业型社团的组织支持体系建设

一是高校创业型社团的组织成立软件支持。高校创业型社团的组织成立关键的软件因素为组织成立的目标和组织成立后的宣传、人员招募等方面，高校应积极主动安排熟悉社团工作和创业工作的专职教师，全面负责对有成立高校创业型社团的学生进行引导、介绍和分析，从根本上杜绝相同目标性质的高校创业型社团的重复成立；同时给予高校学生成立高校创业型社团的宣传、人员招募等方面的指导，给予智力支持，避免高校创业学生走弯路。

二是高校创业型社团的组织成立硬件支持。高校创业型社团在解决软件后，制约高校创业型社团组织成立最重要和缺乏的因素是活动场地和活动工具，高校应成立专门的办公室，具体负责为高校创业型社团协调、调动高校资源，为其成立活动提供有利条件，解决高校学生的难题，实现高校资源的优化配置。

三是加强高校创业型社团的章程和组织管理。章程，是组织、社团经特定的程序制定的关于组织规程和办事规则的法规文书，是一种根本性的规章制度，对高校创业型社团的活动具有重要意义。高校要安排专门人员，对高校创业型社团的组织章程给予指导，充分发挥出其创业的特性。高校应指导高校创业型社团建立灵活的管理机制。处于不同时期、不同阶段的高校创业型社团应根据具体情况采取相对应的管理机制：发展初期，组织人员较少，组织机构设置简单，一般应采用直线式管理机制；发展中期（成熟期），组织人员较多，规模较大，管理机制宜采用直线职能制、矩阵式、委员会制或任务组式。

四是发挥高校创业型社团自主活动的主动性。由于高校创业型社团的特殊性，要发挥高校创业型社团自主活动，侧重突出自主活动在高校创业型社团活动中的主体地位，强化学生自己在高校创业型社团活动中的作用，以更好地锻炼学生自主组织活动的能力。而高校作为社团管理部门，则应该尊重社团自主活动，帮助社团探索符合自身特点的活动形式。

3. 高校创业型社团的文化支持体系建设

一是积极构建高校创业型社团的主流文化。高校创业型社团的主流文化具有高度的融合力、强大的传播力和广泛的认同的文化形式，其主要包括：积极向上的心态、自身素质的强化、广泛的人际交往等方面。高校要积极介入引导，使其纳入学校的主流文化体系中，在高校学生中形成广泛的认同，从而形成良好的学风、校风，激发高校学生的创业激情，使高校创业型社团成员之间比较容易在探讨中迸发出创业的火花，形成创业的想法并付诸实施。

二是包容高校创业型社团的文化的多样性。高校创业型社团成员往往分布于各专业，覆盖面较广。社团活动的文化辐射效应往往从一定程度上对推动校园文化建设、营造创业文化氛围起着重要作用。而高校社团的多样性，决定了其文化的多样性，对高校创业型社团的发展具有不同的促进作用。

三是引导高校创业型社团的文化的非主流。对于高校创业型社团的文化的非主流高校不能放任自流，避免其阻碍高校创业型社团的发展，而要采取座谈会、讲座等非正式渠道的积极的引导措施，使之促进高校创业型社团的发展。

4. 高校创业型社团的技能支持体系建设

高校创业型社团拥有极具培养性和发展潜力的高校学生，但是，其所具有的素质在高校创业型社团发展的过程中，并没有任何优势。要充分发挥出高校创业型社团的作用，高校必须有针对性地，引导和配合高校创业型社团邀请熟悉企业生产、经营、管理等方面的专业人士，对高校创业型社团成员展开培训，使高校创业型社团成员更明确地理解创业所必须具备的各项自身素质和掌握提升自身各项素质的方法途径。并且，高校创业型社团的专业技能培训必须与实践创业相结合，通过实践创业活动，提高高校创业型社团的专业技能的实用性，从而确保高校创业型社团成员有路径学、学得到东西、学的东西有用处。

创业技能培训是实现创业教育目标的主要途径和手段，要构建多元化的培训体系，它既包括自身学科课程，如创业心理学、创业伦理学等理论课程和创业计划、创业技能等实践课程，也包括专门的创业技能，还包括日常的社会交际、为人处世的技能等，这些能力的提高单靠书本的讲述是无法做到的。培训面的拓展能拓宽学生的知识，重在培养全体学生的创业理念和创业意识，并普及创业知识，以知识讲授和引导学生开放性思考为主，又要有针对性地对学有余力的学生提供进一步深化知识结构、掌握实用技巧的机会。

高校创业型社团的技能的实践不仅要在高校内部各个创业项目、组织之间进行有效的沟通合作，还要积极吸引外部力量参与，与社会建立广泛的外部联系，包括各种科技园和孵化器、风险投资机构、创业培训机构和创业者协会等，形成一个良性互动的创业教育支持网络。高校创业型社团的技能实践要围绕创业项目、组织，积极寻求企业等外部力量的支持，走出学校，走入企业，在实践中检验，在实践中学习，在实践中进步，使学到的技能真正有用，真正能用。

5. 高校创业型社团的物质支持体系建设

所谓物质支持体系建设，主要包括对高校创业型社团活动场所、资金和政策的支持。

一是为高校创业型社团提供场所。物质是发展的基础，特别是对于高校创业型社团而言，其成立、活动和发展都离不开物质，尤其是高校创业型社团的场所，是其存在的根本条件。高校应在保证正常教学的基础上，统一调配场所，确保高校创业型社团需求。

二是为高校创业型社团提供资金。高校创业型社团是由高校主导，学生组成的社团，其缺乏正规的资金来源，严重制约了高校创业型社团的发展。在给予一定资金支持的情况下，高校应主动引导高校创业型社团采用社会化手段，如争取企业赞助等方式，谋取高校创业型社团发展的资金，为高校创业型社团发展提供更好的物质保障。

三是为高校创业型社团争取政策和市场支持。高校的主要职责是从事人才的教育培育，其所具有的人力和物质资源是有限的，从一定程度上制约了高校创业型社团的发展。高校作为高校创业型社团的管理者和引导者，具有为高校创业型社团服务的性质，应积极争取政策和市场的支持，促进高校创业型社团的发展。如运用政策手段为高校创业型社团配给场所和资金或等减免创业的相关证件的工本费、减免相应税收等，直接促进高校创业型社团的发展。

四、地州高校创业教育实践路径的不足及对策研究

随着我国高等教育的不断改革与转变，对创新型人才的需求也越来越强烈。江泽民同志早在党的十六大报告中指出：创新是一个民族进步的灵魂，是国家兴旺发达的不竭动力。而在党的十七大中也提出了要进一步完善与支持自主创业、自谋职业的政策。目前，由于我国人口的快速增长，毕业生的不断增加，为了缓解就业问题，高校已将开展创业教育作为解决大学生就业的一个重要途径。但由于对其的认识与定位不足，在具体的实践工作中，难免出现一些问题与不足。只有这些问题得到满意的解决，才能从根本上提高大学生的就业能力，培养出时代需要的创新型人才，才能从根本上解决大学生就业难的问题，缓解社会的就业压力。

（一）创业教育的含义及意义

1. 创业教育提出

1989 年 12 月，联合国教科文组织在有关教育的国际研讨会上首次公开提出了“创业教育”这一全新的教育理念。1991 年，其又对创业教育的内涵进行了详细的论述。报告指出：创业教育从广义上来说是指培养开创性个性；从狭义上来看，创业教育的主要目标是培养学生们的创业意识与创业能力，通过运用各种教育手段，不断提高学生们的主观能动性，增强他们的创造意识，从而满足不断发展变化的社会需求。实际上，自从高校毕业生就业制度改革之后，创业教育的外部条件已经形成。目前，由于我国就业环境压力大，就业人数不断上涨，这种创业教育的理念得到了高校的一致认可与实施。

高校的大学生创业教育是指以充分挖掘大学生的主观能动性为前提，以开发大学生的创业基本素质为目标，通过相关的创业教育课程来培养大学生的创业意识与能力，从而使他们具有良好的心理品质与创新能力，在面对就

业的时候有较强的社会适应能力与独立性。因此，21 世纪的高等教育应以社会的发展需求为出发点，以大学生的创业教育为根本，从而培养出具有创造、创新、创业精神的社会实用型人才。

2. 创业教育的意义

创业和创业教育是两个不同的概念。简单来说，创业是个体的行为，而创业教育则是国家为了适应社会对人才的需求，为了缓解大学生的就业压力进行的一项教育课程。创业教育的意义是什么？很多高校大学生并不知道或者对其认识存在偏差。笔者对地州某所高校的 500 名大学生进行了一项问卷调查，调查显示，在这 500 名大学生中，认为创业的目的是为国家做贡献的只占 20%，是为自己生活的占 70%，还有 10% 是为了自己的名声与荣誉。这样的调查结果客观地反映出，我国创业教育整体价值观的偏差。这种偏差，是大学生对当下自己学生身份的偏差，只知道在学校学习，并不知道以后要回报母校，贡献社会。这种偏差，还来自于他们对创业的理解，竟然有 70% 的学生认为创业就是为了生活，为了赚钱。当然，生活固然重要，但这种为自己赚钱的想法却与我国所倡导的社会主义核心价值背道而驰。同时，这样的现象，也进一步说明，我国的创业教育在价值观的引导上出现了问题，力度不够，也没有达到理想的效果。

综上所述，创业教育有广义和狭义之分，同时也存在着不同阶段、学科与层次上的差别。“创业”的核心是“创”，要求大学生们发挥自己的创新意识与创造精神；目标是“业”，这个“业”在广义上是指基业、事业，并不是简单的企业。为了培养未来社会所需的实用型人才，要强调对大学生们进行创业精神与能力的培养，这种具有鲜明指向的教育活动就是我们所谓的创业教育。高校的创业教育一定要有明确的价值取向，有系统的学习课程、理论与实践的结合才能培养出合格、优秀的人才。

创业教育，既不能忽视学生身心发展的特点，也不能忽视学生未来的幸福生活，要坚定不移的以国家的利益，人民的利益为出发点，明确创业教育正确的价值取向，重视学生的个性发展，通过科学的规划与培养，努力造就适应社会发展需要的创新型、综合型人才。

（二）地州高校创业教育的现状及不足

目前，我国大学生的创业教育在具体的实施过程中存在着一些不足与缺陷，主要可概括为以下几个方面：

1. 创业教育存在误区

我国的创业教育就整体上来说，存在创业意识淡薄，对创业教育的认识有严重误区的现象。就大学生而言，这种情况主要表现在三个方面：

一是对开展的创业教育课程，大学生们缺乏自觉性。

二是现在的大学生普遍带有功利主义的倾向去看待创业教育。

三是高校的毕业生对自主创业持消极的、悲观的看法。

而目前高校的创业教育工作，在具体的实施过程中也存在着这样的误区，其主要表现在对创业教育的定位上面。高校的创业教育课程将创业教育局限在实务方面，主要通过各种创业设计大赛和活动来进行教育。而实践证明，这样的教育方式是不能长久的，学生们只是因为一时的兴趣积极响应活动，但活动不可能天天搞，一旦结束这种兴趣就会消失。它无法将实际层面的东西深入到学生们的思想上和今后的生活上，这种未能上升到理念指导层面的创业教育，无法达到理想的效果。

在对创业教育的实施方法上，创业教育与学生专业课程的学习没有做到相互融合，创业教育与学生的专业知识相互脱离，这样会使创业教育失去一个最有力的依靠，导致大学生们在对待创业问题上，心有余而力不足，只有小部分的学生能积极地去尝试，大多数的学生缺乏自信心，就只当观众，自己不愿意去主动尝试。我国高校在对创业教育管理体制上，创业教育与德育工作也是相互脱离的，仅仅将创业教育作为一个专业课程来对待，并没有在进行创业教育的同时加强对大学生的品德与价值观的培养。而且，高校的创业教育一直由团委与学工处负责，其主要目的就是负责大学生的毕业分配，为其大学生的就业服务，是以就业为目的的创业教育，而不是真正意义上的创业教育。这样的教育，很难达到预期的效果与目标。

2. 缺乏系统的体系

创业教育要纳入具体的教学，它涉及的面非常广泛，而且实践起来也比较复杂。对于大多数高校来说，因为学校以专业的教育课程为主，要增加一定量的创业教育课程有点不切实际。而且，创业教育涉及整个教育体制的改革，不是光开设这样的课程就能解决实际问题。很多学校出于这样的考虑，创业教育都没有作为重点来抓，只是在对学生进行就业指导的时候一带而过，没有形成一个相对完善的体系。还有一个重要的原因是，目前的创业教育缺乏相应的理论支持，这样就使实际工作很难开展。像在地州一些特殊的地区，本身由于经济条件与外部环境的落后，素质教育的开展还在不断地改革与完善之中。对于创业教育，那些高校觉得不切实际，也不会去开展相应的课程。

由于上面所说的原因，导致了如今的创业教育还不能够充分的发挥其功用。我们知道，教育的发展在不同的时代与背景之下，一定会遇到不同的问题。因此，针对创业教育中出现的相关问题，政府与高校一定要引起足够的重视，不断地改革与完善，争取让创业教育发挥其最大的功用。

3. 课程设置不合理

由于我国的创业教育起步较晚，所以学科基础相对薄弱，相关课程在具体的设置上存在不合理的想象。主要表现在：

第一，我国开展创业教育的高校和专业教师较少。除了一些有实力的重点高校开设了创业教育的相关课程以外，更多的高校还没有对学生进行任何有关创业教育的培养。

第二，我国创业教育的教材有待于进一步修改与完善。因为我国的创业教育起步晚，理论体系尚未健全，所以高校使用的教材多数都是以各个高校自身为基础，形成了一种各自为战的状态，缺乏相互的交流与合作。

第三，创业教育的课程设置不合理。创业教育的课程在设置上，未能照顾周全。有些学校注重对学生进行一味的理论知识灌输，强调自主创业的重要性，忽略了实践；而有些高校则一味地进行创业设计比赛等实践活动，使实践与理论相脱节，这样都是不正确的。创业教育的课程设置应以理论为基础、为导向，在注重理论学习的同时，合理地开展实践活动，同时还要注重对大学生进行德育教育。

4. 创业教育师资薄弱

创业教育对老师提出了很高的要求，既要求他们具备相关的理论知识，又要求他们拥有一定的实践经验。但就目前的情况来看，同时具备这两种素质的教师很少。就开展创业教育的高校而言，那些从事创业教育的老师一般都是从别的相关专业调配过去的，还有的就是大学生就业指导中心的老师。这样的两类教师，在教学上都存在一个共同的弱点，就是自身缺乏相关的创业实践，在对学生们进行创业教育的时候，除了教授一些理论知识外，大多只能讲授一些听到的实践经历。由于他们自己并没有这样的亲身体验，所以往往只是纸上谈兵，有时候面对学生们的提问，还很难自圆其说。这种创业教育偏重于对学生的理论灌输，根本无法把握住创业教育的实质与精髓。

创业教育的效果，主要是看老师。而大多数的专业老师的积极性并不高，原因主要有两方面：首先，这门课程本身还处在一个不断完善的过程中，没有现成的教材，也没有可以借鉴的相关经验。其次，就算这门课程真的开展起来，所占的学时也不会多，教师们大多出于为自身的利益考虑，不愿意去上这门课程，而且这门课程的讲授难度很大，实践性很强，现在的教师由于缺乏相关的实践经验，很难教授好这门课程，即使教授好了也难以受到学生的欢迎。

（三）地州高校创业教育对策初探

1. 建立合理的体系

如今，大学生就业相对困难的一个重要原因就是高等教育陈旧的人才培养模式。其只注重大学生的就业，而并不注重大学生综合素质与创新能力的培养。因此，高校要进行相应的调整与改革。首先，要制定以人才为导向的培养目标，而不是原来的以就业为导向，要注重培养学生们的创新能力，在制订培养计划时要将国家“终身教育”和“素质教育”的观念落在实处。其次，高校要不断地建立健全创业教育的指导体系，为国家和社会培养杰出的人才。

2. 优化师资结构

高校对教授创业教育的老师，一定要定期开展相关的教师培训，在适当的时候还要对其进行实践的训练，可以聘请一些自主创业成功的人士担任兼职教师或到高校开展定期讲座。这些成功人士自身有着丰富的实践经验，可以弥补高校教师的不足。另外，我们还要不断壮大教师队伍，加强学术交流与研讨，端正教师对于创业教育课程的态度，打造一支素质过硬，具有创新精神的教师队伍。

3. 营造良好的氛围

为了将创业教育的培养贯穿于素质教育的始终，高校应该在课外开展一些相关的机能大赛，从而提高学生的观察力和实践操作能力。此外，创业教育的开展需要一个良好的环境来支持，所以国家与政府的相关部门应从多个方面为创业者提供有利的条件及适当的扶持，强化自主创业的社会荣誉感，使更多的大学生能积极主动地加入其中。

4. 优化创业环境

校园文化与环境在潜移默化中影响着大学生的身心发展，对于创业教育也具有重要的作用。因此，一方面我们要积极利用校园的宣传栏、广播等形式进行相关创业知识的宣传，在高校形成一种良好的校园文化氛围；另一方面我们要积极开展各项校园文化活动，通过相关的创业大赛，使学生对创业有所感受与体会，提高学生创业的积极性与主动性。

总之，创业教育是我国教育事业的一项长期工程，在当前人口快速增长，就业问题日益凸显的时期，高校加强对大学生创业教育就显得尤为重要。为了更好地通过创业教育培养出社会所需的人才，政府、企业和高校都应该积极为创业教育创造有利的条件，从而使创业教育发挥其最大的社会功用，帮助更多的大学生顺利走向社会。

五、高校大学生创业素质的培养及路径选择

创业教育作为一种新的教育理念，在我国高等教育中已达成共识，并成为高校人才培养模式的新方向。它要求高校在培养目标上重新定位，即由知识的继承者和工作岗位的求职者，转变为知识、财富的创造者和工作岗位的缔造者。要求高校要改变传统的教育模式，突破课堂教学的局限，增加实践性强的创业教育课程和竞赛活动，在创业教育时间环节中培养大学生创新创业素质，激发他们的学习兴趣和创业激情，将创新意识和创业精神融入到大学生的品格教育之中。所以，在经济全球化的条件下，培养高校大学生的创业素质，是摆在广大教育工作者面前的一项重要课题。

（一）创业教育与创业素质的内涵

1. 创业是一个内涵丰富且复杂的概念

一般认为创业有两层含义：一是在现在或将来的岗位上创造性地工作或服务、创造性地思考与解决问题；二是创造就业岗位或创办企业实体。创业的两层含义在高校创业教育中均存在，前者是面对所有大学生，因为每个人都有创业潜质，都将在具体的工作岗位上创造性地处理事务、解决问题；后者是在前者基础上生发出来，重在创造工作岗位或创办企业实体。基于“创业”的含义，创业教育也有其特定的内涵。从广义上讲，它是关于在现在或将来的岗位上创造性地工作或服务、创造性地思考与解决问题的一种教育教学与实践活动。从科学体系来讲，创业教育具有明确的培养目标与教学导向，具有特定的教育价值观念、能力操作程序以及知识结构，是关于培养具有创新精神的创业型人才的教育工程。对此，创业教育既要通过理论教学体系和课程体系传授给大学生创业基本理论知识，同时还要通过实践教学体系培养

大学生的创业素质。

2. 创业素质主要包括创业知识、创业能力、个性精神

面对当今复杂多变的社会环境，竞争的实质是人才的竞争。创业素质是创业者创业实践前所需要的物质和精神准备。创业素质的培养就是所经历的物质和精神力量的实践过程。创业素质的培养不仅有助于创业者明确目标，敏锐地把握创业机遇，并进行有效的创业决策和实施创业计划，而且有助于创业者在创业过程中克服各种困难、解决各种问题并增强心理素质。因此，创业素质对创业的成败起着很大的决定作用，切实加强对大学生创业素质的培养势在必行。

第一，扎实创业知识是创业的基础。扎实的创业知识是创业的支点。优秀的创业者，要具有专业博学相结合的“T”型知识结构。首先，坚实的专业对于创业者确定创业目标有着直接作用，创业者要想深入了解某一行业的活动和规律，那么专业知识就是对这个行业发展规律的概括和总结。因此，掌握好专业知识，对于创业活动的有效开展起到重要的作用。创业的知识主要包括所涉及领域的专门知识、创业政策及法律方面和相关商业知识。大学毕业生是从事专业性较强的高级专门人才。因此专业知识应表现为电子技术、医学、计算机网络、建筑工程等学科知识和社会科学知识的综合运用。其次，专业知识是创业成功的基础条件，广博的非专业知识则是创业发展的助推剂。非专业的其他知识也不可缺少，深厚的专业知识只有加上更加广博的非专业知识，才能让创业活动如虎添翼。创业是一种社会性的行为，活动过程中与社会各个阶层都会产生一定的关系。对创业者而言，融资、销售和宣传等各种活动都离不开社会与个人，创业者自身拥有的社会资源和人际关系也将会对创业者的活动形成关键性的影响，因此创业者本身就必须具备这些社会关系等非专业知识。

第二，稳健的创业能力是创业的关键。创业能力是大学生创业素质的一个重要方面，与创业的成与败有着重要的关系。大学生创业能力主要包括以下几个方面。一是学习和创新能力。善于学习、坚持学习是创业的灵魂，而创新能力则是竞争优势的关键。二是组织管理能力。在充满竞争和风险的市场环境下，经营管理能力是创业者获得创业成功的基础要素之一。无论从事哪个领域，都有一个资源分配和利用的问题，要让资源发挥最大效用，就必须掌握管理知识，懂得经济核算，这样才能提高经济效益，在激烈的竞争中占据一席之地。三是人际关系协调能力。社会是个大集体，每个人都是其中的一分子。在创业活动中，人与人、人与社会都会发生这样或那样的关系。企业本身也依靠人运作。一个好的企业不是单单凭借一个人或几个人的力量

就能做好、做强、做大。因此，创业者只有掌握良好的人际关系协调能力，处理好企业与员工的内部关系，处理好企业和客户的关系，企业和社会的关系，企业和政府等的关系，才能为企业长期良好的发展提供动力。四是抗挫折能力。创业者特别是刚入社会的创业者往往不能适应充满竞争的市场，受不了不断地打击和失败。因此，如何让创业者认识挫折，培养抗挫折的能力显得非常重要。

第三，优秀的个性精神是创业的支柱。首先，创业者的个性特征是创业者十分重要的素质。因为没有个性就没有创造性。社会群体中的每一个个体，都有与众不同的地方，这就是个性。人的个性包括智力、性格、情绪和意志等，所以对创业者来说优秀的个性特征能让创业成功。创业者一般应具有以下个性特质：一是独立性。一个具有独立性的人，他们具有独立生活、独立思考、独立研究和独立行动的特征。二是冒险好胜性。没有超凡的胆识，就没有超凡的事业，要想创造事业，创业者就应该具备超人的胆识，勇于承担多数人望而却步的风险事业。大学生创业者必须要有“破釜沉舟”和“背水一战”的精神。在竞争激烈的社会环境中，机遇和风险都是并存的，所以要有勇气直面困境，敢于与困难“亲密接触”。其次，优秀的创业精神也是创业者应当继承的，其中创新精神和团队精神尤为重要。传统观念中，人们的思想禁锢为“求同存异”，不可否认“求同存异”作为一种思想方法在调整人际和社会关系过程中起到了一定的作用。但是，在科学技术领域，倡导思想自由，实现自我发展，就不能用这种选择来“统一”。创新求异的精神，赋予了人们积极进取的动力，促进了经济社会的快速发展。所以我们应当打破传统的求稳不求变的思想，勇于创新。

（二）制约大学生创业素质的因素

1. 认识不足，眼高手低

首先大学生创业素养的培养在认识层面上存在不足，这主要是由于高校在培养过程中对创业教育重视不足，造成大学生自主创业意识比较薄弱。在创业过程中高校过于强调社会能力，而忽视了专业知识的背景，往往造成大学生对自身社会条件评估过高，在创业活动中处理各种事件时可能导致满腹激情却常遇困境，究其原因是心理和专业知识准备不足。

2. 缺乏管理经验，盲目随流

快餐文化造成让大学生产生创业容易成功的误读，忽略创业过程的艰难，会让大学生们产生错觉，认为创业可以一夜成名，一夜暴富。除此之外，大学生们在创业中往往对活动本身急功近利，甚至盲目随大流。大学生在创业过程中，缺乏团队协作精神，喜欢单独行动。由于缺乏管理经验，导致创业失败。

3. 地方性高校环境影响

首先，地方性高校大多位于二三线城市，地理位置大多位于市郊偏僻之地。由于地理位置不佳，学校可利用的资源也十分有限。所以给创业培训带来了一定的困难。其次，地方性高校的师资相对薄弱，较好的师资大多流入大城市的好学校。对于地方性高校而言，很难招聘到称心如意的教师，师资队伍建设的薄弱对大学生创业素质培养造成很大影响。再次，地处偏远地方，创业的社会环境较差，学生创业激情不高。地方支持学生创业的力度不够，创业的体制和政策环境建设不完善，不成熟。最后，传统思想惯性影响创业环境。人们思想中长期养成的“考、等、要”的思想，扼杀了创业所需要的创新、创造意识；害怕失败的思想氛围，使很多大学生安于平稳，不思进取。这些思想对大学生们创新和进取精神的培养，造成了极大负面影响。

（三）提升大学生创业素质的途径

1. 转变观念，将创业教育融入课程教学体系

第一，凝练创业教育观念。高校应积极推动创业教育与创新教育、素质教育、实践教育、就业教育的融合，依托学科优势，把创业教育贯穿到人才培养的全过程，融入创新人才培养模式改革。在加强学生实践能力培养方面，以社会需求为导向，以教育回归实践为原则，采取校企结合的形式，切实将实践能力的培养渗透到学生专业实习、毕业设计等环节。

第二，完善课程教学体系。创业素质教学活动的设置应该突出专业知识、专业技能和综合素质拓展，不断增加和创设与时代和社会发展相适应的知识体系，建立使学生能尽早尽快认识和把握未来社会发展的新的知识体系；立足学生发展，综合开发教学资源和社会资源，为学生创设实践情景，发展个性，锻炼能力，积累经验，拓展素质，从而探索和建立开放、多元和动态的创业教育的课程教学体系和实践教学体系。

第三，丰富教育教学内容。高校要注意四个结合。一是创业素质教育教学与学生素质拓展以及社会实践活动相结合。一方面，在教育教学工作中融入素质拓展和社会实践项目；另一方面，在学生素质拓展和社会实践活动的设计中加大创新创业教育元素的比重。二是创业素质教育与学校科技服务以

及科研横向协作相结合。学校要在创业素质教育教学过程中引导学生参与到教师的横向课题和学校与外界的其他科技服务项目中去，利用项目作为强化创业教育教学的载体。三是创业素质教育教学与专业课程教学相结合。通过教学体制改革使创业素质教育的内容和理念有效融入课程教学。四是创业素质教育教学与学生就业与实习相结合。将第一课堂与第二课堂融合渗透，将就业与创业融合渗透，真正实现以创业促进优质就业。通过占领课程教学主渠道，开展系统教育教学，切实帮助学生提高创业素质。

第四，拓展优质教学平台。学校要积极创办创业二级学院，针对在校大学生的成长规律和实际需求，从培养创新精神、增强创业意识、打造创业人才等方面着手，为广大拥有创业梦想的同学提供一个良好的平台，在全校大学生中培养一大批有坚定的创业信念、掌握创业技能、能适应时代发展的创新创业精英。学校还应开办创新创业名人讲坛，定期邀请国内外知名创业成功人士和创业教育专家学者来校讲学。加强创业网络资源建设，学校应建立大学生创业教育网站，并与国家大学生创业网、省级教育行政部门创业教育网站链接，重点发布国家、省以及地方和学校的创业政策、创业活动以及创业典型事迹，有效发挥新媒体在大学生创业教育教学工作中的辐射作用。

第五，充实教学专家队伍。创业教育离不开高素质的师资队伍。学校必须注重提升辅导员队伍的职业化、专业化、专家水平化。在此基础上，学校还要遴选教师组建创业研究室，负责学校创业教育的研究和系统课程教学。此外，学校还应从校外聘请著名企业成功人士、杰出校友、创业成功人士、风险投资家等成为客座教授或者创业实践导师，担任学生创业教育咨询师，向学生传授创业实践经验，指导学生创业，并逐渐实现创业教育师资队伍构成要素的多元化。

2. 整合校内资源，助推大学生创业素质提升

第一，完善创业研究机构。学校应建立创业研究机构，负责统筹规划学校大学生创业课程的设置、创业师资队伍的选聘、创业师资队伍的培训、创业教育课程教育计划的制订等系统的创业教育工作。

第二，推进创业的项目化运作。学校应将创业教育列入科研管理体系，面向大学生科研立项，大力支持创新创业项目；下拨专项科研经费支持学校师生申报大学生创业科研项目，形成师生互动、共同参与的良好格局。

第三，加强创业教育学术交流。学校应积极组织学生参加就业创业知识竞赛、大学生创业计划竞赛、大学生创业调查；鼓励师生踊跃向大学生创业网站投稿，促进创业教育经验的交流互动以及创业教育成果的互动和转化。

第四，营造创业文化氛围。为有效发挥新媒体在大学生创业教育中的辐射作用，拓展创业教育阵地，利用校内电视台、报纸、广播等媒介宣传创业，联系校外媒体帮助宣传推广学校创业教育成功经验，发挥创业教育示范校的辐射带动作用，从而形成立体式广覆盖的创业宣传网络体系，为大学生们了解创业、参与创业提供机会和平台。通过营造创业型校园文化氛围，构建“教育机制、教学课程、培训平台、实践基地”四位一体的创业教育模式，积极引导大学生善于创新、敢于创造、勇于创业。

第五，大力扶持创业社团建设。学校应把创新创业社团建设作为激发大学生创新创业意识的重要路径之一。做到百花齐放、百家争鸣，引导学生创建创新创业社团，激发创新创业兴趣，普及创新创业知识，从事创新创业活动。学生社团的蓬勃发展，不仅可丰富学生创新创业方面的文化生活，也可成为学校创业教育深入推进的有力助手。

第六，全面开展创业实践活动。一是设立校内创新创业实训基地。学校将整体的创业教育理念、思路、内容融入实践中去，要求创新创业实训教师开展相关工作研究。二是设立校内模拟创业基地，结合创业教育课程建设，一方面致力于提升大学生创新创业的素质与能力，提前让大学生感受创业的过程；另一方面通过模拟创业来保障创业项目正式进入市场化运作的成功率。三是发展校内创业孵化基地。在学校为创业团队提供创业场地，免费提供电脑、办公桌椅等基础办公设施，为优秀的创业团队提供创业启动资金，并为每个团队一对一配备指导老师，为其提供各种创新创业指导与咨询。同时，学校要注重将校内外孵化基地科学对接、良性互动，促进学生创业项目的可持续发展。让学生在丰富多彩的创新创业实践中汲取创业知识，提升创业素质。

3. 强化大学生自身素质，促其自我提升创业能力

第一，客观评价自身，提高大学生心理素质。要帮助、引导大学生在创业前做足准备，分析自身条件，充分考虑外在因素，做好创业策划：分析自己是否适合创业，适合什么行业，创业计划是否客观、可行。创业对于每个人来说不是都适合，但是乐观、自信是每个大学生都需要的精神信念。

第二，培养自主学习能力，提高文化素质。创业要具备一定的知识储备，如职业技能、专业知识、经营管理知识和综合知识等。自主学习是创业的关键，是企业保持良久竞争优势的源泉。有志于创业的大学生，在自身具备足以创业的技术的基础上，有必要对技术不断发展完善，以期在市场竞争中具有相应的技术优势；有必要认真学习相关创业知识，积极调整心态为创业做好充足的心理与知识准备，在自己创业前可通过模拟创业或实习为创业积累

相应的经验。自主学习在某种程度上体现了大学生的价值观和理想追求，培养大学生自主学习的能力也是弥补学校传统应试教育的缺陷和不足，同时也是大学生创业过程中必不可缺的内容。

第三，积极参加实践活动，提升创业素质。实践出真知，各种创业能力的培养更是离不开实践这个环节。能力形成的基础是知识、经验与技能，特别是经验与技能都要在实践的基础上才能获得，所以创业能力与创业实践活动紧密联系在一起。创业实践活动的形式有很多种：创业竞赛、企业或工厂的实习活动、学校组织的科研创新项目等。大学生应积极参加各种创业实践活动，以提高自身的创业素质。

六、地州高校创业教育模式初探

创业教育是以培养创业精神、创业意识、开发创业基本素质、提升创业综合能力为目的的教育。从高等教育的角度来讲，创业教育就是以培养学生的创业精神、创业意识、创业素质和创业能力为目的，通过各种教育手段，不断提高学生的综合素质，以满足知识经济时代对当代大学生创业精神、创业能力的需求。创业教育作为高等教育发展史上一种新的教育理念，是一种新的人才培养方式，是素质教育新的突破口，是教育模式探索的前沿，是社会和经济结构调整时期人才需求变化的要求。在当前国际金融危机的影响和严峻的就业形势下，高等学校创业教育势在必行。

党的十七大报告中提出“以创业带动就业”的战略要求，2010 年颁布的《国家中长期教育改革和发展规划纲要》中要求“加强就业创业教育和就业指导服务，创立高校与科研院所、行业、企业联合培养人才的新机制”。教育部《关于大力推进高等学校创新创业教育和大学生自主创业工作的意见》中也指出：“在高等学校开展创新创业教育，积极鼓励高校学生自主创业，是教育系统深入学习实践科学发展观，服务于创新型国家建设的重大战略举措；是深化高等教育教学改革，培养学生创新精神和实践能力的重要途径；是落实以创业带动就业，促进高校毕业生充分就业的重要措施。”这些重要文件说明创业教育已经越来越受到国家和社会的广泛重视。经过几年的探索实践，我国的创业教育已经成为高等教育改革发展的亮点。作为地方高校，顺应时代的特点、适应市场的需求，迎接挑战，以培养学生的创新精神和创业能力为重点，开展创业教育，教会学生创业，成为创业性人才成长的摇篮，符合我国经济体制改革要求和国情，是高等教育改革的一个重要方面。但据统计，我国高校应届毕业生的创业比例较低。《2010 年中国大学生就业报告》显示："2009 届大学毕业生自主创业比例为 1.2%，与 2008 届（1.0%）相比略有上升，与 2007 届（1.2%）持平。"较低的学生创业成功率表明，我国高校的创业教育还面临许多问题和困难，而地方高校的大学生创业教育更是处于起步和探索阶段，没有成熟的模式可供借鉴，尚未引起普遍重视和广泛关注。在这样的背景下，地州高校的创业教育亟待加强。

（一）当前地州高校创业教育的困难及原因分析

1. 对创业教育认识不到位

创业教育是大学人才培养模式的高效转变，是适应社会需要、推动社会发展的必然。然而在地州高校，创业教育仍属"业余教育"，缺乏系统性，学生满意度不高，学生创业的成功率也很低，这与创业教育观念和地州高校对创业教育的认识等方面有很大关系。对于创业教育，部分地州高校还缺乏明确的认识。目前，地州高校对创业教育的认识主要有三种：一是"单一论"，这种认识使培养创业素养的课程与培养专业能力的课程相脱节甚至相对立。二是"创办企业论"，此种认识人为地窄化创业教育的深刻内涵，扭曲创业教育的课程设置本质，误导学生的创业行为。三是"第二课堂论"，这种认识和实践容易忽略创业能力的深层基础，容易把创业平庸化为单纯的技巧和技术操作。清华大学副校长谢维和教授也曾说："中国的创业教育还不成熟，特别是在学生的培养目标中，我们还没有把创业精神作为一种需要。"谢维和教授所言说明了两个问题：一是中国大学生创业教育还没有成为一种教育理念，没有明确成为学校层面的教育目标而渗透到学校的指导思想中去；二是中国大学生创业教育没有渗透到学校的专业教育当中，与学科专业教育形成有机联系。目前，创业教育还只是通过零散的活动组织，如创业计划大赛、创业者的讲座、就业政策的支持和非常有限创业学课程来实施，内容有限且缺乏系统性与整合性。总体而言，地州高校创业教育还只处于业余教育的地位。

2. 实施创业教育的资源缺乏

实施创业教育的资源包括课程资源、师资队伍和管理机构。

首先，就课程资源来看，尽管部分地州高校开设了创业课程，但从总体上来看，高校开设的《求职技巧与职业发展》《职业规划和就业指导》等一系列课程，大多没有形成独立的创业课程体系。很多高校对创业教育类课程的开设也还只处于起步阶段，不仅数量少而且较为零散。部分高校也会举办创业知识培训，或者邀请创业人士进行专题讲座，但所花时间少、规模小、不成系统。因此，创业教育课程没有形成教育体系，难以融入高校育人体系之中。

其次，就师资队伍而言，目前的创业教育缺乏专业的教师梯队，教师数量严重不足。一般来说，地州高校创业教育主讲师资主要来自负责学生就业的行政部门人员或学科教师。这些师资大多没有企业的就业经历，缺乏教学技能，缺乏创业实战经验。尽管部分高校也聘请了部分企业家或成功创业人士担任客座讲师，但多数外请的部分创业者或企业家缺乏教学经验，因而教学效果并不理想。

最后，缺乏专门的管理机构。创业教育是一项系统工程，但在部分高职院校，创业教育工作没有一个专门的管理机构。从调查来看，大多数高职院校的创业教育是由就业部门或团委负责，仅仅作为毕业生就业服务的一个方面。由于没有一个专门机构来安排创业教育的各项工作，各机构与教师都不把自己作为创业教育的主体。他们认为开展大学生创业教育与自己无关。此外，对实施创业教育的各机构与主体之间缺乏组织、协调与沟通，使创业教育实际上处于一种分散、零碎和缺乏系统性的状况。

作为一项系统的教育，创业教育需要各部门、各机构以及所有教学人员共同努力与协作，因此必须有一个明确的具有相当权限的组织机构来负责创业教育总体规划和具体工作的监督实施。

3. 创业教育模式单一

创业教育学是一门实践性非常强的学科，创业教育通常不是通过教师的讲解或完全靠书本上的间接经验达成的，更多的是通过自己的实践和体验得来的，而目前地州高校的创业教育主要靠借鉴国内外的研究成果。创业教育体系和实践活动还不完善，大部分学校关注的仍然是少数人的“创业活动”，而不是多数人的“创业教育”，创业教育教学还是一种传统的教学模式，以知识教育为主，创业教育为辅，以教师为主导，采取“灌输式”的教学方法，在教学计划和教学目标上都与创业教育相距甚远。在目标定位上，创业教育只局限于创业实务层面，未上升到理念指导层面，相应的教学内容与形式参差不齐，缺乏规范性的评价标准，创业教育缺乏多样性、系统性和层次性。即使有部分高校成立了创业指导中心，举办创业教育实践活动，数量上也是微乎其微的，且形式主要是创业设计大赛和学生社团活动。因此，地州高校的创业教育基本没有给学生足够的实践机会和发展空间，创业教育模式单一。

（二）构建地州高校创业教育模式的对策思考

“就业是民生之本。”高校毕业生的就业问题，既是社会关注的热点，又是家庭关注的焦点。而任何创业教育模式的构建，都需要在区域经济社会对创新创业人才的动态需求的基础上，体现并密切结合学校自身的学科特点与资源优势，依据大学生的成长成才需要和创业教育教学及实践规律，针对创业教育面临的显性困难和隐性矛盾，一项一项地应对化解、逐层逐步地系统构建。因此，针对以上地州高校创业教育面临的困难与问题，地州高校应以生为本，建立健全高校创业教育管理体系，加强创业教育课程体系建设，构建满足社会需求和适应学生专业特点的高校创业教育模式。

1. 建立健全高校创业教育管理体系

创业教育重在培养学生的创业精神、创业技能和创业人格，是一项涉及全校整体工作的系统工程。创业教育管理是服务于课程设置与创业训练的保障。高校要建立大学生专门的创业教育管理机构和运行机制，具体负责制定大学生创业教育规划，提供有关创业项目、创业政策等方面的咨询服务，开展相关的创业教育培训，使大学生掌握基本的创业技能；对提交的创业方案进行评估和指导，保证大学生创业能够平稳安全地进行。同时，创业教育管理机构要协调教务处、就业处、团委和各院系等部门积极参与，形成齐抓共管的良好局面，推动大学生创业活动的顺利开展。如协调教务处，做好创业教育课程的开设，教学团队的组件，师资队伍的培养和教学工作等，包括制订创业教育课程教学计划和教学大纲，突出课程的综合性、实践性，注重学生创新精神、创业意识和创业能力的培养；协调就业部门，为学生提供创业实习场地、政策咨询、指导服务等，为大学生创业提供指导和支持；协调团委和各院系，积极开展丰富多彩的创业教育实践活动，进一步调动广大学生参加创业活动的积极性。要把课内教学与课外活动结合起来，理论与实践结合起来，校内与校外结合起来。有了对大学生创业教育的专门管理机构，就给高校开展大学生创业教育提供了强有力的保障，创造了良好的外部环境。

2. 构建合理的创业教育模式

结合创业教育目标，从课程设置到创业人才的培养，从理论到实践，从课内到课外，从知识到技能，要形成创业意识—创业理论—创业实践的合理的教育模式。

首先，培养创业意识。很多学生对创业缺乏信心和勇气，甚至对创业存在恐惧感。因此，创业管理部门应想方设法，无论是在课堂还是在课外，培养学生的创业意识。要重视课堂教学，特别是要通过互动式的教学，从思想深处激发学生的创业意识，从而激发学生的创业潜能去从事创业活动。教师不仅要教给学生创业的各种基本知识、基本技能，还要介绍相关的创业政策。更重要的是，在课外，通过社团活动、校园媒体网络等平台，加强对创业的宣传，树立榜样，弘扬创业精神，在全校形成良好的创业教育氛围。同时，可让学生身边熟悉的创业成功人士来进行现身说教，让他们用自身艰苦创业的经历和业绩教育广大学生，开启学生的思路，让学生树立创业理想，从而逐步培养大学生的创业意识。

其次，灌输创业理论。创业理论的讲授可以通过多种方式，多渠道进行。第一，可以通过增设一些专门的创业教育学科课程，包括创业理论、创业风险、创业心理、创业技巧、市场营销、财务管理、创业法规等内容的创新创业教育系列课程。第二，针对不同学科背景的学生配套开设不同类型的创业培训课程，如"会计证""人力资源师""心理咨询师""ISO9001质量体系认证""翻译证"和"导游证"等各类职业技能证书的培训课程，并且相应地记入公选课的学分，提高学生参与培训的积极性，拓宽学生的就业渠道。通过多渠道的方式，使学生掌握创业基本理论知识，具备创业基本素质。

最后，加强创业实践。开展创业教育要坚持理论联系实际、边学边用的原则。一是分享创业实践经验。可采用本校校友中创业成功的、典型的、有特色的创业案例教学，引导学生积极思考，分组讨论，主动参与到案例分析和案例讨论中去，分享创业的经验和方法。二是重视创业方案设计。可根据学生的专业特点和个人实际，让每个学生做一次创业方案设计，让学生当一回"小老板"。教师要站在更高的层次上去分析、总结、点评学生的设计方案，使学生由感性认识上升到理性认识，使学生对选择创业项目和正确的创业程序、创业方法有一定的了解。三是建立校内外创业实践基地，组织大学生进行创业体验。校内可以组建创业型社团或建立学生超市、学生家教服务部等实体，由有经验的老师进行指导，让学生体验实际创业过程，从而培养他们的创业精神和创业能力。校外可利用现成的创业基地或科技园区，帮助有创业条件的同学进行创业。

总之，创业教育是一项关乎学校、政府和社会的系统工程。地州高校应重视对大学生进行创业教育，设立管理机构，构建合理的教育模式，开展创新创业教育，培养大学生的创业意识、创业能力，为创业经验的积累和创业心理做好准备，提高就业质量，改善就业结构，以创业促就业，为大学生应对未来发展和挑战奠定基础。

第五辑　高校学生社团的发展困境及突围之路

一、高校学生社团存在的问题及发展趋势分析

高校学生社团已成为大学校园里具有重要影响力的群体，学生社团种类繁多，涉及理论学习、学术科技、文化娱乐、社会实践、志愿服务、体育竞技等诸多领域。其成员范围远远超过各级学生会、青年志愿者服务联合会、党团支部等重要学生组织，越来越受到学生、高校和社会的关注。学生社团是校园文化建设的重要阵地，他对满足学生的需求，提高学生的能力和素质，对于高校精神文化氛围的形成和社会的发展等都有着重要作用。然而目前高校学生社团在发展过程中出现了一系列问题。

（一）高校学生社团的主要问题

1. 高校学生社团层面的问题

第一，社团活动质量不高，活动内容缺少创新。目前，很多学生社团在举办活动过程中存在"为办活动而办活动"的心态，具体表现为：社团活动具有短暂性、偶然性；缺乏品牌活动或品牌活动质量低；社团活动层次难提高，内容缺乏思想性、专业性。很多社团办活动主要跟着学校的步调走，只要学校下通知，就搞一个活动来应付，没有形成自己的特色。社团活动缺少创新是影响社团功能发挥的重要因素。如果一个社团每次都搞同样或相近的活动，必然会降低成员参与的积极性。社团负责人的主要精力都放在如何保证社团不失原有的特色，而忽视了创新，沿用前人套路，难以提高。

第二，社团外部发展不平衡，两极分化严重。社团外部发展不平衡表现为：社团与社团之间发展的不平衡。目前，学生社团的发展从整体上看已经进入快速发展阶段，社团数量和规模都在不断扩大。但在发展过程中，普遍

存在各社团规模不一，发展速度各不相同的趋势。以文化艺术类社团为例，一些社团发展很快、规模很大，这种发展规模处于两个极端的社团往往存在鲜明的管理制度差异、负责人素质差异、社团凝聚力差异等。因而导致社团之间发展的不平衡，进而影响社团的整体发展。

第三，社团内部发展不平衡，引发社团与社团成员之间的矛盾。学生在参与社团的过程中大多以兴趣为导向。社团中不可避免存在两类人：一类是爱好者，但不精通；另一类是爱好者，且精通。这两类人在一起有两种结果；一种是精通带动不精通的，大家一起活动；另一种是精通的和不精通的各自形成自己的小圈子，进而导致社团成员之间的矛盾。

第四，高校学生社团有其“矛盾性”：一方面，学生社团受学校团委领导，不可能具有完整意义上的独立性或自主性；另一方面，社团自身又必须从学生的兴趣喜好出发，满足广大学生的需求，否则不能得到同学们的支持和认可。因而社团必须尽量做到权衡两者的利益，才能更好地发展。

2. 高校学生社团社员层面的问题

第一，社团负责人“继承与发展”意识薄弱。一个优秀的社团离不开一个敬业的社长和一群有责任感的领导班子，然而很多社团在这方面存在一些问题。例如，“一年制”任期的缺陷：社团不像其他机构，担任负责人时间可以是二三年，社团的负责人一般都只有一年，而且他们的基本角色是学生，要学习、生活，还有其他事情，不能把所有的精力都放在社团上。他们在一年的任期内要经历这样一个过程：一开始要适应，中间的热情比较足，临近换届的时候热情又有所下降，所以要把社团工作做好，有一定的难度。不可避免会出现心有余而力不足的情况。除此之外，社团负责人往往只注重自己在任时的工作业绩，缺少对社团文化内涵的总结，忽视对下一届接班人的培养，导致社团负责人换届后，社团工作便直线下滑，进而造成社团文化建设不完善的局面，最终使社团文化缺乏传承性，发展后劲不足。

第二，社团成员数量多，流动性大，难于管理。目前，大多数学生社团的纳新都是非常自由的，没有所谓的面试和筛选，只要对社团感兴趣，均可在缴纳会费后加入其中，因而每个学生在校期间至少会参加一个社团，多则有三四个。学生在社团里“进出自由”，没有纪律的约束，也没有责任的负担。他们会根据自己的兴趣和个人对社团的主观评价决定是否继续参加，对此成员的流动性非常大。常常出现刚入学时社团成员特别多，后来大大减少的现象：一年级人数多，二年级人数少，三年级零零星星，四年级几乎没有。课题组调查显示，当社团与其他工作冲突的时候，有 56.6% 的人会选择离开社团。这既不利于社团的管理，也不利于社团功能的实现。

第三，一些“90 后”学生个性张扬，不利于社团凝聚力的培养。目前，社团凝聚力不强成为困扰社团发展的重要因素，随着市场经济的深入和世界多元文化的传播，“90 后”的心态也较“80 后”“70 后”有很大的变化，他们大多由注重理想转向强调实际，由注重义务转向强调权力，由注重集体转向强调个体。加之，“90 后”的学生多为独生子女，他们从小接受了音乐、美术、体育等业余培训，注重素质教育，因而他们对社团服务的期望也变得更高，社团的一些基本服务难以满足“90 后”学生的需求。这种变化给社团带来的直接后果是，凝聚力下降，对学生来说则是造成他们对社团的不满，认为社团不能满足其需求。这既影响了社团活动的参与度，也影响了社团成员对社团的归属感和认同感，不利于社团功能的发挥。

第四，大学生参与社团动机的功利化趋势，阻碍社团的健康发展。当前，社团活动最吸引大学生的是它能为他们提供综合素质加分，这足以说明学生在社团参与时严重的功利化趋势，而不是社团本身的魅力和学生的兴趣使然，那么社团的发展也将逐渐走向衰退。

3. 高校学生社团管理层面的问题

第一，学校对社团管多扶少。随着学生社团数量日益增多，范围日益增大，学校对社团的关注程度也逐渐提高，但学生社团不同于其他官方组织，如各级团支部、党支部。社团属于校园里的自组织，它的运行以自我管理、自我服务、自我教育为主导，学校对其的关注更多的是社团财务的使用情况、活动安全情况、活动影响力情况等。而对社团活动场地、经费扶持、指导等方面的支持力度则相对不足。首先，体现在社团发展存在严重的经费不足问题。对于学生组织来说，完全依靠自己的力量支持组织运行往往心有余而力不足。如经费方面，单纯依靠纳新时候每人收缴的 10 元会费远远不足以支持社团一年的运行，这就需要考验社团的筹资能力，然而学生社团往往规模较小，活动局限于校内，对社会影响也不大，使社团很难得到社会的认同，寻求社会赞助的难度非常大。学校提供的经费支持经常是在评比基础上，依据评比结果分级扶持，并且是在所有社团统一活动的背景下才有经费支持，而部分社团自己的日常活动则较难得到赞助。因而无论是寻求社会赞助、学校经费支持对学生社团来说都是一个比较棘手的问题。

第二，社团发展受“活动场地”制约严重。除了经费问题，最困扰社团发展的是活动场地。课题组调查，90%的社团没有自己固定的活动场地，虽然学校有大学生活动中心，但是任何社团开展活动都要提前申请场地，且手续繁杂，从而增加了社团的压力，严重影响了学生社团活动的开展和活动的质量，极大地制约了学生社团的深度发展。

第三，指导老师指导力度不够，部分社团指导老师名存实亡与社团出现脱节现象。数据显示，学生所在社团“有指导老师，且认真负责”的仅占 13.5%；“有，但形同虚设”和“没有”的高达 63.1%，更有很多学生“不清楚”自己所在社团是否有指导老师。由于社团指导工作属于义务劳动，一部分指导老师工作积极性不高，加上指导老师本身学术任务繁重，因而没能发挥出其应有的作用。

4. 社会层面对高校学生社团的影响

第一，非主流文化的冲击影响社团功能的发挥。随着经济全球化的发展，世界多元文化不断碰撞与交融。各国文化交流增多，非主流文化的冲击也日益显著，尤以利己主义、拜金主义、享乐主义等为代表。此外，短信文化、网络文化、卡通文化对传统文化的冲击也极大。作为承载传统文化的文化艺术类社团面临着重大的责任。他们在这样的文化大背景下不仅要抵制诱惑、坚持自我，更重要的要推动传统文化的传承与弘扬。

第二，各种外力因素的冲击影响社团功能的发挥。高校学生社团发展过程中会面临一些商业冲击和社会经济利益诱惑，在一定程度上影响社团功能的发挥。为了获取商家的赞助，部分经验不足的社团则会逐渐成为商家产品展销和代言机构，有时甚至参与商家的一些虚假和夸张宣传，使社团活动充满商业化气氛。这不仅影响校园和谐的文化环境，也影响社团的健康发展和社团功能的发挥。

（二）大学生社团的发展趋势

1. 大学生社团的活动内容呈现出由以兴趣型为主向兴趣型和务实型并重转变的趋势

近几年来，大学生参加社团逐渐从前些年纯粹的兴趣到现在的“兴趣+务实”转变。面对竞争激烈、快速发展的社会，社团会员的目光不再是单纯希望在所属学生社团这个群体中丰富自己的业余文化生活，更希望能够在社团活动中发展自我，完善自我，提高社会竞争力，这在某种程度上反映出当代大学生的求实态度。

2. 大学生社团活动的内涵由人文型为主向人文型和创新实践型并重转变的趋势

过去大学生社团更多地注重人文知识的提高和人文精神的熏陶，满足于人文氛围的营造。面对扑面而来的知识经济浪潮和就业竞争力的加剧，大学生们逐渐意识到掌握扎实的专业技能和创新能力的重要性，他们不再满足于社团活动的文化层面，而是注重将创新实践元素充实到学生社团的文化内涵，以促进自身的成才。于是，高校中的各类学术研究协会、科技协会和科技创业团队悄然兴起，在引领学生参与社会实践、传播技能知识方面发挥了不可替代的作用。

3. 大学生社团活动的覆盖范围由校园型向社会型扩展的趋势

学生社团活动的内容和区域，过去以校园为主。近年来，伴随着高等教育社会化趋势的深入发展，高校人才培养目标进一步与社会需求接轨，越来越多的大学生们认识到，在校期间尽可能多地接触社会，积累一定的社会阅历，培养锻炼各方面的社会技能，对于缩小校园与社会的距离，缩小学生和用人单位的需求距离至关重要，以使能够尽快地适应社会。因此，大学生社团活动的内容和范围不再局限于校园，逐步延伸到社会的各个领域。家教协会、青年志愿者协会、未来企业家协会等学生社团应运而生，已经成为大学生与社会保持联系的常规载体。

（三）高校学生社团健康有序发展的对策

1. 提升对大学生社团的重视程度

高校应该更加重视大学生社团在人才培养过程中发挥的重要作用，为大学生社团的发展提供良好的政策环境。高校领导层面要高度认识到大学生社团建设的重要性与紧迫性，切实转变观念，增强管理和服务意识，认真制定高校学生社团长期和全面发展规划，明确工作目标，为学生社团的良性发展提供更加宽松的氛围和更加良好的条件。

2. 促进高校学生社团有序发展

按照突出重点、分类指导的原则，形成特色，加强对学生社团的指导，创办并发展有特色的学生社团。高校相关部门要针对各类学生社团的特点及其生存与发展的不同规律，进行分类指导，指导学生社团开展活动，既要在重大问题上把关，又要在活动的具体实施中发挥大学生的聪明才智，鼓励他们开展丰富多彩、积极向上的社团活动，推动多领域、多层次，各具特色的社团工作。同时，要加强大学生社团之间的交流，带动高校学生社团共同发展。

3. 推动高校学生社团的健康成长

推动高校学生社团的健康成长，重点是规范社团管理，抓好骨干培养，克服“双低现象”。要着力抓好四项工作：

第一，健全学生社团各项管理制度，使学生社团工作有章可循，有据可依，为学生社团创造一个良好的生存、发展空间。

第二，高度重视学生社团组织机构和人员的科学合理配置，因势利导，使学生加入适合其本人发展的相关社团，提高自觉性，克服盲目性，防止学生社团出现“低年级热情高涨，高年级一落千丈”的现象。

第三，稳定好社团的骨干队伍，抓好新老骨干的成员搭配，搞好传、帮、带，以防止出现人才断层的现象。

第四，加强高校学生社团的范围管理，避免出现因管理和监督不到位而导致社团“出轨”的现象，同时还要争取学校和有关方面的大力支持，给社会发展提供经费、场地、设施等必要条件，促进社团健康有序发展。

二、高校学生社团的可持续发展与人才培养

近些年来，随着高校的迅猛发展，办学规模的不断扩大，学生社团也取得了相应的发展。学生社团及社团成员大批增加，活动质量、规模不断提升，不仅在校园里，而且在社会上形成了较大的影响。学生社团正在成为大学生全面素质培养的重要载体，社团将在今后继续成为开展学生活动的主要阵地，如何正确认识社团，准确引导社团、管理社团，使其保持旺盛的生命力已逐渐成为各高校团组织工作的重要组成部分。

（一）高校学生社团发展状况

1. 参与社团活动的学生面广、人多

学生社团的数量规模，从人数和类别来看，呈现出百花齐放、生机勃勃的繁荣景象。各校学生社团规模的大小，一般在 20 个左右，多则上百个，少则 10 个左右，而规定各社团的规模必须 35 人以上，一般而言其成员大都是

百十人上下，约占全校学生总人数的 15%。如北京大学有 103 个社团，清华大学有 67 个社团，中国人民大学有 65 个社团，北京师范大学有 50 多个社团，湖北大学有 55 个社团。这些社团中很多都是跨院系的校级社团，社团成员来源广，往往来自不同的班级、不同的专业、不同的年级。有的大学生还同时参加两个或三个以上的社团，不同的社团成员互相交叉重叠。高校学生社团大致可分为理论学习、学术科技、文学艺术、体育健身、志愿服务、综合等六类。这些学生社团在大学生知识结构的完善、技能的锻炼成熟、能力的提高和思想道德水平的提升等方面发挥着独特的、不可替代的作用，成为学生自我教育、自我管理、自我服务的重要阵地，成为大学校园中最活跃、最丰富、最亮丽的一道风景。

2. 社团已成为学生思想政治工作的重要载体

随着市场经济的发展，当代大学生的自我意识、主体意识、参与意识日益强化。

其一，以社团为载体，有利于增强大学生思想政治工作的渗透力。文化具有渗透性强、影响持久以及生动形象直观等特点，将德育寓于社团文化之中，使德育更生动活泼，更具有吸引力，更容易为大学生所接受。

其二，以社团为载体，有利于突出当代大学生由人文型为主向科研型并重转变的趋势。最近几年来，大学生参加社团逐渐从纯粹的兴趣到现在的“兴趣+务实”转变。面对竞争激烈，快速发展的社会，他们的目光不再是单纯地希望在社团这个群体中丰富自己的生活，更希望能在社团活动中发展自我，完善自我，提高社会竞争力，体现了当代大学生的求实态度。

（二）高校社团在校园文化建设中的重要性

近年来，随着市场经济体制的建立和完善，高校体制改革和素质教育的不断深入，大学生的学习、生活方式出现了许多新变化，传统的思想教育管理模式遭遇挑战，学生社团对大学生的影响力、吸引力正在逐渐增大。

1. 学生社团是学生实现自我和成长成才的需要

学生社团作为高校教育教学的补充和延伸，因为其专业的交叉性、活动的实践性、组织的社会性而具有实践和教育功能，能有效提高大学生的综合素质，也调动了大学生的主动性积极性。加强社团建设，有利于大学生开阔视野、增长知识、培养能力、陶冶情操。

2. 学生社团是传承和培育校园文化的客观要求

丰富多彩的社团活动给校园文化建设带来了生机和活力，促进了校园文化多渠道、多层次、高质量的发展。实践证明，学生社团建设是否具有创新识，作用发挥是否正常，对校园文化的建设均会产生重要影响。因此，不断加强社团建设，充分发挥社团在校园文化建设中的作用，是传承和培育校园文化的必然选择。

3. 学生社团是进一步加强和改进学生思想政治教育的重要途径

新时期，大学生思想政治教育工作可以充分发挥学生社团的凝聚功能、思想教育功能，开展融思想性、知识性、趣味性于一体，寓教于乐的活动，把大学生共同的兴趣和积极性充分调动起来，增强思想政治工作的互动性，引导大学生在自我参与、自我思考中达到自我教育的目的，发挥社团潜移默化的作用，从而增强思想政治工作的针对性和有效性。

4. 学生社团可以有效地推动大学生素质拓展计划的实施

学生社团以其具有的群众性、民主性、多样性、实践性等特点，吸引着广大青年学生，已成为大学生课外科技文化生活的重要形式，是拓展大学生综合素质的重要阵地。当前，要进一步提高对学生社团工作重要性的认识，坚持学生社团建设的方向，把握学生社团的发展规律，不断推动学生社团建设创新，使素质拓展计划落实到具体社团活动之中。

（三）高校社团对当代大学生的积极作用

1. 为学生提供参加社会实践锻炼的机会和途径

社团的组织工作或社团的日常活动从不同角度和不同方面为大学生提供了丰富的锻炼机会，让大学生有机会将所学的知识运用到实践上，学会为人处世，搞好人际关系，通过外界的刺激及选择的作用逐步提高其各方面素质，激发大学生的热情和积极向上的精神。

2. 有助于陶冶情操，培养大学生广泛的兴趣和爱好

人文素质的提高，不仅需要课堂教学、实践活动等多方面的学习锻炼，还有一个很重要的因素，就是“大气候”的影响，也就是一个良好的校园氛围。高校学生社团丰富多彩、形式活泼、普及面大、自我特色较浓，能营造

一个良好的氛围，感染、熏陶、引导甚至重新塑造一个有扎实的基础知识、有较强的实践能力、有探索创新精神、有崇高审美情趣的21世纪人才群体。

3. 有助于大学生实现自我设计

社团的自主性强，社团成员的素质差异大，使高校学生社团能充分发挥社团成员的兴趣爱好。而且为寻求个人以及社团的可持续发展，社团成员必须成功地完成自我设计、自我实现。他们从社会中寻求自我发展，把自我发展和社会发展、完善自我和完善社会结合起来，培养自主、自强意识和责任感，在同学之间的交往以及与社会的交往中，探讨提高自身素质的途径，并回报社会。

（四）构建高校品牌社团与社会的实践桥梁

1. 搭建社会实践平台

开展社会实践活动是大学生解决理论脱离实际、知识远离生活等问题的有效途径。社会实践活动超越书本知识学习的局限，以市场为导向，以企业为主体，是社团实施可持续发展战略的基础和途径。通过社会实践基地的训练，品牌社团依据社会需求进行活动调整，既有利于培养学生的职业能力，更使学生接受到政治教育、道德教育、企业文化教育等专业以外其他方面的学习与熏陶，使其综合素质得到提高，全面提升学生就业的竞争力。同时，学生品牌社团活动也得以稳定持续的发展，缓解了指导教师、活动场地、经费不足的问题。

2. 让高校品牌社团面向社会，构建人脉网络

高校品牌社团在社会实践中经历校园内向校园外的发展、成员自我磨砺走向对外拓展，实现人脉关系的扩张、资金基础的积累，为承接项目、企业内创业、个人创业、团队创业等打下良好的基础。同时，社团成员在创业后，社团可以成为其挑选人才和合作伙伴的基地，带动社团活动的进一步发展。专业社团通过实践活动，完成的原始积累，不仅可以解决社团活动的资金问题，还可以走出社团向实体的转型的成功道路。

3. 从高校品牌社团中积累自主创业资本经验

创业是一个系统工程，它要求创业者在企业定位、战略策划、产权关系、市场营销、生产组织、团队组建、财务体系等领域有一定的知识积累，它对

个人在各种工作领域激发创造力和创新能力至关重要。因此，创业能力的养成不仅要求人具有广博的科学文化知识，还需要一个人在某一领域具有独到的见解、深入的研究和长期的实践。高校学生社团组织成立的重要因素是，成员具有相同的兴趣、爱好、特长、理想、志向，这就决定了学生社团活动培养人才的鲜明性与特色性。社团成员对某一领域的兴趣因社团活动更加牢固，其特长也会因社团活动得到进一步的培养和提高。通过发挥社团在培养专业人才方面的优势，深入挖掘、培养专项人才，提升学生自主创业能力，为实施创业创造提供机会。

社团兴，有利于大学生个性的发展和综合素质的提高；社团衰，则不利于大学生的健康成长。高校学生社团组织作为大学生共同兴趣所在，在构建校园文化和今后自身发展方面都越来越彰显出它存在的重要性与必要性。因此，当代高校应重视学生社团工作，谋划学生社团工作，加强社团管理，支持学生社团发展，让各级各类高校学生社团真正走上健康、规范、有序、有效的正常发展之路。

三、高校学生社团赖以生存和发展的成因与动力分析

（一）高校学生社团的产生

高校学生社团是在共青团组织领导下，由志趣和爱好相同的学生自愿组织起来的具有固定名称和活动范围的学生群体组织。它以学生的“兴趣爱好”为基础，以“能力锻炼、学习提高”为目的，以“活动”为纽带，可以打破专业学科和年级的界限，正日益成为学生课堂、寝室之外的重要活动空间。其宗旨是把学生组织起来，有领导、有计划、有成效地开展课外活动，以扩大学生的知识面，丰富课外生活，培养广泛的爱好与志趣，锻炼组织活动能力，提高学生综合素质，为学生成才创造良好条件，促进校园文化建设。

2005年1月13日，共青团中央、教育部联合出台了《关于加强和改进大学生社团工作的意见》。该意见指出，高校学生社团活动是实施素质教育的重要途径和有效方式，在加强校园文化建设、提高学生综合素质、引导学生适应社会、促进学生成才就业等方面发挥着重要作用，是新形势下有效凝聚学生、开展思想政治教育的重要组织动员方式，是以班级年级为主开展学生思想政治教育的重要补充。随着社会发展、科技进步和教育改革的不断深入，高校学生社团在高校的发展中、在校园文化建设中的地位越来越重要。

高校社团是大学生在志趣相投的基础上自愿组成的，能代表和反映广大会员意愿和利益的社会团体。它既是同学们发现自我、展现自我、超越自我的舞台，也是大学生提高自身综合素质，增强社会实践能力，为丰富大学生活、为将来走进社会打好基础的前沿阵地。大学生社团的健康发展，有利于丰富校园文化，有利于学生第二课堂的拓展，有利于正确引导学生培养良好的兴趣爱好和社会责任感，理应受到学校领导和社会各界的大力支持和高度重视。

（二）高校学生社团的发展

高校学生社团是学生自发组织的群众性团体，是创新能力培养、实践能力培养、兴趣爱好培养的广阔舞台。近年来，高校学生社团发展迅速，除了自发性、群众性、广泛性等传统特点外，在新时期又呈现出一些新的特点。

1. 学生社团组织呈多样性和规模化发展

目前，学生社团多样性发展，社团种类越来越丰富。理论研究类、文体活动类、科技创新类、志愿服务类、心理健康类、语言学习类等，可谓种类繁多，分类精细，活动形式多样纷呈，活动内容丰富多彩。学生社团规模化发展，会员人数众多的大规模社团的比例提高。从以往二十几人的小社团成长为超过五百人的大型社团，社团规模的发展壮大，为社团活动品质的提高，社团管理制度的更新，社团影响力的扩大奠定了基础，创造了条件。学生社团专业化水平的不断提高，专业教师参与活动的指导和各大高校对社团建设的投入逐渐加大，每个社团至少有一名专业教师作为指导教师，参与社团活动，对社团的活动进行专业上的指导，且校团委在活动经费上给予大力支持。

2. 学生社团管理的规范化有所提高

当今学生社团种类多、人数多、活动多，为了加强社团管理和规范运行机制，每个社团都制定了自己独立的社团章程，学校团委也成立了专门的社团联合会，对社团进行宏观的管理和协调，基本保证了社团活动的顺利开展。

3. 学生社团的社会化程度不断提高

社团不断走出校园，不仅在社会上开展公益性活动，而且与企业加强联系，利用自身的智力和专业优势支持企业发展；同时得到企业的经济资助，从而扩大了社团在社会上的影响力，提高了社团的社会地位。

（三）高校学生社团存在的分析

1. 学生社团成为学生管理工作中思想政治教育的重要阵地

高校学生社团拓展了学生管理工作思想政治教育的覆盖面。随着社会的发展和高校社会化的进程，高校中原有的班级和年级界限被逐渐淡化，不同层次的学生依据相同的兴趣和爱好融合在一起，这就为大学生思想政治教育开辟了新的途径。在学生管理教育中，可以根据学生的不同特点，分层次进行政治理论教育、思想道德教育、科学文化教育和心理健康教育，将思想政治工作融入到学生的成长成才过程中，提高广大学生思想政治觉悟、科学文化水平和心理健康素质，充分发挥社团组织的教育引导作用，不断拓宽思想政治教育的覆盖面。

高校学生社团增强了学生管理工作思想政治教育的吸引力和感染力。高校传统的思想政治教育局限在第一课堂教学，以“两课”教师为核心、以教室为主阵地、以说教灌输为主要方式，形成了学生管理工作思想政治教育的枯燥、乏味的缺憾。而高校学生社团能够充分发挥“自我服务、自我教育、自我管理”的学生主动性，灵活的开展融思想性、知识性、趣味性于一体的活动，把学生共同的兴趣和积极性调动起来，增强大学生思想政治教育的吸引力和感染力。高校学生社团使学生管理工作在思想政治教育中更有针对性和实效性。当前，随着大学生的个性张扬的变化，呈现出的需求具有多样性、多变性的特点，如果单靠学校组织的集体活动是无法满足学生多种需求的。高校学生社团利用其自身的优势，通过大量的、灵活的、多方面的活动，使社团成员在活动中思维活跃，发挥特长，能够把真实的自我表现出来，成为了解大学生思想状况的重要而真实的途径，有利于准确把握学生的思想动态和脉搏，调整工作思路，深入细致地做好思想政治教育工作，使工作更加贴近学生生活和实际，对大学生思想政治教育更有针对性和实效性。

2. 高校学生社团成为学生管理工作的新载体。

校园文化建设是学校实施素质教育和精神文明建设的重要组成部分，是学生成长成才的内在需要，更是推进学校学生管理工作的重要载体。在学生管理工作中，学生社团作为广大学生中以共同的兴趣或自身需要为基础而自愿组成的群众性组织，开展的各种各样的社团活动，很大程度上满足了学生的需要，已经成为学生管理工作的新载体。学生社团拓宽了学生管理工作的育人途径。在高等学校体制改革的背景下，每个学生有更多的时间和范围选择自己的去向，或做自己喜欢的事，学生社团极大地满足了他们的要求。尤其是在年级、专业、班级等方面不断弱化的过程中，最直接的、最经常的组织者就是学生社团。通过一系列的社团活动，社团成员们不但使自己的专长或能力得到发展，更重要的是将爱国主义、集体主义与社团活动的开展融为一体，变枯燥的思想政治教育为寓教于乐。

学生社团丰富了学生管理工作的活动领域。高校学生社团一般以讲座、沙龙、竞赛、参观访问、表演、社区服务、理论探讨等丰富的活动形式，吸引广大同学的参与。广大同学也可以根据自己的兴趣爱好和特长及专业特点等选择参加。同时，也可以通过举办各种专业性的学术报告会、座谈会、研讨会等，积极影响和激发学生科研学术兴趣。这些对学生的正确引导和积极影响，其重要意义超过了活动本身，而是扩展到了学生管理工作的不同领域。学生社团充分发挥了学生的主体能动性。学生社团活动的实践证明，众多种类繁多的学生社团不仅丰富了学生的课余生活，更加发挥了学生的主体能动性。学生社团成员的众多和自发、自愿的参与原则也体现了广大同学的利益需求，几乎每位同学都能在他喜欢的社团中找到自己的位置，并在这个宽大的舞台上展示自己、锻炼自己。这就使在学生管理工作中由过去的被动管理变为自我管理，充分发挥了学生的主观能动性。当前，学生社团已逐步成为校园学生管理工作的独特载体，在这种模式中，学生本身既是管理者，又是被管理者，学生在这种角色转换中大大提高了自我管理的积极性，特别是增强了学生的自我约束、自我管制能力，既“学到了知识”，又“学会了做人”。

以上是对高校社团各方面的分析，试图找到有利于社团建设的方法，但仍对一些影响因素有所忽视。例如，社团中性别因素对社团管理的影响，等等。本书通过一个崭新的视角，即社会性别视角对高校学生社团进行分析，以更全面地了解社团，促进社团建设。随着高等教育大众化时期的到来和高校教育教学改革的不断深入，高校学生社团作为大学生“自我教育、自我管理、自我服务”的群众组织，作为第二课堂的重要组成部分，越来越成为大学生培养综合素质、创新精神、展示自我的平台，并随着高校学生事务管理的进一步完善和发展，以学生的学习和发展服务为根本宗旨的社团管理必将给高校学生社团发展带来强大的生命力。

四、高校学生社团管理、评价、激励体系的构建

高校学生社团是高校文化生活的生力军，是高校素质教育的重要组成部

分。加强对学生社团的制度建设是实现校园文化建设、实现素质教育的重要保证。高校团委应针对社团管理成立专门组织，以社团管理中心的形式进行管理。社团管理中心设置主任和办公室两部门，各社团负责人为社团管理中心理事。社团管理中心负责制定社团管理规定和对各社团日常工作的考核，负责协调各社团活动场地以及社团活动经费的管理。

社团管理制度是各社团主动、积极、有序地开展好社团活动的重要保证，从社团的组织管理、经费管理、社员的权利和义务、社团负责人的管理、社团的奖惩方面详细的规定。从一个社团的诞生到社团的日常活动都有明细的要求。

各学生社团内部管理制度要健全。社团内部要加强管理，学生社团活动能够有同学参与其中，而且有部分同学热衷于社团活动，很大原因是因为社员对于自己所加入的组织的热爱，对自己所学专业以外的社团活动方向的热爱。但是有时候由于过分执着和投入，使社团管理难度加大，以致个别学生荒废学业。所以各个社团自身的管理必不可少，更需要完善的制度来规范自身的管理。在各个社团成立之初必须制定完善的“社团章程”。平时活动也有相应的考勤制度，经费管理制度、活动纪律等纪律相约束，使社团活动能够按章办事，有据可依。这样不仅给社团的管理带来很大的便利，也为社团成员约束自己的行为提出了一定的要求。

（一）社团工作中要注意的问题

1. 注重提升社团活动层次，将社团文化建设引向深入

丰富多彩的社团表层活动具有易于组织、吸引力强的特点，它是把社团文化建设引向深入必不可少的环节，也是学生社团在素质教育过程中发挥作用的常规方式，应常抓不懈。但活动中应避免“为活动办活动”的技工性特点及短期行为，要在理性上下工夫，注重活动的质量和效果，要帮助社团建立一套具有社团自身特点的活动机制，使社团活动制度化、经常化，让同学在活动中不断受到潜移默化的熏陶启迪，从而进一步提升自身素质。

2. 充分尊重社团的自主性

在工作中，要注意把社团管理和尊重社团的自主性两者有机结合，尊重社团的自主性是社团管理工作的基本前提。在管理工作中，可以建立学生社团联合会行使管理职能，实现社团的自我管理、自我服务和自我发展。在管理方式上，更多地应采取鼓励、引导、激励等方式促使社团进一步发展，人

为地干涉社团内部事务，往往会适得其反。

3. 广泛借助社会力量开展工作

走社会化的道路的社团不应当是封闭的，就学校而言，所能为社团提供的支持与方便是有限的，只凭自己的力量是不够的，必须借助社会力量，诸如学校间的联合、与企业合作、各界人物等。这一方面可以保证社团活动的顺利开展；另一方面通过广泛合作，可以增加学生与社会的接触，增进对社会的了解和认识。

4. 重视社团的总结和考核工作

素质教育条件下的学生社团工作是一项长期性的工作，它需要我们不断摸索，找出一条适合自身特点的发展路子。通过对社团工作的总结可以积累好的工作经验，为进一步开展工作打下基础，更好地为素质教育服务。同时，通过对社团的考核，对发展得好的社团予以肯定并作为示范群体建设，推广其工作经验，这对其他社团的发展亦会有所帮助。高校学生社团作为高校的一个特殊学生组织，它在繁荣校园文化，丰富学生课余生活，提高学生个人能力方面等都起着重要。

（二）社团面临的问题和对策

但同时我们也注意到，虽然高校社团的学生参与性极强，内容丰富、形式多样，且具有组织动态性、参与自主性、规范自律性和成效辐射性等优点，在其发展过程中也存在职能单一、组织不严、纪律性差等问题（赵祥刚、梁志，2006），这也导致社团的“信任问题”成为当前高校社团发展过程中的一大突出问题（周国桥，2007）。对广大同学来说，学生社团活动的广度和深度不够，缺乏吸引力和影响力（王占军，2006）。学生社团活动的形式主义严重，活动的内容和形式缺乏创意，活动成效极其有限，社员的积极性没有得到很好的调动，社团活动的受众群体的面不大。社团自身制度建设不完善，社团加强自身建设的意识不够，缺乏创新意识，竞争机制不强（周国桥，2007），这一现象也阻碍了社团的发展。新学期开始时，社团积极纳新，同学凭借一腔热情积极参与，社团组织的活动也频繁，但是不久就可能会出现社员的积极性递减，活动减少甚至停办的现象，社团活动冷热不均，阶段性明显。一些优秀社团没有及时总结成功经验并形成资料和活动档案，新上任的社团干部就另起炉灶，重新摸索，导致社团发展严重受阻，没有形成可持续发展的局面。同时我们看到，学生社团的发展很不平衡。有些社团，凭借稳定的经费来源、良好的学校指导管理和相对规范的梯队建设，活动组织的规模大、效益高、影响力广泛。但是很多自发性社团面临诸多难题，骨干成员缺乏必要的能力结构，社员的积极性不高，而且活动得不到学校有关部门或老师的指导，近乎处于停滞状态，这不利于高校学生社团发展多样化的形成。

（三）社团的创新建设

有学者注意到，随着改革的不断深入，高校学生社团在管理模式上也经历了这样的变化（曹斌，2005）：被动管理向主动管理转型；策略管理向战略管理转型；行政化管理向学术化管理转型；封闭管理向开放管理转型。这些转型最终无疑都有利于社团发展，但现在的状况是，处于转型期间的社团存在混乱，社团类型越来越多，越来越杂，而管理者还没有能力将其很好的整合，甚至出现一盘散沙的情况。由此可见，改革的深入应在提高管理者自身能力和素质的基础上进行。

针对学生社团组织松散这一情况，为了加强社团凝聚力，有些学校出台了在学生社团建立团支部的政策。由于学生社团固有的特征：自发性、自由性、松散性、情感性、不稳定性。为了克服这些特征的缺陷，促进和谐校园的建设，在学生社团建立团支部是必要的。然而，这看似无懈可击的政策在实施时可能会遇到难以克服的困难。决定在学生社团建立团支部是因为有一个很好的先例，即在班级建立团支部取得了很好的效果，增强了班级凝聚力，促进了班级团结，所以社团也对此加以借鉴，但必须注意到以下几方面的问题：

首先，班级本身就是一个较为团结，人员固定，具有稳定性的团体，团支部的建立使班级在团结的基础上更加团结，而这些恰好是学生社团所不具备的，即学生社团缺少团结的基础。

其次，因为每个班级都有团支部，可以说在校的每一个大学生都身处在一个固定的团支部，即使在学生社团中建立团支部，可能对于他们来说也是多余的，毕竟他们更多的是对班级有归属感。

最后，班级团支部定期开展团组织生活会，每个班级成员必须参加，即使有特殊理由不参加也要履行请假程序，否则会有一定的处罚，这种处罚会危及个人的利益。我们试想，如果学生社团组织举办团组织生活会，社团会员们会什么样的态度来对待，可能很多人对班级例行的团组织生活会都觉得毫无兴趣，认为可有可无，对社团的团组织生活会就更不用说了，而且现在社团还没有被赋予可以给不到会者以处罚的权利，即使有，在学生社团这种松散的氛围下，这种权利也会让人反感。

可见，在学生社团建立团支部的想法虽好，但可行性不强，需要社团自身在发展到一定程度上才能实行。

（四）结论

结合自身特点，寻求社会相关各界的指导和支持如文学社，他就可以与各级文联、作协、校外文学社等加强联系，也可以与各地的传播媒体保持良好的关系；环保协会也可以与环保单位联系等。如果高校学生社团与社会各界能够保持一致，这将为学生社团走向社会提供了可能。利用滋生资源优势，寻求社会商家支持作为一个现实，高校学生社团的经费非常紧张，它也是限制社团发展的一个重要原因。经费问题一直是许多学生社团期望得以解决的问题。而作为市场经济的现代社会，为解决这个问题提供了支持。在这一点上，许多名牌学校的学生社团已经走在了前面。如文学社可以为商家提供广告语策划、起草文件等服务，也可以利用自身的刊物为其做出一定服务。利用现代传媒的作用，把社团推向更广阔的现代社会，网络发展迅速，为社团的进一步走出去提供了条件。各社团可以制作自己的网页，也可以通过网络进一步与外界保持联系。

五、试析高校学生自组织群网络社团的管理

随着我国科学技术的进步和网络技术的飞速发展，大学校园里涌现出许多新兴大学生自组织群网络社团，它正以迅猛的速度发展壮大。大学生群网络社团的飞速发展对大学生的价值理念、思维模式、行为规范、政治倾向、个性心理都产生了深刻而广泛的影响。如何应对大学生群网络社团发展给高校德育工作带来的新机遇和新挑战，成为新时期加强和改进德育工作的重大课题。

（一）高校学生自组织群网络社团的研究背景

高校学生自组织群网络社团是指大学生中具有相似兴趣或目的基于腾讯网络空间建立的，旨在满足自身需要和共谋发展的自组织群体。

1. 高校学生自组织群网络社团的现状

当前，高校学生中具有普遍参与自组织群网络社团的趋势。课题组在昭

通师范高等专科学校校园网上进行了加入群网络社团学生的调查，调查结果显示：参与这次调查的在校大学生共有 2 600 人，其中有一个主题 QQ 群的学生人数为 2 300 人，占 88%。有两个主题 QQ 群的学生为 1 800，占 69%，有三个以上主题 QQ 群的学生为 1 500 人，占 57%。5%的学生天天使用 QQ 群，45%的学生经常使用 QQ 群，30%的学生偶尔使用 QQ 群。由此可见，群网络社团已经成为大学生生活、学习、交流、娱乐的重要组织平台，对大学生的价值理念、思维模式、行为规范、个性心理、政治倾向都产生了广泛而深刻的影响。因此，必须加强对大学生群网络社团的研究，积极探索对大学生群网络社团引导和管理的对策。

随着网络技术的迅猛发展，腾讯公司推出了多人交流服务的 QQ 群，从而为 QQ 用户中拥有相似兴趣或目的小群体建立的一个多方即时交流通讯平台。QQ 群信息交流通讯功能的实现，改变了大学生的网络生活方式，客观上丰富了大学生网络社团的多样性。由于高校学生自组织群网络社团是源于学生的成就需要、就业需要、自尊需要、情感需要、交往需要等而兴起的网络信息交流平台，致使目前高校学生自组织群网络社团的主要类型有：考试类、求职类、学习类、班级类和情感类等。

高校后勤社会化管理后，学生公寓的安排已经没有班级的概念，加之实行学分制教室的流动使用，班级也没有固定的教室。基于此，大学生纷纷在 QQ 网络上建立以班级为主题内容的自组织群网络社团。他们交流的内容以学习、生活、考试等为主，话题内容比较广泛。

随着高校的扩招，大学生的人数不断增加，就业形势越来越严峻，为了在严峻的就业形势下成功就业，大学生充分利用网络信息的开放性、及时性和互动性等特征，在 QQ 网络上建立以就业为主题的自组织群网络社团，大学生在群社团中分享找工作的经验，讨论招聘信息，交流面试技巧等。

青年期的大学生，为了在更广阔的空间结识异性朋友，他们充分利用网络的开放性和跨时空性，在 QQ 网络上建立了以情感为主题的自组织群网络社团。大学生在群网络社团中以增加感情、组织锻炼、谈论两性、结交异性朋友、参加聚会等为交流话题，充分利用群网络的跨时空性和隐秘性在群网络社团中和同辈青年展开无拘无束的相互交流。

2. 高校学生自组织群网络社团的特点

第一，高拥有量和广信息覆盖面。

由于高校自组织群网络社团属于非正式群体，因而具有青年性、自发性和民主性的组织特点，从而非常适合青年的身心特征和需要，大学生加入该组织不存在严格的层阶划分，自由和平等精神可以充分体现，群网络社团给予每个成员无与伦比的言论自由和最少的限制。非正式群体组织的特性激发了大学生广泛的参与热情。学生加入群网络社团的积极性空前高涨，使每个学生都拥有几个主题不相同的自组织群网络社团，不同主题的自组织群网络社团成员之间交叉重叠，构成了一个数量巨大的群网络信息资源网，使信息跨空间覆盖到不同类型群社团的每个成员。

第二，组织发动成员具有迅速、广泛和隐密性。

大学生群网络社团信息覆盖广和传播迅速的特点，决定了其发动成员迅速广泛。传统的动员方式使学校的管理者能及时掌握学生的发展动态和组织者的情况。现代网络化的组织动员具有隐秘性和非直观性的特点，网络化组织动员行为是以无形介质虚拟网络名进行动员，组织活动证据存在于电磁介质如程序、数据硬盘等中，很容易被更改和删除，加之组织活动能跨空间进行，使在网络上的任何一台计算机都能成为组织活动信息发布的源头和接收终端，从而使信息发布者有很强的隐密性。

第三，信息交流成本低和传播快捷。

大学生自组织群网络社团和高校中的众多实体学生社团相比，具有信息传播迅速、沟通方便和交流成本低的特点。目前高校的实体社团数量不少，但组织开展活动的并不多，导致在学生中的影响力不强，其中最根本的原因在于学生在社团活动中交流的时间成本和费用都太高。组织一个活动要进行广告宣传，电话通知，使用场地发生的费用，因而实体社团花费的成本较高。大学生群网络社团基于的是网络平台开展活动，相对来说，花费的成本就非常低。

第四，组织成员管理和引导难度大

大学生自组织群网络社团的隐密性特征，致使监督和管理难度加大。高校中的实体社团需要向指定的主管部门申请，制定规章制度，经过主管部门批准才能成立。大学生自组织群网络社团基本上是一种自发性的以虚拟网名注册的非正式群体，因而管理难度大。自组织群网络社团成员复杂，导致引导难度大，由于每所高校的校园文化的独特性，客观上决定了社团成员的素质有所不同。异质性程度较高的成员聚集到一起，增加了教育引导的难度。

（二）高校学生自组织群网络社团对高校德育工作的影响

1. 高校学生自组织群网络社团对高校德育工作的积极影响

第一，大学生自组织群网络社团增添了高校德育工作的载体。高校德育工作可以利用自组织群网络社团提高思想教育的覆盖面和渗透力。高校德育教育可以充分利用这一载体创建各种有吸引力和符合时代主流的精品型大学生群网络社团，主动占领德育教育新阵地。

第二，大学生自组织群网络社团促进了大学生的社会化进程，丰富了大学生的需要。它以其自由性、隐秘性、低成本性等特点，丰富和满足了高校学生的学习、情感、交往，就业、成功、自尊等需要。自组织群网络社团成为学生获得社会信息，沟通与社会联系的重要渠道，丰富学生的社会生活，促进了学生社会关系的扩大和社会化进程。

第三，自组织群网络社团的开放和自由性，开阔了大学生的眼界，为大学生拓展了更为丰富、更为广阔的思想空间。大学生自组织群网络社团以其所特有的自由性和青年性在素质教育和创新教育发挥着举足轻重的作用，弥补了传统教育的不足。

2. 大学生自组织群网络社团对高校德育工作的消极影响

第一，大学生自组织群网络社团成员的复杂性、虚拟性、异质性增加了高校德育工作引导的难度。自组织群网络社团聚集了大量的大学生成员，其实也就是把大学生对社会问题反应快、易偏激的特点高度凝聚化在群网络社团里，当某种错误思想或舆论在各自组织群网络社团中进行流传和诱导，受到从众心理和集体规范的压力，甚至出现大量学生参与对抗社会的行为。

第二，大学生自组织群网络社团自发性、隐密性的存在，致使学校德育教育主体难以发现群网络社团的存在，无法预测自组织群网络社团对群成员的影响，从而也就难以有效控制和利用网络社团开展德育教育工作。当前，在大学校园的自组织群网络社团事实上游离于学校思想政治教育的辐射面外。这种在辐射之外的自组织群网络社团对和谐校园构成了一种潜在的隐患。

第三，缺乏专职部门的有效管理和监督，使大学生自组织群网络社团脱离于高校德育工作者监督和引导的范围。一些消极的自组织群网络社团就会在网络空间大肆开展非法的活动，甚至延伸到网下。一些在现实校园没有活动空间的消极社团也纷纷把阵地转移到隐密性强的自组织群网络空间。

（三）加强大学生自组织群网络社团管理的基本对策

大学生自组织群网络社团在学生中的影响迅速扩大，它已经对学校传统的德育工作管理提出了挑战。面对迅速发展的新事物，高校德育工作应努力寻求对大学生自组织群网络社团引导、管理的新手段和新方法。

1. 构建虚拟自组织群网络社团和实体社团相融合的管理办法

开展“网络进社团”“社团进网络”建设是校园社团发展的必然结果，也是高校德育教育的必然要求。要充分发挥实体社团和虚拟社团各自的优势，把校园实体社团和大学生自组织群网络社团相互融合，做到实体中有虚拟，虚拟中有实体，形成实体社团网络化，网络社团实体化。最终把高校实体社团和虚拟社团融合成一个统一社团纳入校园文化建设和管理之中。在虚拟网络社团中引入实体网络的管理办法。如构建大学生群网络社团的登记制度，使大学生群网络社团成员的网名和校园实体社团成员名称保持一致。在经费支持、评选、考核方面，形成实体社团和虚拟网络社团统一一致的待遇。逐步形成校园实体社团和虚拟网络社团发挥各自优势相互促进的局面。高校要积极打造符合时代主流的精品大学生自组织群网络社团，使它成为带动和影响校园小型自组织群网络社团健康发展的引擎。

2. 在大学生自组织群网络社团中引入社团教学模式进行建设，促进大学生自组织群网络社团规范化建设

通过学分制在大学生自组织群网络社团中的引入，根据大学生自组织群网络社团各自的特点，有针对性地开设精品网络教学课程，形成理论教学和课外实践相结合的社团教学模式，使大学生自组织群网络社团摆脱传统模式下的无序性和松散性，通过一定教学制度、教学规范和教学成果评价机制规范群网络社团网络教学课程的开设，实现大学生自组织群网络社团建设学术性、文化品位性、科研性的提高。

3. 以大学生自组织群网络社团导师制指导模式，提高社团的层次和水平

由于自组织群网络社团成员素质的差异性，导致异质性成员聚集在自组织群网络社团中，加大了指导的难度。为了提高自组织群网络社团活动的影响力，促进自组织群网络社团的健康发展，学校应建立相关机制和部门专门聘请熟悉现代信息技术，有专长的教师担任自组织群网络社团的指导教师或顾问。导师通过加入校园主流自组织群网络社团这一平台，不仅要在学生学习方面给予指导，而且还要在生活、修养、成长成才方面给予指导，是自组织群网络社团成员全方位的导师，在自组织群网络社团活动中扮演着非常重要的角色，因此要求这些导师在学术上有造诣、在人格上有魅力、在教育上有敬业精神。目前，培养和选派好指导教师成为自组织群网络社团上层次的关键因素。

总之，大学生自组织群网络社团随着网络技术高速发展之势迅猛增加，是大学实体社团与信息网络相结合的产物，大学生自组织群网络社团拓展了校园实体社团的空间和平台，赋予了实体社团新的活力和生机。因此，研究和建设大学生自组织群网络社团对高校德育教育具有现实的积极意义。

六、地州高校学生社团的发展困境及对策初探

高校学生社团一般是指在校大学生基于共同的兴趣、爱好、特长等因素自发组成的学生群众组织，是大学生增长知识、培养能力、展现才华的重要园地，也是学生思想政治教育工作和校园文化建设的重要组成部分。它的覆盖面广，辐射力强，发展迅速，影响力大。参加学生社团，是培养大学生兴趣爱好，扩大求知领域，提高实践能力的重要方式，也是大学生全面发展的一个重要途径。因此，进一步加强和改进学生社团建设，是高校亟须解决的一个重要课题。

（一）高校学生社团的发展现状及主要特征

从总体上看，高校学生社团呈现出良好的发展态势。根据本校学生社团的发展状况，可以总结出以下几个主要特征：

1. 从社团的类型来看，呈现出多元化特征

我校学生社团大致可以分为四大类型。一是理论学习型，如邓小平理论研究社；二是学术科技型，如晨曦创业者协会；三是文艺体育型，如野草文学社、搏击协会；四是公益服务型，如青年志愿者协会、爱心社等。通过问卷调查，本校参加社团的学生中，选择兴趣爱好的占 58.92%，选择文学艺术的占 20.22%，选择学术科技的占 18.49%，选择志愿服务的占 16.99%，选择理论学习的占 3.44%。

2. 从社团的活动形式来看，呈现出灵活性特征

社团活动形式灵活多样，不受时间和地点限制，社团活动既可以定期举行，也可以不定期举行，可以在本系、本校内开展活动，也可以申请走向社会组织活动。而且学生社团组织机构相对比较松散，对成员没有强制的约束力，社团活动方式比较开放。

3. 从社团的性质来看，呈现出向需求型转变趋势

近年来，大学生成立或者参加社团，逐渐从纯粹的兴趣追求到现在的兴趣加需求转变，如本校成立的晨曦创业者协会等，他们参加社团活动的目的不再是单单希望满足自己的兴趣，更希望通过社团活动完善知识结构、提高就业创业技能。

4. 从社团的运作方式看，呈现出社会化趋势

近年来，由于社团活动经费的不足，部分学生社团开始走出校园，积极与一些企业联系合作。学生社团利用自身的特长优势，为一些企业做宣传和促销活动，同时获得企业经费的赞助和支持。实践证明，学生社团走出校园，充分挖掘和整合社会资源，不仅是学生社会化的需要，同时也是锻炼学生能力的一种重要手段。

（二）高校学生社团的发展困境及成因分析

学生社团在发展的过程中，也存在发展不平衡、不协调和活动质量不高等困境，主要表现在以下三方面：

1. 学生社团结构不合理，呈现出“四多四少”现象

一是社团成立的多，坚持活动的少。有些社团成立后活动并不多，甚至根本就没有什么活动，属于审批型社团。

二是娱乐性社团多，学术性社团少。学生社团热衷于娱乐性，对学术性、政治性的问题较为淡漠，结合专业知识进行研究和探讨活动的社团活动少。

三是追求“轰动”效应的多，考虑长期发展的少。学生成立社团的动机有多种，多数社团喜欢追求“轰动”效应，铺天盖地贴海报、做宣传，没有把主要精力放在思考社团的长期发展和活动上。

四是自发性的社团多，指导性的社团少。学生社团虽然都有指导教师，但往往也是名存实亡，多数社团活动无指导教师参与指导。

2. 学生社团可信度降低，凝聚力和吸引力不强

社团在发展过程中也存在组织不严、纪律性差，甚至是挂羊头卖狗肉等问题，导致学生对社团不感兴趣，致使其可信度降低。新生入学时，社团招兵买马，许多新生出于好奇或兴趣积极参与，社团活动的频率也比较高，但是不久便出现了社员的积极性递减，活动减少甚至停办的现象。社团活动阶

段性明显，社员满意度不高。社团的“信任问题”也成为当前高校社团发展过程中的一大突出问题。此外，学生社团活动的广度和深度不够，缺乏吸引力和影响力。

3. 学生社团活动质量不高，缺乏创新意识和竞争激励机制

学生社团活动的形式主义严重，活动的内容和形式缺乏创意，没有吸引力。社团活动质量不高，大多是几个负责人开开会，对社团活动缺乏总体设计，活动满足不了学生的兴趣和需求。社团自身制度建设不完善，缺乏竞争机制。社团活动没有评价标准，好坏一个样。特别是一些优秀社团没有及时总结成功经验并形成资料和活动档案，新上任的社团干部需要重新摸索，导致社团发展缓慢。

（三）高校学生社团走出发展困境的几点对策

社团建设关系到学生的成长成才，笔者认为，加强学生社团建设应坚持以需求为导向，制度为保障，项目为抓手的工作思路，重点做好三项工作。

1. 以需求建设为突破口，促进社团合理布局和全面协调发展

学生加入社团组织的原动力从根本上说就是为了满足自身成长发展的需求。大学生的需求具有多样性、多变性、多层次性的特点，学校通过统一的教学不可能很好地满足大学生发展的需要。学生社团可以通过大量的、多层次的、多方面的活动满足学生多样化的需求。因此，社团管理部门要增强主动性，分析学生的需求特点，做好社团的建设工作。一是围绕学生需求，构建不同类型的学生社团，体现学生社团的多元化和丰富化。如根据就业创业工作的需要，指导成立创业型社团；根据贫困生资助的需要，成立资助型互助社团；根据心理健康教育的需要，成立心理援助型社团，等等。二是合理引导学生需求，改善社团结构，促进学生社团合理布局。围绕学校育人主题，引导学生更多地参与公益型社团、学术科研型社团。围绕学生综合素质的提升，把社会需要和学生需求有机地结合起来，改善社团结构，促进社团协调发展。

2. 以制度建设为切入口，确保社团的良性运转和可持续发展

制度是带有根本性、全局性、基础性的规范，制度完善与否是社团成熟与否的重要标志。因此，要规范学生社团的运行并促进其持续发展，规章制度的建设尤为重要。概括地讲，应着力加强三个方面的制度建设。

（1）规范社团审批制度。学校要将学生社团的管理纳入学校学生教育管理的范畴，成立相应的管理机构，通过制定“学生社团管理办法”，规范学生社团的审批手续。学生社团成立时要提出书面申请，明确提出社团的宗旨、章程、活动内容、活动形式、场所、经费和负责人。学校主管部门要逐项审核，并根据学生需求和社团发展布局，履行审批手续。同时，学生社团内部也要制定相应的规章制度，规范社团内每个成员的权利和义务等。

（2）完善社团管理机制。一是要重视对社团活动的舆论引导和活动管理，社团活动不能放任自流。学校可以通过策划社团文化节、社团艺术节等综合型活动，明确活动主题，主动引导社团开展丰富多彩的文化科技活动。同时，要培养学生社团的自我管理职能，从社团活动的策划到活动的组织实施等都要由学生自己来完成，学校不能管得太多太死。二是推行社团管理导师制度。要充分发挥学生社团的育人功能，就必须建设一支优秀的专业导师队伍，逐步实现社团组织导师化。学校应该积极采取措施，从机制上鼓励有专长的优秀教师，特别是优秀青年教师担任学生社团的成长导师，要做到每一个学生社团都能够得到老师的悉心指导。

（3）健全社团评价体系。社团活动有多有少，质量有高有低。重视对社团的评价和激励，有利于社团健康成长，扩大社员参与面。一是完善社团的奖惩制度。如开展十佳社团评选活动等，对社团进行表彰和奖励。二是完善优秀学生社团干部的评优制度，将优秀社团骨干推荐为优秀团员和党的发展对象，和学生会干部一样，在评定奖学金时，同等条件下给予优先考虑。三是完善社团成员积极参与社团活动的机制。要把学生参加社团活动的外部需要和内部需要相结合，逐步将学生参加社团活动与学校实施的大学生素质拓展、就业创业等活动联系起来，最大限度地调动学生参与社团活动的积极性，把学生的满意度作为评价学生社团的重要标准。

3. 以项目建设为抓手，提高社团的活动质量和吸引力

目前，学生社团活动多，但活动内容缺乏深度和层次，没有创意，缺少深度。学校应根据实际情况，集中力量建设一批有特色、管理规范、在校园有较大影响和吸引力的精品社团。对此可以尝试推行社团管理项目化机制，即实行“好点子竞争上岗、重点扶持”的管理方案。所谓项目化，即项目化管理，是指以培养具有创新精神和实践能力的全面发展的青年人才为目的，在团组织的宏观指导和支持下，通过招投标制度进行立项，使校内外的人力、物力、信息、资金等多方面资源达到最优化配置的一种社团工作运行模式。

学校成立社团活动项目化管理委员会，负责对学生社团申报的项目进行审批，未经审批的活动一律不予支持。已经审批获准立项的活动则面向全校社团进行招投标，并在经费、场地等方面给予支持。通过招投标，引进竞争机制，有利于激活学生社团的内部活力和规范校园文化活动的秩序。同时，学生干部的组织策划能力也能得到很好的锻炼。实行项目化管理既在社团内部引入了竞争和激励机制，又使优秀活动得到了经费的保障，各社团成员的积极性和开拓性会随之大大提高，社团活动的层次和品位也会不断提升。

第六辑　高校构建服务型与成长型学生工作模式初探

一、新形势下高校学生管理工作面临的问题和对策

（一）新形势下高校学生管理面临的挑战

1. 经济转轨给高校学生管理带来的挑战

随着改革开放的纵深发展和市场经济体制逐步建立和完善，原来受单一计划经济影响的高等教育运行机制日益僵化，学生管理观念落后日益凸显，难以满足市场经济条件下高校发展的要求。市场经济的发展和高校扩招，使学生管理的内容与日俱增，高校学生管理面临一系列的转变。譬如，学生工作的部分管理职能正在向服务职能转变；大学生就业已由计划分配向自主择业转变；固定学制正在向弹性学制转变；经济困难学生的资助由原来的发放助学金、困难补助向助学贷款和勤工俭学转变等。这一系列转变都需要有新的、系统的学生管理理念和方式来保证实施，而目前与之相适应的机制和办法尚未完全形成。此外，随着改革开放的进一步扩大和经济转轨时期出现的矛盾，使高校学生管理工作置身于不断开放的环境中，直接面对来自国内外各种思想的严峻挑战，以及拜金主义、享乐主义、个人主义等腐朽的思想，使大学生的思想观念、价值取向趋于多元化，重知识轻信仰、重个人轻集体、重享乐轻奉献、重实惠轻敬业的倾向日渐突出，大学生思想活动独立性、选择性、差异性日益增强，原有的学生教育管理单一模式已无法达到预期的效果。因此，要增强学生工作的针对性和实效性，就必须改革原来的管理模式，建立起适应市场经济发展要求，以人为本的学生管理新体制。

2. 信息技术发展给高校学生管理带来的挑战

信息化的迅速发展使互联网对大学生学习、生活乃至思想观念有着重要

和深刻的影响。网络正极大地改变着大学生的生活方式、学习方式、思维方式甚至是语言方式。对学生工作而言，网络是一把双刃剑，一方面，学生管理工作面临着信息处理量不断增大、信息处理精度要求越来越细，管理人员的劳动强度越来越大，若继续沿用传统的手工作业手段从事学生管理，势必不能适应教育改革的需要。信息管理手段在学生管理工作中的应用主要体现在以计算技术为核心，以系统论、信息论、运筹学、统计学和通信技术为支撑，通过对学生信息的采集、分类、整理、传递、存储、加工、分析的使用，实现管理的自动化、决策的科学化。这一变革使高校的学生管理工作面临着信息化的挑战。另一方面，在网络普及的社会条件下，大学生能够借助网络比以往任何时候都更快捷地获取信息，而思想政治工作部门和有关干部教师在获取信息的渠道、时间、数量已不占明显优势。数量巨大的网络信息，在某种程度上已代替了德育和思想政治教育信息，严重影响了思想政治教育对学生的作用。网络的虚拟性、隐蔽性使得网络成为有害信息的滋生地和传播地。一部分人利用信息技术参与社会政治，一些虚假、不健康甚至反动的信息污染了学生思想教育的环境，使大学生难以判别和抵御，有的上当受骗，还有的沉溺于网上虚拟世界不能自拔，甚至走上违法犯罪的道路，以致产生严重的负面影响。

3. 社会转型给高校学生管理工作带来的挑战

随着经济全球化进程的加快，国内高校在与发达国家高等学校的交流中，教育体制、教育思想、教育方式、教育产业等都面临着新的机遇与挑战。在这种情况下，高校学生管理工作必然与世界先进高校学生管理工作接轨，带来管理理念和管理方式的变革。此外，全球一体化使文化交流渠道广泛，外来文化、外来观念带来的影响日渐增多，大学生在中外文化的交流碰撞中必定会遇到新的问题。如何在各种纷繁复杂的文化和思想观念中保持主流意识形态的影响，树立健康正确的文化心态，给高校管理工作提出了更高的要求。

4. 教学管理制度的改革给高校学生管理带来的挑战

当前，高校实施的学分制、主辅修制、弹性学制给高校学生管理带来了挑战。一是学生管理载体发生了变化。学生管理打破了学年制整齐划一的教学管理模式，学生专业班级观念淡化，形成了以课程为纽带的、多变的听课群，传统以班级为载体的管理模式发生了变化。二是学生管理工作的对象呈现出新特点，新的教学管理制度的实施为大学生提供了宽松的学习环境和较为广阔的展现自我的空间，学生的个体化倾向进一步增强，而集体观念、团队精神有所削弱。三是学生管理工作的内容发生变化。学分制、主辅修制、选修制、重修制、弹性学习年限、教考分离、学分银行、学分互认等新的教学管理制度对于学生管理工作者来说是个新课题，它的实施不仅改变了传统的学生工作日常管理制度，而且也使学生工作的内容显得更加的丰富和复杂。学生工作者在实施这些制度的时候，不仅要学习还要转变观念。四是学生管理工作手段的变化。传统的学生工作更多的是以激励机制、正面灌输、集中训导为主要手段，但实施新的教学管理制度后，每位学生都有自己选课的课程表，因而不可能再像以前那样在某一段时间内合在一起教育，而被分散的个体教育和咨询指导所取代。

5. 高校后勤社会化给学生管理工作带来的挑战

高校后勤社会化推进，给学生管理工作带来了新情况：一是随着高校后勤社会化改革的实施，学生的住宿及其生活方面逐步向社区化和社会化过度，大学出现生活社区化、成才环境社会化的新情况，大学的“围墙”几乎消失，“象牙塔”不再封闭，大学生们已经主动和被动的踏足社会，其课余生活逐渐与社会融合，学校在一定程度范围内减轻对学生的约束力。二是改革后的学生公寓按成本收费，实行物业化管理，大学生的学习、生活条件都得到改善，但原本作为培养大学生劳动观念、团队意识的重要阵地的宿舍的育人功能有所弱化。因此，目前单一的学生管理工作机制已无法面对和解决高校后勤社会化改革带来的各类新问题和挑战。

6. 大众化教育给高校学生管理工作带来的挑战

近年来，随着高校招生规模的扩大，高校学生人数将持续快速增加，与精英教育阶段相比，目前的生源质量相对来说有所下降，而且新时期的大学生绝大部分是独生子女，而独生子女又具有许多特殊的心理特点，这些都使原有的高校学生管理工作模式无法适应新时期高等教育大众化发展的趋势。此外，高等教育在迈向大众化的过程中，我国高等教育“市场化”或“社会化”表征正在日益凸现。在这种情况下，大学生教育和管理的环境及条件将发生根本性的变化，越来越多的“社会人”参与学生管理和服务。此时，代表学生利益，与“社会人”的协调与合作，成为学生管理工作的一个新课题。

7. 青年大学生的个性不断丰富给高校学生管理带来的挑战

在市场经济发展的驱动以及西方以个人为中心的价值观的影响下，我国社会意识形态发生了很大变化。当代大学生自我意识日益觉醒，价值取向逐渐呈现多元化，自我本位意识得到高扬，人的个性不断得到丰富和发展，个人的积极性和创造性也得到了发挥。但他们对人生的追求更加务实，把优越的社会经济条件和丰厚的物质利益回报作为人生的重要目标。这些学生大多性格活泼，崇尚独立，思维活跃，充满自信，好奇心强，勇于竞争、挑战，但同时也存在着过分张扬自我和追求个性的缺点，部分学生缺乏信仰、理想和集体观念，功利欲望强烈，逆反心理强，缺乏挫折锻炼。网络上的不良信息更是污染着与之接触的当代大学生的心灵。网瘾、非主流、暴力叛逆等刺激反应现象的出现，已经成为了一个越来越严重的社会问题。每年，各大学沉迷网络导致留级、休学、退学的学生不乏其人。个别学生甚至因盗窃、抢劫等行为而深陷囹圄。这些问题使高校的学生思想政治工作变得更加困难。

（二）高校学生管理工作的困境

1. 学生管理工作缺乏理论支撑

高校学生工作作为高等教育管理的重要组成部分，一直以来受到研究者的关注，但因缺乏理论支撑，各高校学生工作还不同程度地保留着“凭经验”“凭感觉”的传统做法，即学生工作的研究经验多、理论少、重思考、轻实证、多宏观政策研究、少微观心理研究；随意性大、稳定的专业研究少。这使高校学生管理工作的发展成了“无水之源”。在这种状况下，高校学生管理工作没有新的拓展无法有效发挥其应有的作用。

2. 学生管理工作定位不准确

目前，高校学生管理工作还保留着计划经济时期的某些痕迹，表现在过分强调学生管理工作的政治功能，认为学生工作者的主要职能是政治工作，具体就是做好学生的稳定与品德教育工作。虽然近些年来，人们已把促进人的全面发展作为学生管理工作的目标，但在现实工作中，在一些人眼中，学生管理工作队伍就是彻底的政治管理工作队伍。因此，学生一有问题，就指责学生管理工作者工作不力，学生管理工作者成为名副其实的“消防员”“救火者”。如果学生较长时间比较稳定，没有出现什么问题，学生管理工作者又可能被人慢慢淡忘，其存在的价值也会被人怀疑。对于学生管理工作存在的这些偏见，是计划经济体制下的人们观念的延续，在社会主义市场经济条件下，市场对人才的需求也不是“唯政治是用”，而是“唯德才是用”，高校的学生工作者也不应只是戴着一顶“政治工作者”的帽子。学生管理工作的对象更加多元化，学生管理工作需要具有科学性、艺术性，更需要管理工作者具有较高的综合素质，采用诸如课题研究式的方法和途径等来提高管理质量。

3. 学生管理工作内容体系缺乏科学性

学生管理工作理论研究的缺乏使学生管理工作者缺乏对教育规律和受教育对象的成长规律的准确把握，表现在学生管理工作内容体系的设计上，往往是从教育者自身的视角出发选择教育方法和教育内容，忽略受教育者的发展需要、兴趣爱好、个性特点、思想水平和接受能力，主观性强和随机性强，系统性、规范性、针对性较差。常常是我发文件你执行，我做活动你参加，没有很好地激发学生的主体意识，常常是千篇一律的规定和要求，忽略了不同学生在不同阶段的发展特点，常常因为一时一事的要求确定活动内容，忽略了学生成长成才的全面需要，常常是有内容而没有规范性和操作指导，导致组织水平不稳定，受具体实施者影响较大，因为前期计划性的缺乏，学生对活动预知程度不高，使活动受益面不宽，学生参与度不高等。这些问题的存在使“以学生为本，促进学生全面发展”的新理念难以充分体现并落到实处，学生工作的时效难以得到保证。

4. 学生管理工作队伍建设不规范

由于没有确立高校学生管理工作是一门科学的观念，许多高校在学生管理工作队伍的建设上存在着误区。在选拔上，更看中选拔者的政治素质、组织能力和日常表现，忽视其在学生管理工作相关方面的专业背景，似乎认为谁都可以不经培训就能上岗。有的学校即使开展培训也是采用师傅带徒弟式的经验传承方法，较少对相关理论进行讲授。在激励和评价方面，强调其政治性、事务性工作，因此更看重其工作热情和奉献精神，忽视其理论研究能力以及工作的实际水平和效果。这些情况导致学生管理工作者也不重视学生管理工作的学术研究，常常摸索着干，凭经验和凭感觉思考问题，处理工作。久而久之，这些学生工作者变成为一种经验型的干部，致使他们在高校里没有学术地位，得不到学术上的认可，他们自己也没有“术业有专攻”的荣誉感，难以把学生管理工作作为终身事业而长期全身心地投入。这样一来，容易使学生管理工作出现队伍不稳定，专业化不强，结构不合理，职责不明晰的局面，这样的队伍已完全不能适应形势发展的要求。

（三）新形势下高校学生管理工作的对策

1. 积极创新学生管理工作理念

（1）坚持以人为本的学生管理工作理念。以人为本，是科学发展观的核心，是以人的全面发展为目标，把关心人、发展人、满足人、完善人作为组织管理的主要目的。以人为本的管理理念通过对被管理群体共同价值观的培育，在其系统内部营造一种健康和谐的文化氛围，使全体被管理者的行为标准融入到系统中来，变被动的管理为主动的自我约束。高校学生管理工作的人本理念主要体现在“以人为本”的文化氛围的营造，学生工作者自我管理能力的提高，柔性管理方法的应用，学生自我管理能力的培养等方面。当学生从思想上认识到自己既是学生工作中的被管理者，又是管理者时，就会增强他们的自主能力，让他们学会为自己管好自己，自己对自己的行为负责，使自己的行为符合学校的相关规定。以人为本的管理理念对管理者的管理方法和理念提出了新的要求，高校学生工作管理者肩负着指引学生树立正确的世界观、人生观和价值观的重任。同时，学生管理工作者也是为学生学习、生活提供良好服务的人，他们有义务为学生排忧解难，为学生提供帮助。“服务育人”也是高校学生管理工作的一项重要工作任务，所以他们应该明白自己的角色和使命，树立“管理即服务”的观念，增强服务意识，提升服务技能，做到“管理育人”和“服务育人”相得益彰。

（2）树立文化管理的学生管理工作理念。传统的学生管理工作理念和方法已不能适应新形势下的学生管理工作，学生管理工作迫切需要一种科学理论的指导。文化管理是20世纪80年代兴起的一种管理思想，文化管理理论是把组织文化建设作为管理中心工作的管理模式，它重视文化在管理中的作用，因此以文化管理理论指导高校学生管理工作，在管理中注入文化元素，使学生管理工作更好地适应学生的特点和时代要求，有着重要的理论意义和现实意义。优秀文化具有凝聚力、约束力、激励作用。优秀文化的这些功能和作用都将极大地促进学生管理工作。第一，凝聚力。在学生管理中注入文化要素，可以产生凝聚力和向心力，将所有学生日常行为准则统一到学生管理的目标上来，进而使大学生产生强烈的归属感和向心力。第二，约束力。在学生管理中一旦形成了一种文化模式，文化的理念会对大学生行为产生一种约束作用，久而久之这种约束必将使大学生形成一种群体的行为准则和价值导向。第三，激励作用。群体的文化氛围和共同的价值导向会起到一种激励作用，激励学生不断地学习、不断地提升自己的能力，以更好地适应这个群体的发展。因此，文化管理理论视野下的高校学生管理工作应注重文化要素、文化资源的注入，紧紧依靠学生，要让学生能自觉、主动地参与到管理过程中，发扬他们的主人翁意识，体现出文化管理重视人、依靠人、激励人、发展人的本质，使师生能相互尊重、互为作用、和谐发展。同时，优秀文化能够培育组织成员的共同价值观，在这种氛围下，学生会不自觉地受到熏陶和感染。久而久之，就会将这种外在的价值观内化为自己的价值观，并将其作为判断是非、行为与否的标准和依据。

2. 完善学生管理工作科学化、职业化、专业化、体系化的建设

第一，科学化是实现学生管理工作专业化的基础。

目前，我国高校学生管理工作研究主要借助管理学、教育学、心理学、行为学等多门学科的理论，对学生管理工作的研究多从某一个角度、某一个侧面来进行，尚没有一个独立完善的学生管理工作的理论体系。因此，国家应当设立"学生管理工作"专业，把学生管理工作纳入到高校的学科建设中；建立专门的研究机构，组织专家学者针对大学生进行专门的研究，如关于影响大学生的成长影响因素、大学生人格类型等，构建独立、完善的学生管理工作理论体系；编写专门的教材，出版专业期刊；成立学生管理工作人员协会等职业组织等。这些工作将为学生管理工作专业化提供理论支撑。

第二，学生管理工作的职业化是实现学生管理工作专业化的前提。

教师作为一种职业，早已成为人们的共识。但高校学生管理工作职业化还只停留在口头上、形式上，国家并没有专门的政策法规对学生管理工作岗位进行明确的职业界定，人们并未从心底把学生管理工作作为一项可以终身从事的职业。要使学生管理工作职业化，就要使学生管理工作有明确的职业地位，就要有相应的职业标准的制定和推行，就要实行学生管理工作职业制度。根据高校学生管理工作的特点，明确学生管理工作的宗旨、学生管理工作相关机构的权利和义务，制定学生管理工作人员聘任的要求和程序，建立规范化的学生管理工作人员晋升和考评制度，拓展学生管理工作人员的发展和提升空间等。只有这样，才可能改变学生管理工作"中转站"的观念，使之成为人们可以终身从事的职业。

第三，队伍专业化是实现学生管理工作专业化的保证。

目前，我国高校的学生管理工作人员大多是从高校各专业的优秀毕业生中选拔出来的，只有少数的人员具有相关专业如马克思主义哲学、思想政治教育、管理学、心理学等的学历。因此，队伍专业化一方面要依托学科建设抓紧培养学生管理工作专业的人才；另一方面要大力加强对现有学生管理工作人员进行培训，通过脱产进修、出国深造、学习访问等进行全面系统的理论培训。在重视理论学习的基础上，还要开展相应的实践能力的培训，可通过社会实践、外出考察、岗位轮换、挂职锻炼等提高学生管理工作人员的实践能力，拓宽他们的视野。与此同时，还要积极鼓励他们结合理论和实践进行研究，提升他们的研究能力，不断丰富和完善学生管理工作的理论体系，

如要求他们撰写论文、编写教材等，为学生管理工作专业化的真正实现提供保证。

第四，学生管理工作内容体系化是实现学生管理工作专业化的根本。

科学的学生管理工作内容体系是指高校管理者根据学校的教育规划和培养目标，依据社会发展和行业标准，根据学生成长的规律和特点精心设计、组织实施，能影响和促进学生在价值观形成、情感培养、智力增长、学历提高等方面成长、成才的各种教育、管理、服务的活动或项目。其科学性应体现在具有“系统化，规范化”特点的同时保证“层次化，个性化”的特点。这样的学生管理工作内容的“教学大纲”的设计和实施，需要有独立完善的学生管理工作理论体系做支撑，为学生发展的共同特征、共同需要提供理论基础，又需要具有实践经验和研究能力的人员来针对不同专业、不同年级、具有不同思想水平及性格特点的学生灵活调整教育内容和教育方法，真正做到“有据可依”“因材施教”，使学生管理工作真正取得时效。学生管理工作内容体系设计和实施的科学性，是保证学生管理工作专业化落到实处的根本。

二、高校学生意外伤害事故处理的困惑及对策初探

近年来，随着高校不断扩大招生规模，高校学生人数逐年攀升，出现了许多新问题，学生意外伤害事故频发成为社会普遍关注的热点问题，且多次被媒体曝光，这给高校的声誉及正常的教学工作带来了很多不利影响。由于一旦发生高校学生意外伤害事故，高校就不得不面临承担造成的损失赔偿责任，赔偿金的数额也屡创新高。众所周知，高校的财政主要依靠的是国家拨款，当前高校不断扩大基础规模建设，教育经费紧急是必然的，如果再拿出太多的教育经费用于赔偿受害人，高校将面临巨大的压力。因此，当发生高校学生意外伤害事故时，首先要分清事故的责任方，不能一发生事故就完全把责任全部加到高校的身上。然后仔细分析当前处理高校学生意外伤害事故的主要难点与困惑。接着是提出预防和处理高校学生意外伤害事故的对策。目标是，以预防为主，有效地防止学生伤害事故的发生，确保学生的安全，一旦发生学生伤害事故，也有法可依，分清事故责任，进行合理赔偿，保证高校正常教育教学秩序，促进和谐校园建设。

（一）高校学生意外伤害事故的概念及类型

根据 2002 年教育部颁布的《学生伤害事故处理办法》的规定，学生伤害

事故是指“在学校实施的教育教学活动或者学校组织的校外活动中，以及在学校负有管理责任的校舍、场地、其他教育教学设施、生活设施内发生的，造成在校学生人身损害后果的事故”。虽然根据该办法的规定，高校学生的意外伤害事故属于学生伤害事故的范畴，但是由于高校学生这个群体的特殊性，使处理其意外伤害事故具有自身的特殊性。当前，依据高校学生意外伤害事故造成的原因，可以划分为以下四种类型：

（1）校方责任型，即由于高校、高校的教职工或其他工作人员未履行相关法律法规或高校的各项规章制度，而导致的学生人身伤害事故。例如，教学设施、场地等不符合国家安全标准的规定，高校的消防设施等存在明显的安全隐患，以致造成学生伤害事故等。

（2）自身责任型，即由于学生自身的原因而造成的自身或他人的意外伤害事故。例如，学生安全意识淡薄，缺乏安全知识；学生因为自身的身心素质差而自残或自杀。

（3）第三方责任型，即除高校以及学生之外的其他当事人的原因而造成的学生意外伤害事故。例如，外来人员混入高校，在校园实施犯罪行为，而造成的学生意外伤害事故等。

（4）无法回避型，即由于不可抗力及其他意外事故而造成的学生伤害。例如，洪水、地震、台风等不可抗力的灾害而造成的学生意外伤害，或是学生在参加有一定风险的活动时造成的意外伤害。

（二）高校学生意外伤害事故处理的困惑及难点

鉴于造成高校学生意外伤害事故的原因具有多样性和复杂性，在对事故的处理进行反思后，总结出以下几点事故处理的困惑以及难点：

1. 与家属谈判难度大

在高校与家属的谈判中一些因素使协商难度比较大。这些因素主要如下：

（1）学生家属团队对事件的非理性态度干扰了正常的谈判。

（2）社会媒体对事件的片面、失实、夸张的报道为学校造成负面影响，为谈判带来了很大的干扰。

（3）谈判中，有些家属的解决办法只是依靠某些不顾现实情况的传统思想做判断，由于不切实际的判定，也给谈判带来了不小的干扰。

2. 不易掌握法律法规的尺度

我国的法律法规尚未对高校中发生的意外伤害事故作出详细规定。现有的《中华人民共和国教育法》《中华人民共和国高等教育法》《中华人民共和国教师法》均未对此提及，只有一些很笼统的规定。《中华人民共和国民法通则》《中华人民共和国侵权责任法》也未单独对此作出规定。这造成了在谈判时可依据的政策不足，对政策的理解存在差异，为谈判带来了困扰。

3. 高校面临的赔偿压力

高校在处理学生意外伤害事故时面临的另一个压力是赔偿款的来源。众所周知，高校是事业单位，不以盈利为目的，有着公益性，财政主要依靠的是国家拨款。在高校不断扩大基础建设规模的今天，教育经费紧张是多数高校面临的问题，此时高校无法拿出太多教育经费给赔偿受害人，这也给高校带来了压力。

4. 事故解决处理时的尺度难掌握

在处理解决事故时，如果只一味地追查高校的责任，发生的校园意外伤害事故都由高校承担，则会可能导致校方在教学管理中畏首畏尾，不敢深入展开管理，同时，学校也无力把责任都承担起来。相反，若不强调学校承担的责任，也可能导致学校推脱责任，在教学管理中也会放松警惕。所以，处理尺度的把握也是对高校的考验。

（三）预防和处理高校学生意外伤害事故的对策初探

预防和处理高校学生意外伤害事故的工作，不应该只是高校单方面做好工作，它应是一个系统，应该由学生、高校、社会三方共同做好工作，方能有效地减少事故的发生，对此，笔者提出以下浅见：

1. 完善法律法规

国家应尽快制定完善的法律法规，对可能发生的情况做出可依据的政策。有了可依据的法律法规，当发生意外伤害事故时，各方在责任判定及事故处理时均有法可依，有理有据，不需再在责任模糊的“地带”纠缠不清。

2. 在高校建立保险机制，增强高校自我保护能力

我们可以借鉴国外借助保险制度的做法，以分散学校的风险。保险种类可以分为学校责任保险和学生意外伤害保险，分别针对责任在学校和责任在学生的两种意外伤害事故。这样不论责任在哪一方，都可以通过保险对受害

人起到较好的弥补作用，也能减轻高校的赔偿款压力。

3. 加强对学生的多方位教育

对于学生，也应该加强对他们的安全意识、法律意识、心理素质的教育。在发生的不少意外伤害事故中，许多学生是因为安全意识淡薄，法律保护意识不够和心理素质脆弱等。因此，缺乏对这些方面的教育应当引起足够的重视，应当由社会、学校和家长三方配合，加强宣传教育，以降低事故的发生。

4. 完善突发事件预防机制，提高防范意识，强化防范措施

近年来，校园意外伤害事故频频发生，高校应当引起高度重视，要在安全防范工作方面不断完善，以减少事故的发生，这就要求高校建立健全突发事件的预防机制和安全防范机制。高校要完善相关规章制度，建立隐患排查制度，对校舍、实验教学设备、道路等基础设施要定期检查排除隐患，做好防火防盗措施等。同时，高校要对教职员工和其他员工做好安全责任意识教育，在履行职责的过程中提高安全意识等。这些工作都需要高校进一步完善，以杜绝意外伤害事故。

高校学生意外伤害事故的频频发生，为高校在社会的形象带来了负面影响，在对事故的责任判定和赔偿问题的处理时，高校又常常与学生或家属产生纠纷，耗费了大量的时间精力又影响了正常的教学管理。解决这一问题，是一个系统的工作，应当由学生和家属、高校、社会三方共同配合做好相应的工作。相信随着法律法规的完善，高校教学管理制度和解决机制的完善，高校学生意外伤害事故将会减少并得到有效解决。

三、高校专职辅导员挫折心理分析与对策初探

挫折是指人们在某种动机的推动下，在实现目标的活动过程中，遇到了无法克服或自以为无法克服的障碍和干扰，使其需要或动机不能获得满足时，所产生的紧张状态和消极情绪反应。由挫折所引起的紧张、焦虑、失望、压抑、沮丧等心理状态和情绪反应，心理学上称之为挫折心理。挫折心理对人的消极影响较大。遭受挫折后，个人会在情绪上表现抑郁、消极、愤懑；在生理上，会表现为血压升高、心跳加快、胃酸分泌减少等，情况严重时甚至会引发心理和生理失衡。高校专职辅导员是高校教师的特殊群体，既要管理学生，又要教育和服务学生，承担着引导大学生全面健康成长和维护学校稳

定的重要职责。随着社会的转型和高校办学规模的扩张以及学生事务的发展等因素，部分专职辅导员产生了挫折心理，行为积极性和成就动机降低，工作效率低下，产生心理上的痛苦、紧张、焦虑。目前，高校专职辅导员的挫折心理已成为高校关注和研究的重要课题。

（一）高校专职辅导员挫折心理产生的原因分析

挫折心理产生的原因是多方面的，既有主观原因，又有客观原因。高校专职辅导员挫折心理主要是由于主客观之间发生矛盾而形成的。主观指专职辅导员的自身需求，客观指满足其需求的现实条件。主客观矛盾主要表现在以下三方面：

1. 个人素质与工作要求的矛盾

2006年国家教育部制定的《普通高等学校辅导员队伍建设规定》明确了高校辅导员工作的具体要求和职责，概括起来主要有两个方面：一是做学生的思想政治教育工作。思想政治教育工作包括思想政治教育、心理健康教育、就业指导和服务等。二是日常教育管理工作。学生的教育管理工作包括了从学生入学到离校整个在校阶段的教育管理，如违纪处理、贫困生资助、就业指导等。因而这就为高校专职辅导员提出了较高的个人素质要求：一是必须具备多学科的知识面，不仅要掌握马克思主义哲学、教育学、心理学、管理学、社会学和法学等知识，还要懂音乐、历史、计算机等多学科知识。二是还要具有较强的组织协调能力和创新意识，通过一定的活动载体实现上述目标和任务。

近年来，高校专职辅导员主要是刚从学校毕业的，通过“双选”市场择优录用的高校毕业生。文科毕业生往往在自然科学知识方面有较大欠缺，理工科毕业生往往在人文知识修养方面存在不足等。资料表明，绝大部分辅导员在校期间所学的专业基本都与思想政治教育无关。这在一定程度上使他们在开展工作时底气不足。此外，有的辅导员因在读期间并未担任过任何职务，缺乏相应的组织协调能力，对组织开展大型活动感到力不从心。这种所学非所用的矛盾，加上在辅导员职业化和专业化过程中所碰到的种种难题，影响了专职辅导员的工作效果，给他们的心理带来一定的阴影，从而表现出较大的心理压力。

2. 角色冲突与个人所得的矛盾

角色冲突是指个体不能满足多种角色要求或期待而造成的内心或情感的矛盾与冲突。当个体面对种种冲突情境而又被期望做出角色行为时，角色冲突就会出现。辅导员既是教师又是管理干部，一方面代表高校教育管理学生；另一方面又要服务学生，有时就处于一种角色冲突中。角色冲突主要由高校辅导员数量不足和职责不明两方面原因形成。教育部《普通高等学校辅导员队伍建设规定》颁布实施后，有的高校严格按照 1∶200 的师生比例配备了辅导员，但多数高校都超过了这一比例。再加上多数高校对辅导员的岗位职责界定不明，导致辅导员工作涵盖了学生教育管理工作的所有方面，凡是与学生相关的事情几乎都成了辅导员的工作内容：组织部要求辅导员协助做好学生党建工作；教务处要求辅导员抓好学风、考风；学生工作处对辅导员的考核提出了多个量化指标；辅导员所在的院系要求辅导员做好学生的稳定工作，辅导员成为这些相互冲突的角色要求之间的焦点。在学生层面上，辅导员既是管理者又是学生的知心朋友；既是指导者又是服务者；既是执行者又是学生利益的维护者。由此可以看出，辅导员的工作之繁重，工作负荷之大。

相比之下，专职辅导员在学校的地位却普遍偏低。在现行以教学和科研为纲的高校教育体制下，辅导员的工作，不同于任课教师和学校其他职能部门的工作可以有显性成果。其从事的学生思想政治工作的效果显现是一个较为漫长的过程。因此他们的工作成果在很多情况下表现为无形性、模糊性、滞后性，工作的好坏很难及时评定，工作显性成果只能表现为带了若干学生，很难量性测定，致使外界对辅导员的工作不能给予很好的认同和评价。有的人甚至认为辅导员的工作属于“勤杂工”，谁都可以做。另外，辅导员所得的报酬与其付出不成正比。特别是当前高校辅导员大多数是高学历毕业生，按照分配原则，他们应该获得较高的收入。但现阶段高校辅导员的实际收入与其贡献度是远不能匹配的。因此，高校辅导员投入大而产出小，导致其工作热情逐渐降低。辅导员工作让他们觉得找不到成就感和自我实现的价值。

如果一个人的工作长期得不到外界的积极评价，缺乏角色认同感和受尊重感，其工作成就感和归属感就会逐渐降低，工作热情也很难长期维持。因此，角色冲突导致的超负荷工作与个人所得之间的矛盾在一定程度上影响了专职辅导员的工作情绪，从而成为其形成挫折心理的又一个主要原因。

3. 职业前景与绩效评价的矛盾

绩效管理与评价是持续激励的根本保障，考核结果要与奖惩紧密挂钩，充分发挥绩效考评的激励作用。但是因为辅导员工作的特殊性，很多工作成果是无形的，难以量化，而且各考核指标中的权重也很难把握，但部分高校却把考核结果直接和辅导员的晋升提拔、待遇酬金等利益密切挂钩。由于没有公认的职业标准和评价体系，高校辅导员队伍一直处于边缘化、离散型的非职业化、非专业性状态。这就导致辅导员对自身的职业发展产生不乐观的职业期望，从而产生较大的心理压力。

（二）调适高校专职辅导员挫折心理的主要对策

不同的人对挫折的反应是各式各样的，有的轻微，有的强烈，有的短暂，有的长远，有的容易克服，有的难以克服。人们对挫折的态度也不一样，心胸开阔，意志坚定、充满必胜信念的人能够向挫折挑战，百折不挠，直至胜利。心胸狭窄、性格内向、缺乏勇气的人，往往怕挫折，甚至精神崩溃，走上绝路。对专职辅导员的挫折心理进行调适，需要从学校管理和个人两个层面综合采取措施，一起努力。学校的人事管理者应了解辅导员的挫折容忍力，未雨绸缪，适时做好工作，增强其心理调适能力，以增强其挫折容忍力。辅导员自身应正视挫折，调整心理战略，把坏事、障碍变为好事，变为坦途，从而减轻自身心理压力，提高自身应对挫折的能力。

1. 个人层面

（1）提高认识，树立正确的挫折观。

挫折可以吓倒人，也能锻炼人，作为辅导员，我们应正确认识挫折，树立正确的挫折观。懂得生活是美好的，但生活的道路不是笔直的，挫折和困难总是避免不了。挫折有其两重性。一方面，挫折会使人产生忧郁、焦虑、沮丧、悲观、愤怒等消极心理，降低工作效率，减弱斗志。另一方面，必要的挫折给人以有益的经验，能激人奋进，引人探索，锻炼人的意志，增长人的智慧，教会我们全面观察社会、认识人生，使我们尽快成熟起来，学会驾驭生活。因此，要提高认识，正确对待挫折，对任何事情均做好两手心理准备，尽可能地避免或减少挫折。当挫折不可避免时，不惊慌失措和灰心丧气。通过分析挫折的原因，寻找出一条通往成功的坦途。

（2）进行有效的心理调适。

当我们遭受挫折时，必须要想办法化解由挫折所引起的不良情绪，避免心理矛盾的积累和加深。一般来说，可以通过几条途径：① 冷静分析，从客观、主观、目标、环境、条件等方面，找出受挫的原因，采取有效的补救措施。② 保持自信和乐观的态度，要认识到正是挫折和教训才使我们变得聪明和成熟，正是失败本身，最终造就了成功。③ 变换视角和出发点，学会自我宽慰，将自己的情感和精力转移到有益的活动中去，使之升华到有益于社会的高度。④ 形成良好的角色认知，强化角色意识，理解社会对辅导员的角色期望，合理解决冲突中的各种矛盾，把来自个人、学校和学生的压力与矛盾转化为自身发展的内驱力。⑤辩证地认识自己，对自己有相对客观的评价，为自己确定力所能及的目标，认同自己的辅导员身份，善于从工作中寻找乐趣，体验自信、自尊和成就感。⑥通过适当方式予以宣泄或进行心理咨询，向有经验者或亲友倾诉心中的不快以及今后的打算，通过他们的启发、帮助、教育，解决心理冲突，化解积郁，以改变内心的压抑状态。

（3）加强学习，提高自身综合素质。

从辅导员自身层面，要树立自觉的学习意识，树立终身学习的观念，善于不断学习，增强学习的紧迫感和主动性，充分利用高校有利的图书资料和专家学者资源，多看多学多请教，使自己的知识面适应广大学生的需要。同时，要勇于实践，注意理论联系实际，在干中学，在学中干，不断总结和积累工作经验，在工作中讲究方式方法，充分发挥学生组织和学生干部的骨干与助手职能，善于挖掘每个学生的潜能和闪光点，引导他们在某些具体事务上的自我约束和自我管理。此外，要注意培养个人良好的个性品质，克服自卑感，增强自信心，磨炼意志，不断提高自身对于挫折的承受能力。

2. 管理层面

（1）进一步明确专职辅导员在高校中的作用和地位。

高校管理层面应当充分肯定专职辅导员在培养全面发展的大学生中所取得的成绩，进一步明确辅导员的岗位职责，避免产生超重工作负荷。首先，要按照教育部的有关规定配足配齐专职辅导员，将辅导员所管理学生的数量控制在合理范围内，以减轻其工作压力。由于目前辅导员和学生的配比高于1∶200的标准，致使辅导员“过劳”，同时也严重制约了辅导员队伍素质的提高。因此，要想改变这种状况，就要从根本上改变这种比例。其次，因为学生工作是一个复杂的工作系统，所以要明确界定辅导员的岗位职责，制定科学合理的工作条例，使辅导员工作有章可循、有据可依，使辅导员摆脱繁杂的、不相干的事务性工作。最后，要规范学生日常事务，使事务性工作“简单化”“信息化”，从而提高工作效率，让辅导员从繁杂的事务中解脱出来。

（2）做好辅导员职业规划，为辅导员的职业发展需要创造条件。

所谓职业规划，就是对职业生涯乃至人生进行持续的、系统的、计划的过程，它包括职业定位、目标设定、通道设计三部分内容。当辅导员个人已经做了这个职业选择之后，其日后的发展目标以及发展路径就是其最关心的问题。因此，学校应该为其辅导员提供职业期望，拓宽其成长渠道，为其发展提供一个良好的平台。首先，提高辅导员队伍的进入门槛，完善辅导员队伍建设机制。建立辅导员从业资格认证制度，根据辅导员工作的内涵，制定专业标准，选拔德才兼备、乐于奉献的毕业生加入辅导员队伍。其次，规范“思想政治辅导员职称”系列的评审和配套的激励措施。在职称评定上，要建立单独的辅导员职称评定系列，制定与辅导员工作实绩相结合的评定标准。要培养一批既有丰富实践经验又有较高理论修养的辅导员专家、学者，专心地从事学生思想政治教育工作。最后，要把辅导员纳入学校教师培训和干部培训序列，成立负责辅导员培训的部门，完善其培训制度，使每个辅导员在任期间都有机会接受思政工作系统培训，能在短期或长期的工作中提高自身的承受能力，满足提升人力资本价值的期望，满足自我发展的需要，多渠道、分层次、多形式全面提高辅导员素质，使其产生积极工作心理，不断向专业化、职业化、专家型的方向发展。

（3）关心专职辅导员的利益，积极为他们排忧解难。

首先，提高专职辅导员的工资水平。物质生活保障是人类的第一需要。只有保障高校辅导员的基本工资水平，坚持以按劳分配为原则，使投入产出成正比，才能使辅导员感觉到他们的工作有成就感，他们才会心甘情愿投入到工作中去，形成良性循环。因此，国家相关部门和高校应该结合实际情况，以专职教师为参照，合理划定辅导员队伍的工资水平。其次，畅通晋升渠道，建立合理的晋升机制，以增强其工作动力。一个岗位或一项职业，只有具有合理的晋升机制，才能使其成员有较强的工作动力。由于高校主要以教学和科研为主，所以长期以来，在专职教师的晋升上有严格的标准，而在辅导员这一职业上的晋升渠道上却不够畅通。因此，国家相关部门和高校应有该针对性地制定适合高校辅导员的科学合理的绩效考核系统和职级序列，来增强这个队伍的工作动力。

总之，辅导员队伍建设的重要性不言而喻，关系到教育的稳定和发展，甚至一个民族的未来。在新形势下，随着社会发展步伐的不断加快，高校内外的竞争也日趋激烈，引发专职辅导员产生挫折心理的因素还会存在。但只要相关教育部门、学校和个人重视与关怀这支队伍的健康发展，不断改善专职辅导员工作，就会使专职辅导员心情愉快地轻装上阵，用心做好各项工作，真正调动辅导员的能动性，充分发挥辅导员的重要作用。

四、浅析新媒体对高校共青团工作的影响及促进作用

所谓“新媒体”是相对于传统媒体而言的，“新媒体”是建立在数字技术、

网络技术、移动通讯技术等基础之上，延伸出来的以twitter博客、3G手机网络、IM即时通讯软件等为代表的各种媒体形式。在新媒体不断发展的今天，它已经对团员青年的学习方式、思维方式和共青团的工作思路等产生了重要影响。在这样的新形势下，如何合理并充分利用各种新媒体为高校共青团工作服务，促进高校共青团工作的有效开展，是高校共青团工作面临的新机遇和新挑战。

（一）新媒体环境下共青团工作面临的新挑战和青年学生的新特点

网络媒体的崛起对共青团工作提出了新的挑战。人类社会已进入互联网时代，网络信息跨域了地域和国界，极大地改变着人们的生活方式、学习方式、交往方式甚至是语言习惯。大学生作为具有较高文化层次、最早接触新事物的群体，无疑是受网络影响最深的一群人。网络对他们的思想观念、价值取向、思维模式、行为方式都产生着广泛而深刻的影响，传统的观念受到冲击，不同的文化背景、不同的政治制度都将影响青年学生的人生观、世界观和价值观。特别是境外敌对势力始终把高校作为其渗透的主要目标，通过互联网等新媒体对青少年进行文化渗透、思想渗透和宗教渗透。在这种背景下，青年学生也呈现出一些新特点和新问题。

1. 青年学生获取信息的方式呈现出新变化

由过去的被动接受转变为主动索取，信息渠道也由过去的单边向多边转变。网络已经成为青年学生获取信息的主要方式和途径，随着网络技术的不断发展、手机的普及和功能的不断完善，网络新闻、搜索引擎、数字广播、手机报等新媒体越来越受到青年学生的喜爱。在新媒体技术下，青年学生获得信息更加快捷、方便，获取信息的量跟以前相比有了较大增加。但同时，青年学生在通过新媒体技术获取信息的同时，他们的思想意识也有着潜在的变化。然而，互联网的信息良莠不齐，很大程度上充斥着色情、暴力等信息垃圾，严重影响着那些自制力不强的青年学生，造成他们的思想混乱和自我迷失。

2. 青年学生的交往方式呈现出新特点

现实交流向虚拟交往转变。在新媒体技术背景下，青年学生更喜欢通过MSN、QQ、飞信等即时通讯软件，以及论坛、微博、社交网站等方式进行人与人之间的交流，喜欢在虚拟的网络空间通过匿名方式进行思想交流、抒发情感、释放压力。同时，在新媒体技术环境下，交流双方的身份是不明确的，互相都不了解，这样在交流的过程中就少了很多压力和顾虑，双方可以畅所欲言。这种情况充分满足了青年学生个性表达、交流的需要，为他们提供了更为广阔的交流平台。但同时又出现了新的问题，在这种环境下青年学生减少了现实生活中与人交流的时间和精力，致使部分青年学生出现自闭、不善沟通等各种各样的心理问题，导致现实生活中人际关系的淡漠。

3. 青年学生的学习方式呈现出新特征

学习方式逐渐由传统的封闭式、被动式向开放式、主动式转变。在新媒体技术下，方便快捷、资源丰富的优势有效地拓展了青年学生获取信息的渠道，极大地丰富、扩充了他们的信息量。他们习惯于以网络方式获取学习所需的信息。反过来，学习上又容易形成对网络媒体的依赖，这样就会降低学习能力，不利于知识的积累，学习的深度也会受到影响。如有的学生连作业都在网络上直接下载。

4. 青年学生的自我表现方式越来越呈现出个性化、自主化

在没有他人过分干扰的新媒体环境下，他们可以通过个人博客、论坛等途径自由发表言论，表达个人情感、展示个人性格，使他们能够得到在现实生活中体验不到的快乐和满足。在这种环境下，有些青年学生容易出现偏激。

（二）促进新媒体环境下高校共青团工作的几点思考

随着网络媒体的迅猛发展，大量的信息丰富了青年学生的视野。互联网以特有的零时差、零距离、零空间的优势和信息量大、图文并茂、形式新颖的特点，深受广大青年学生的青睐。互联网在青年学生的成长发展中发挥了重要作用，日益成为青年学生获取信息、学习就业、生活娱乐、交流沟通不可或缺的工具和帮手，也成为青年学生交流、聚集、联络和组织动员的重要途径和载体。新媒体技术也深刻地影响着高校共青团工作的开展。高校必须调整思路，应对挑战，以新媒体为载体，不断创新共青团的工作。

1. 开拓网络工作新阵地，增强工作的主动性

信息技术的迅猛发展对人类社会的发展与进步已经并将继续产生深刻影响，以互联网、手机等为代表的新媒体对当代青年的生活方式、行为模式、

思维方式、动员方式等产生着重要影响。这就要求高校共青团组织要针对新媒体的发展特点和规律以及新时期团员青年的自身特点解放思想，拓宽思维，以当代青年喜欢和能够接受的方式把他们吸引过来。主动利用网络平台开设青年论坛，建立QQ群，组织他们进行网上交流等方式，主动、快速、及时、生动地向青年学生传输积极、健康、正面的信息，引导大家共同努力拓展高校共青团工作的新空间。

2. 丰富网络工作新内容，增强工作的互动性

采用新媒体技术，以手机、网络等为媒介，通过手机报、网上新闻等形式按时定期发送，加强共青团工作宣传的及时性和大众性，为青年学生提供全面的在线服务。网络工作内容要重点关注职业生涯规划、心理健康教育、就业创业等始终是青年学生关注的热点问题。共青团工作要充分利用新媒体的传播优势，在局域网络上开设不同的专栏，通过图文并茂的形式使广大青年在轻松的氛围下获取有效信息，另外还可以通过各类评奖评优设置网上留言、投票等活动，增加青年的参与性与互动性。

3. 坚持网上与网下工作相结合，增强工作的实效性

网络给高校共青团工作提供了新的理念、新的思路、新的方法，但网络仅仅是开展共青团工作的方式之一。喜闻乐见的文体活动仍是青年学生在成长成才过程中不可或缺的有效形式。因此，在工作中既要开拓网络工作新阵地，重视网上工作，增强吸引力，不断提高网上工作的效果，更要一如既往地发挥传统优势，做好网下工作，真正做到网上工作与网下工作的相互补充、相互支撑、相互配合，和谐统一，以发挥整体效力，提高共青团工作的实效性。

任何事物都具有两面性，新媒体技术也不例外。在充分肯定新媒体技术对高校共青团工作正面作用的同时，还要看到它的一些负面影响。要加强校园网络文化建设，利用新媒体生动、形象、快捷的特点，设计能够吸引青年学生，能够被青年学生接受的教育方式和活动模式，更加主动和有效地运用新媒体做好新形势下的青年工作。

五、高校学生管理队伍建设的现状与思考

高校学生管理干部是高校大学生思想政治教育队伍的重要组成部分，是大学生思想政治教育工作的组织者、指导者和实施者。根据多年的工作实践

和学习体会，参考省内外高校的做法，通过调查对高校学生管理干部队伍建设情况进行了调研分析。

（一）高校学生管理队伍的基本情况

1. 学生工作管理体制

近年来，云南省高校学生管理工作多由校党委领导下的学生工作部或学生工作委员会直接领导，决定学生工作中的重大事项。学工部部长或学工委主任由分管共青团或学生工作的校党委副书记或副校长担任，有的学校由学生处处长担任。学工部或学工委成员由学生处（有的高校还包括就业指导中心）、团委、教务处、研究生处以及各二级学院负责人组成。

2. 学生管理队伍的组成

高校学生管理队伍由以下几个部分组成：一是学校分管共青团、学生工作的党委副书记、副校长；二是校团委、学生处、招生就业处的工作人员；三是二级学院分管共青团和学生工作的党总支副书记（副院长）；四是各二级学院团总支（分团委）、学生科（学工办）的工作人员。

（二）高校学生管理队伍存在的问题与不足

近年来，高校招生规模逐年扩大，在校生数量显著增加。许多高校采取了一些措施加强学生管理队伍建设，但是，高校学生管理队伍仍然存在许多问题与不足，从加强学生工作科学管理、推进高素质人才培养等方面考量，这些问题不容回避且亟待解决。

（1）学生管理干部数量明显不足，结构不够合理。专职学生管理干部少，特别是团委和学生处合并成学生处或招生就业处和学生处合并的高校，二级学院团总支、学工办、就业办工作人员非常少，有的甚至是一人身兼三职，这与扩招之后众多的学生人数形成矛盾，远远不能满足学生教育与管理工作的需要。学生工作者被繁琐的事务所束缚，不能真正发挥教育学生、引导学生思想的作用，只能起到简单的“管理”作用。《普通高等学校辅导员队伍建设规定》第六条规定，高等学校总体上要按师生比例低于 1：200 的比例设置本专科生一线专职辅导员岗位。但目前，很多高校的配置没有达到规定的比例，几乎谈不上对学生管理工作的理论研究。

（2）学生管理干部在年龄、性别、学历、专业、学缘结构等方面存在不少问题，如年龄偏大，性别比例失调，学历不高，专业互补性不强，本校毕业或同一院校毕业人员较多等。

（3）学校在学生管理干部既定文件执行上缺乏连续性，存在换领导就换做法的现象。

（4）学校对学生管理干部“重使用、轻培养，重管理、轻激励”。学生管理干部特别是辅导员还没有纳入教师系列，没有体验到管理干部和教师“双重身份”的优越性，专业化、职业化任重道远。学生管理干部在职称评聘、职务晋升、转岗分流等方面没有享受到更多的优惠政策。

（5）学生管理干部流通机制不畅，有些学生管理干部工作了很多年也不能转岗，只能通过提高学历、学位等办法择机转岗。

（6）学生管理干部整体素质不高。学生工作是塑造人灵魂的工作，不能出次品、费品，它要求学生工作队伍必须具有良好的政治思想素质、较高的知识技能素质、多样化的能力素质、健康的身心素质以及开拓创新意识和对教学实事业无私奉献的精神。实际上，一部分学生管理干部角色定位、工作职责不清，基本素质不高，责任心不强，兼职班主任作用发挥得不好。总之，高校学生管理干部队伍在一定程度上存在思想不够稳定、结构不够合理、发展目标不够明确、后备队伍匮乏和整体水平有待提高等问题，不能很好地适应 21 世纪高等教育发展的需要。

（7）知识面不够宽。随着信息时代的到来，知识更新的速度越来越快。高校学生工作队伍由于长期忙于事务性工作，没有时间给自己“充电”和添加“营养”，致使他们的知识较陈旧、知识面狭窄，对新知识利用少，重经验轻创新。随着互联网时代的到来，对思想政治教育的传统带来了冲击。网络的开放性、平等性也冲击了传统社会对舆论导向的控制力以及对西方意识形态的分析判断能力，甚至动摇了传统思想政治工作的基础，增大了舆论管理、舆论监督和舆论导向控制的难度。这些都对传统的思想政治教育方式带来了挑战。作为一线的学生工作者不仅要有理论、有经验、有政治敏锐性，还要有技术和对网络信息的较强的辨别能力，这是思想政治工作对网络思想政治教育者的必然要求。如此一支不适应社会发展需要，缺乏相应知识的队伍根本无法承担学生工作，而且学生在某些方面形成了明显的超越学生工作者的优势。在这种情况下，师生之间可供交流的语言可能会变得越来越少，同时文化价值观方面的冲突还可能引立起两者的角色变化。为此，学生工作者应紧跟时代步伐，虚心学习，努力扩大知识面。

（三）高校学生管理队伍问题形成的原因

1. 认识上的原因

高校普遍存在一种轻视学生工作、看不起学生工作的倾向，认为学生工作仅仅是跑腿打杂的事务性的工作，人人都可以干，没多大出息，没什么前途，这就使部分学生工作者颇有失落感。

2. 政策上的原因

目前，部分高校没有确定促进学生工作制度化、规范化，提高学生工作队伍素质的政策。对他们关心不够，也缺乏有力的措施，使他们的学业得不到深造，职称难以晋升，工资待遇上不去，这是造成他们产生不安心工作的重要原因。

3. 管理上的原因

长期以来，高校未将学生工作队伍建设纳入正常轨道，缺乏规划和有力措施，对学生工作队伍使用多，培训少，尤其对中青年学生工作者培养、管理不够，成长不快。

（四）高校学生工作队伍建设途径

1. 提高和强化学生工作者的政治素质

高等院校的学生工作者要具备很高的政治素质，要始终保持政治上的坚定和清醒。在讲学生工作队伍建设的时候，几乎没有不将政治素质放在第一位的。但是，实际的情况是，在面对具体问题的时候，学生工作者的政治素质却难以达到要求。在大学生面临着大量西方文化和价值观念的冲击，面对某些腐朽没落的生活方式影响的情况下，学生工作者却难以帮助他们明辨是非，解决思想上、政治上的迷茫和困惑。首先在对政治的理解上，我们不能片面地将政治理解为政党、政府在内政及国际关系方面的策略和活动，更不能认为政治就是政治信仰和政治立场问题。政治信仰和政治立场至关重要，但不是全部。政治包括政治方向、政治立场、政治观点、政治纪律、政治辨别力、政治敏锐性。作为高等院校的学生工作者，需要从这六个方面来理解政治，政治素质的提高包括这六个方面的全面提高。政治方向、政治立场、政治观点、政治纪律，这四个方面的关键是坚定性；政治鉴别力和政治敏锐性，这两个方面的关键是清醒。从坚定性来讲，高等院校的学生工作者，就是要始终不渝地与党中央保持高度一致。这种保持一致，不是简单地重复和解释中央的路线、方针、政策，而是能够在实际工作中将路线、方针、政策学习好、贯彻好、落实好。从清醒上来讲，就是能够在繁杂多变的情景下，明辨政治上的大是大非。如果是非不分、真假不明，即使有坚定的政治立场，在实际工作中也难以有效引导工作对象。高等院校的学生工作者，需要从政治方向等方面提高政治素质，更需要运用发展着的马克思主义分析发展着的社会现实和大学生的思想政治实际。马克思主义不是教条，学生工作者更要破除对马克思主义的错误的和教条式的理解。教条化地讲政治，用陈旧的观点批评和指责大学生，不仅不能帮助大学生坚定政治信仰、明确理想信念，反而会适得其反。马克思主义是发展变化的，我们对马克思主义的理解也要与时俱进，这是提高政治素质的必需。

2. 高校学生工作队伍建设向专家学者型发展

近年来，有不少专家学者都提出高等院校学生工作者职业化和专业化的问题。如果说职业化问题还需要进一步讨论，那么专业化是必须解决的问题。我们这里所说的专业化，不是狭义的专业化，即学生工作者必须成为以学生工作为职业的专业型人才，而是广义的专业化，即学生上作队伍要向专家学者型发展。教育者本身也是受教育者，高校学生工作者要学生掌握马克思主义理论，自己就需要先理解和把握。学生工作者要有深厚的理论功底，不但要深刻理解马克思主义、毛泽东思想、中国特色社会主义理论重要思想，而且对一些社会科学、自然科学、现代科学技术要有很好的掌握，更要认真学习和研究自己所学专业理论的学科，这样工作起来才方便、顺手，对问题的观察才能恰当，处理得当，才能在学生中树立威信，使学生服从领导，才能更好地开展好各项工作。那种不注意、不善于获取信息，对现代科技知识知之甚少的学生工作人员，已经不能完全适应高校思想政治工作的需要。培养和建设专家学者型的学生工作队伍，既是高校学生工作的需要，又是高校学生工作的一项跨世纪的使命。从当前高校的学生工作来看，由于学生工作队伍中专家学者型人才的缺乏，导致学校对学生成长成才的指导和帮助严重不足。例如，难以帮助学生解决心理问题，难以有效引导学生的学习，难以帮助学生确立正确的职业志向。如果高校要为大学生提供全面的帮助和指导，那么就不能不将学生工作队伍建设成以专家学者型人才为主体的队伍。培养和建设专家学者型的学生工作队伍，要求优化学生工作者队伍的结构。一方面，要在学生工作队伍建设中，重机制创新，建立一种人才招聘、竞争上岗的机制，要广开门路把那些拥有丰富信息和科技知识的人才选拔充实到学生工作队伍中来，为学生工作队伍补充新鲜血液，使学生工作队伍人才济济；另一方面，要加大培训力度，提高学生工作人员获取积累信息和科技知识的素质，培养学生工作方面的人才。在一些大学，这项工作已经开展起来并出台了一些规定，如凡在高校担任政治辅导员的，必须是硕士研究生。有高校辅导员经历，将作为选拔干部的一个重要条件加以考虑。与此同时，还开展每年一次优秀思想政治工作者和思想政治创新奖的评选。这将对高校学生工作队伍向专家学者型发展起到积极的推动作用。

3. 高校学生工作队伍建设向复合型的“教工”角色转变

高校学生工作者，不仅需要成为专家学者的人才，而且在角色定位上也要向复合型的“教工”角色转交。中共中央、国务院《关于进一步加强和改进大学生思想政治教育的意见》强调学校管理工作要体现育人导向，强调管理育人和服务育人。在某种意义上就是要求学生工作者不能定位在管理和政治教育方面，而是要定位在复合型的教工“角色”，从纯粹的学生工作向全面育人的工作方法转变。学生工作者要从单一“政工角色”向“复合教工角色”转变，是社会发展的要求，更是大学生思想政治现实的要求。现在社会思想多元化，大学生的思想比较活跃，有些问题已经不是靠单纯的政治教育或思想灌输所能解决的。高校学生工作者如果还是将自己定位在政治工作方面，则对做好学生工作非常不利。在学生工作中我们发现，现在的大学生认为学生工作者也是教师，用对教师的要求来要求学生工作者，并不认为他们只是做学生管理工作的或学生思想政治工作的。高校学生工作者向复合型的“教工”角色转变，非常有效的途径是将做日常学生教育管理工作和兼任“两课”教学结合起来。

《关于进一步加强和改进大学生思想政治教育的意见》强调哲学社会科学带头人和教学骨干要在大学生思想政治教育中发挥更大的作用。一方面，可以考虑让更多的哲学社会科学的带头人和骨干充实到学生工作队伍中来；另一方面，也可考虑让学生工作者在提高自身学术水平的基础上，承担一定的教学工作，特别是思想品德修养课的教学工作。学生工作者与学生接触和沟通较多，了解学生的思想动态，这为他们兼任“两课”数学，特别是思想品德课的教学打下了一定的基础。同时，如果他们能够承担“两课”教学，对及时反馈大学生对“两课”的意见和建议也有帮助。一方面，学生工作者承担一定的“两课”教学任务，既有利于高校学生工作者在搞好教学过程中促进自身的提高；另一方面，又有利于加强教学的针对性，使“两课”教学更有针对性地回答学生关心的热点和难点问题，引导学生正确认识和处理面对的现实问题。从某些高校让学生工作者承担思想品德课的教学实践来看，学生工作者在承担专题教学中，能紧密结合学生关心的实际进行教学，受到学生的欢迎，自身的水平和素质也得到了很大的提高。学生工作者能针对社会上一些不良影响在学生身上不同程度的表现，耐心地对他们进行说服教育，引导他们用正确的观点看待问题并组织他们讨论，启发他们在讨论中得出正确的结论。他们在教学中注意运用学生熟悉的发生在他们身边的事实，帮助学生从中获取经验、教训。事实证明，这种有的放矢的做法效果很好。

4. 加强高校学生工作者自身行为的修养

高校学生工作者在做学生工作的过程中，既要言传又要身教，而身教重于言传。如果学生工作者教育大学生要有坚定的政治信仰和高尚的理想，而自己在实际的工作和生活中却并不能达到这样的要求，那么学生对他的言论不说不信至少也是怀疑的，因而学生工作者要把育人和正己结合起来。先正己后正人，要求学生做到的，自己必须先做到。己身不正就不能正人，这既是古训，更是在实践中被证明了的道理。各种教育理论都强调，教育者的品格、素质、能力直接影响教育的效果。学生工作者虽然主要从事学生的日常管理工作，但同样也是教育者，或者说是集教育与管理于一身的教育管理者。作为教育管理者，不仅要以正确言论教育人；而且要以模范行动给人做出表率。然而，个别学生工作者却不能严格要求自己，或在学生面前讲一些有不良影响的话，忽视自身行为对学生的影响，这都应予以纠正。同时，这也是我们强调学生工作者要以正己为先的关键所在。究其现在大学生中存在的一些问题，学生工作者要负一定的责任，并不完全是社会不良现象的影响或大学生自身的问题。马克思曾说："我们现在假定人就是人，而如同世界的关系是一种人的关系，那么你就只能用爱来交换爱，只能用信任，等等。如果你想得到艺术的享受，那你就必须是一个有艺术修养的人，如果你想感化别人，那你就必须是一个实际上能鼓舞和推动别人前进的人。"这个观点非常重要，是每一位学生工作者都要铭记在心、身体力行的。高校学生工作者只有先正己，才能去正人，才能真正完成好育人的任务。

高校学生工作队伍建设是一项急迫而复杂的系统工程。从人员选拔到工作绩效评估，从自身素质到工作理念和方式、方法，都有许多问题值得研究。在我们看来，学生工作者的政治素质、理论修养、角色定位和自身行为，乃是重中之重。这些问题如果能够妥善解决，即使在人员选拔和业绩评估方面存在着一定问题，也不会影响大局。如果学生工作者自身不重视这些问题，高等院校的管理者放松对学生工作者这方面的要求，那么高校学生工作很难有实质性的改进和提高。

六、高校构建服务型与成长型学生工作模式初探

新形势下学生工作环境和工作条件发生了较大的转型，传统的工作理念、工作模式不能适应新的形势和需要。

（一）高校构建服务型与成长型学生工作模式的必要性和迫切性

1. 大背景在变：市场化、知识化、网络化、国际化等因素

在以经济建设为中心的前提下，面对市场经济的新要求，高校教育需要改革。同时，科学发展观告诉我们，高校学生工作也需要专业化、知识化，而且互联网的出现极大地改变了传统办公模式，面对经济全球化和文化多样化的挑战，我们也需要借鉴学习国外的先进经验。这些都迫切要求我们对高校学生工作进行改革。

2. 高等教育在变：扩招和收费制度在变、学分制改革、后勤社会化改革等

随着高校招生工作的规模扩大，高校后勤工作的社会化，学生就业政策的改变以及学生教育的学分制管理等的改革，高等教育的工作模式和机制发生了一系列的转变。这些都对高校学生工作提出了新的挑战，新的历史条件赋予了高校学生工作新的意义，这些都必然要求高校学生工作模式和工作机制打破传统观念进行改革以适应新的要求。

3. 学生的个性特征在变

改革开放后，社会政治经济条件发生转变，新的观念不断涌入，在新的社会条件下成长起来的大学生，他们在思想和行为方面也呈现出许多新特点并且兼具日益复杂的趋势。面对这些新情况，作为高校教育工作者必须做出及时有效的反应，不能一成不变的用传统工作方法应对，否则不仅不能解决问题，甚至有可能造成严重后果。因此，构建新型的高校学生工作模式迫在眉睫。从强调管理为主到管理与服务并重，其实管理和服务的目的都是为了学生成长成才。

（二）高校服务型与成长型学生工作模式的主要内涵及基本理念

1. 内涵界定

高校服务型与成长型学生工作模式主要是指，在高等教育工作里把大学生作为高校的主体，用“以人为本”的理念指导工作，以服务的工作方式，并融合管理、教育的内容，通过提供规范的服务管理、丰富多样的服务内容、专业的服务团队及便捷有效的服务方式为学生全面、健康的成长成才创造优良的学习、生活环境。在这个过程中，不仅要在学习方面培养他们成才，同样也要在身心健康、价值观、人生观、世界观等方面帮助他们成长。通过这样的服务教育系统，创造多种条件最大限度地激发学生的内在成长动力，为社会培养出全面健康发展的栋梁。

2. 核心理念

一是体现育人为本。高校服务型与成长型学生工作模式的核心理念之一便是“以人为本”，以学生为根本，尊重学生，服务学生，通过一系列工作和活动调动学生的积极性，引发学生的主观能动性，变管理为引导，在尊重学生的基础上引导教育学生并最终培养出合格的人才。

二是满足个性和社会需求。高校服务型与成长型学生工作模式提倡尊重学生，对每个学生表现出来的个性，我们要辩证地看待，尊重学生的性格特点，不能因为教育工作者自身的喜恶轻视甚至羞辱某学生个体，对于有个性的学生，我们同样要做好服务工作，尊重并引导发挥学生的特长，使个性得到满足，得到发挥从而调动学生的成长成才，以培养出多样化的人才，满足社会对人才的需求。

三是服务技能提升。高校服务型与成长型学生工作模式要求学生管理工作者除了具备基本的思想政治教育能力和高尚的道德情操外，还要涉猎广泛的其他方面的知识，不然难以做好学生的服务工作，这对学生管理工作者来说是一个较高的要求。因此，加强服务技能，建立一支具备新观念、能力强的高素质、专业化的服务团队也是高校服务型与成长型学生工作模式的核心要素。

（三）高校构建服务型与成长型学生工作模式的主要内容

1. 注重顶层设计，实行有效管理，从人员、机构安排上统筹兼顾

高校服务型与成长型学生工作队伍是高校服务型与成长型学生工作模式

有效展开的重要保障，因此建立符合要求的工作队伍是高校服务型与成长型学生工作模式建设的关键。这支专业队伍包括从事学生思想政治教育和学生管理服务工作的专职工作人员。其可以从两个层面划分，学校层面包括主管学生工作的校领导和学生工作部与团委等学生工作部门的工作人员；学院层面包括各院系负责学生工作的副书记、团总支书记和辅导员等。不仅如此，在队伍里还要建立有效的运行机制，以便上令下达，有效管理，各部门之间能沟通顺畅，统筹兼顾，通力合作，不可人敷衍于事，方能发挥专业队伍的作用。

2. 围绕育人主题，服务学生成长成才，构建三大平台

高校服务型与成长型学生工作模式另一个建设的重点部分是学生服务工作的内容，只有切实有效的服务工作才能发挥高校服务型与成长型学生工作模式的功能，实现育人育才的目标。围绕育人的主题，笔者提出建设三大平台，以帮助学生成长成才。

第一，服务平台。

（1）大学生日常事务一条龙服务平台建设。在校园里，大学生的日常事务比较琐碎复杂，有些学生事到临头都不知道应该找什么部门办理，跑来跑去不仅耗费时间，也会产生抵触情绪。因此，高校专门开辟一个地方成立行政服务中心，聚集学生工作相关部门设立办事窗口，使学生在服务中心里可以一条龙的办理各种相关学生工作事务，不仅更贴心于学生，也使学生节约出更多时间来学习。

（2）大学生感恩教育与贫困生资助平台建设。高校要加强扶贫帮困服务平台的建设，贯彻落实好国家的新资助政策，以平台为基础，完善奖学金、助学金、勤工俭学、助学贷款等各项措施，发挥资助平台的助学励志作用。同时，高校也要强化对大学生的感恩教育，使学生懂得感恩，树立正确的价值观。

第二，成长平台。

（1）大学生职业规划与心理咨询服务平台建设。许多大学生没有职业规划的概念，在进入大学后，不少大学生开始迷茫，不知道下一步要做什么，高校应该在这方面做出努力，为大学生建立一个平台进行职业规划的辅导。这里可以包括新生适应性指导、职业发展规划指导、职业观教育、专业与工作指导等。同时，大学生的心理健康辅导也要受到高校的重视，通过建立心理咨询平台为大学生解答释疑心理困惑，帮助他们走出心理的阴霾。

（2）大学生就业创业教育与社会实践平台建设。现在，大学生的就业形势较难，针对这一情况，高校应当展开就业创业教育，加强大学生的社会实践经验。高校可以邀请社会上的成功人士为大学生讲述他们的经历，分享他们的经验，也可以邀请专家学者举办讲座讲授操作技能或与相关单位合作加强大学生的社会实践。

第三，教育平台。

（1）大学生思想交流与信息网络平台建设。高校可以充分利用互联网的优势，对大学生成长成才有益的文字和视频资料放到网络上供学生学习；同时，也可以在网络上发布信息，使学生更便捷、更快速地了解相关事务。在网络上，也可以搭建交流平台，学生在上面可以沟通交流互相促进成长。

（2）大学生思想政治队伍建设与理论研究平台建设。为了更好地服务学生工作，学生管理工作者应当不断提升自我，以便应对出现的新情况。高校应该为学生管理工作者建立学习平台，在这里，大家可以分享经验，互相交流，互相学习，不断提升技能，以更好地培养学生成长成才。

参考文献

一、著作类

[1] 邱伟光，张耀灿. 思想政治教育学原理[M]. 北京：高等教育出版社，1999.
[2] 张耀灿，郑永廷，等. 现代思想政治教育学[M]. 北京：人民出版社，2001.
[3] 张耀灿，陈万柏. 思想政治教育学原理[M]. 北京：高等教育出版社，2001.
[4] 马克思，恩格斯. 马克思恩格斯选集（第 1 卷）[M]. 北京：人民出版社. 1995（78）.
[5] 孔祥云，李逸龙. 大学生发展指导研究[M]. 济南：山东大学出版社，2007.
[6] 马明华. 现代大学学生工作的特色与创新[M]. 北京：中国社会科学出版社，2007.
[7] 中山大学. 大学文化视野下的学生工作[M]. 广州：中山大学出版社，2008.
[8] 程刚. 大学生思想政治教育的实践与创新[M]. 杭州：浙江大学出版社，2008.
[9] 时容华. 现代社会心理学[M]. 上海：华东师范大学出版社 1995.
[10] 杨昌勇，郑淮. 教育社会学[M]. 广州：广东人民出版社，2005.
[11] 樊富珉. 大学生心理健康与发展[M]. 清华大学出版社，1997（6）.
[12] 吕建国. 大学生心理健康教育[M]. 成都：四川大学出版社，2005.
[13] 中共中央宣传部. 科学发展观学习读本[M]. 北京：学习出版社，2009.
[14] 宋专茂. 职业规划与就业创业指导[M]. 广州：暨南大学出版社，2009：25.
[15] 王国纯. 大学生就业指南[M]. 北京：对外经济贸易大学出版社，2005.
[16] 宦平. 职业指导[M]. 北京：中国劳动社会保障出版社，2005.
[17] 张彦，陈晓强. 劳动与就业[M]. 北京：社会科学文献出版社，2002.
[18] 杨广耀，李建宁. 大学生就业指导实用教程[M]. 北京：机械工业出版社 2002.
[19] 赵居礼. 大学生就业与创业指导教程[M]. 北京：机械工业出版社，2001.

[20] 李家华，黄天贵. 职业指导[M]. 北京：高等教育出版社，2005.
[21] 河南省教育厅学生处. 大中专毕业生就业导论[M]. 郑州：郑州大学出版社，2004.
[22] 黄才华. 就业指导与创业教育[M]. 北京：教育科学出版社，2011.
[23] 朱启臻. 职业指导理论与方法[M]. 北京：人民教育出版社，1996.
[24] 周翔，陈成文. 就业宝典[M]. 北京：时事出版社，2000.
[25] 中国就业培训技术指导中心. 创办你的企业：农村劳动力版[M]. 北京：中国劳动社会保障出版社，2009.
[26] 江俊文. 大学生就业与创业指导[M]. 北京：高等教育出版社出版，2008.
[27] 李军峰. 中国非正规就业研究[M]. 郑州：河南人民出版社，2005.
[28] 北京大学青年研究中心. 实践与探索：北京大学学生思想政治教育研究论文选编[M]. 北京：北京大学出版社，2009.
[29] 谷成久. 大学生学习与就业指导教程[M]. 合肥：安徽教育出版社，2008.
[30] 胡锦涛. 高举中国特色社会主义伟大旗帜，为夺取全面建设小康社会新胜利而奋斗——在中国共产党第十七次全国代表大会上的报告[M]. 北京：人民出版社，2007.
[31] 李海洲，边和平. 挫折教育论[M]. 南京：江苏教育出版社，1995.
[32] 王宏，陈小申，张星剑. 数字技术与新媒体传播[M]. 北京：中国传媒大学出版社，2010.

二、期刊类

[1] 刘穗燕. 大学生思想政治教育有效途径的探索[J]. 中华医学教育，2006（1）.
[2] 周亚夫. 加强优秀传统文化教育，丰富思想政治教育内容[J]. 中国高等教育，2005（15）.
[3] 黄蓉生. 大学生思想政治教育的时代要求[J]. 高校理论战线，2008（3）.
[4] 符俊，李宏博. “以人为本”视野下对高校思想政治教育发展理念的思考[J]. 企业导报，2010（6）.
[5] 李爱国，林亚梅. 人的全面发展理论对高校思想政治教育的启示[J]. 西南大学学报：社会科学版，2010（1）.
[6] 史丽丽，蔡娟. 马克思主义人的全面发展理论与高校思想政治教育[J]. 南通大学学报：教育科学版，2009（1）.

[7] 黄蓉生．大学生思想政治教育的时代要求[J]．高校理论战线，2008（3）．
[8] 符俊，李宏博．“以人为本”视野下对高校思想政治教育发展理念的思考[J]．企业导报，2010（6）．
[9] 李爱国，林亚梅．人的全面发展理论对高校思想政治教育的启示[J]．西南大学学报：社会科学版，2010（1）．
[10] 史丽丽，蔡娟．马克思主义人的全面发展理论与高校思想政治教育[J]．南通大学学报：教育科学版，2009（1）．
[11] 孟刚．论人本原理与高校德育机制的创新[J]．辽宁师范大学学报，2007（4）．
[12] 李剑军．受助不感恩资助者寒心，襄樊取消五名贫困生受助资格[N]．楚天都市报，2007-08-22（36）．
[13] 冷雪．嫌家贫竟不认穷爹娘，“白眼狼”大学生让人寒心[N]．青岛晚报，2005-10-25．
[14] 张文军．对当代大学生进行社会价值导向的理性思考[J]．武汉理工大学学报：社会科学版，2005（3）．
[15] 张华．大学生就业心理的困惑与高校德育对策[J]．徐州工程学院学报，2008（3）．
[16] 张华．就业重压下高校德育的困境与对策[J]．高校教育管理，2007（2）．
[17] 刘红霞，黄士华．就业导向下的高校德育工作创新研究[J]．理论观察，2010（3）．
[18] 王玉坤．大学生就业道德素质的培养[J]．教育理论与实践，2008（11）．
[19] 罗霞，陈云芬．就业渠道拓宽云南高校毕业生就业趋向多元化[N]．云南日报，2011-06-24．
[20] 田志林．多元化就业就是好[N]．西藏日报，2011-09-30．
[21] 赵建华．高校学生就业道的素养弱化成因分析及对策探索[J]．教育研究，2011（3）．
[22] 王玉坤．大学生就业道德素质的培养[J]．教育理论与实践，2008（11）．
[23] 胡解旺．浅析大学生的就业道德素质[J]．当代教育论坛，2006（9）．
[24] 张莹莹．当代大学生就业伦理的重构[D]．南京：南京农业大学，2009．
[25] 张社争，杨文军．贫困大学生常见心理问题的成因及对策[J]．中国成人教育，2006．
[26] 王艳春．高校特困生心理健康状况分析与对策[J]．中国高教研究，2005（2）．
[27] 贾金玲．关于完善高等教育助学体系的思考[J]．学校党建与思想教育，

2005（5）.
[28] 刘佳. 大学校园中的贫困文化——Y 大学贫困生问题的个案研究[J]. 现代大学教育，2011（1）.
[29] 董培. 高校特困生矛盾人格及其成因——从贫困文化理论的视角分析[J]. 红河学院学报，2006（6）.
[30] 张林茂. 高校学生“双贫困”现象透视[J]. 江汉大学学报，2004（2）.
[31] 鲁可荣. 贫困大学生心理压力和人际交往障碍分析[J]. 心理卫生，2005，6（6）.
[32] 李国建. 高校贫困生精神贫困的成因分析及心理扶助机制的构建[J]. 黑龙江高教研究，2005（3）.
[33] 郑开春. 影响交际能力的非语言因素[J]. 湖南师范大学学报，1998（3）.
[34] 唐为民. 大学生人际关系的特点及转换的印象知觉对其影响的研究[J]. 心理科学，2001（1）.
[35] 李悦. 大学贫困生心理健康状况与心理关怀的研究[J]. 社会心理研究，2000（3）.
[36] 李宏翰，赵崇莲. 大学生的人际关系：基于心理健康的分析[J]. 广西师范大学学报：哲学社会科学版，2004，8（8）.
[37] 赵红，代艳丽. 对高校贫困生心理问题现状及对策思考[J]. 学校党建与思想教育，2005（1）.
[38] 唐明明. 高职院校学生不良就业心理分析及对策研究[J]. 淮北职业技术学院学报，2010（5）.
[39] 张丽，等. 浅析就业环境对就业的影响[J]. 辽宁行政学院学报，2009（10）.
[40] 陈腊文. 毕业生就业心理障碍调适研究[J]. 教育与职业，2007（3）.
[41] 刘锦贻. 近年我校高校就业群体的心态解析[J]. 闽江学院报，2003（6）.
[42] 刘家梅. 高等教育资助育人的改革思考[J]. 湖北社会科学，2011（5）.
[43] 高菲斐. 论高校资助育人工作的和谐意义[J]. 教育与职业，2011（17）.
[44] 虞跃光，吴文珍. 浅谈高校人性化资助育人管理运行机制[J]. 高校后勤研究，20010（3）.
[45] 蒋庆华. 坚持资助育人确保家庭经济困难学生健康成才[J]. 学校党建与思想教育，2005（5）.
[46] 曾庆璋. 建构和谐视阈下的高校“资助育人”体系[J]. 学校党建与思想教育，2009（5）.
[47] 李红卫. 提高认识 开拓创新 在大学生就业工作中加强思想政治教育[J]. 中国高等教育，2007（17）.

[48] 梁喜书，蒋文云．完善措施 创新机制 努力做好毕业生就业工作[J]．北京教育，2004（1）．

[49] 西安电子科技大学．主动适应市场需求，完善毕业生就业工作机制[J]．中国高等教育，2003（23）．

[50] 李雄，刘山川．促进大学毕业生就业需要着重解决的问题[J]．继续教育，2010（10）．

[51] 周永革，顾长兆．欠发达地区新建本科院校毕业生就业难问题探析[J]．甘肃社会科学，2010（6）．

[52] 吴要武，赵泉．高校扩招与大学毕业生就业[J]．经济研究，2010（9）．

[53] 刘大为．全力提升高校毕业生就业指导服务水平[J]．中国高等教育，2010（24）．

[54] 袁明千，苏磊，袁捷尔．解决高校毕业生就业问题的新机制探讨[J]．中国人力资源开发，2010（12）．

[55] 孙家钰．浅析高校毕业生就业市场机制的完善[J]．教育探索，2010（12）．

[56] 余新丽等．胜任力：高校就业指导教师研究的新视角[J]．高等工程教育研究，2007（1）．

[57] 汤美安，等．高职教育中的职业导向教育探讨[J]．教育与职业，2010（5）．

[58] 李卫卫，等．企业绩效考评浅析[J]．价值工程，2010（19）．

[59] 崔海涛．建构高校就业指导工作体系的思考[J]．江苏高教，2009（5）．

[60] 孙秀华．大学生就业指导理念和实践模式之思考[J]．福建论坛，2005（9）．

[61] 程艳旗，等．理工科大学生择业观演变分析与高校就业指导工作的对策研究[J]．中国高教研究，2001（9）．

[62] 张杰，冼德庆．论高校就业指导人员培训课程体系设计[J]．黑龙江高教研究，2007（7）．

[63] 郑娟．体面劳动的意义和现实措施选择[J]．理论界，2011（3）．

[64] 许振华，赵秀莹．实现体面劳动存在的问题[N]．工人日报，2010-11-30．

[65] 陈晋红．传统和谐观及其当代价值[J]．青海民族大学学报：教育科学版，2011（1）．

[66] 王英．关于“构建社会主义和谐社会的路径”的研究综述[J]．考试周刊，2011（1）．

[67] 何飞龙．大学生就业难的原因及对策研究[J]．教育与职业，2011（1）．

[68] 魏新华．社区教育背景下的“NEET”族的社会回归[J]．中国成人教育，2011（3）．

[69] 李朝阳．体面劳动视域中非正规就业者得劳动权益保护[J]．河北师范大

学学报：哲学社会科学版，2011（2）.
[70] 黄梅. 我国劳动就业的社会与制度环境分析[J]. 人民论坛，2011（5）.
[71] 陈俊傲，徐国庆，章圣苗. 高校毕业生质量评估体系研究[J]. 思想理论教育，2004（6）.
[72] 黄海平. 英国大学生如何帮助学生择业[J]. 中国地质教育，2004（4）.
[73] 吴敏. 用科学的工作模式确保毕业生就业率的真实准确[J]. 湖南广播电视大学学报，2006（2）.
[74] 孙国强，李婧，浅析当前高校毕业生就业诚信问题[J]. 教育论丛，2011.
[75] 尹明柴，高职院校毕业生就业诚信问题的分析及对策[J]. 辽宁工业大学学报：社会科学版，2010（4）.
[76] 沈威. 从大学生就业诚信缺失现象谈诚信教育[J]. 浙江青年专修学院学报，2010（2）.
[77] 苏德山，曹文雯. 大学生就业诚信缺失及对策的质性研究[J]. 价值工程，2010（33）.
[78] 吴善添. 大学生就业中诚信问题反思与制度重构[J]. 学校党建与思想教育，2010（5）.
[79] 张革英，刘友良，刘光辉. 当代大学生就业诚信缺失的原因与对策探析[J]. 当代教育论坛，2010（8）.
[80] 任福全，刘慧思. 大学生就业中的诚信问题及教育对策[J]. 思想政治工作研究，2011（2）.
[81] 陈强，肖海风. 当前大学生就业诚信缺失及其对策[J]. 科技广场，2010（2）.
[82] 张雪梅. 高校毕业生就业诚信缺失现象透视[J]. 安庆师范学院学报，2008（11）.
[83] 蔡万红. 大学生就业过程中诚信缺失问题与对策[J]. 华北煤炭医学院学报，2009（5）.
[84] 王洪生. 对我国大学生就业诚信制度的反思[J]. 西南交通大学学报，2009（1）.
[85] 张传忠. 对当前大学生就业诚信缺失问题的思考[J]. 牡丹江师范学院学报，2010（3）.
[86] 陈爱娟. 浅谈大学生就业诚信缺失的原因与对策[J]. 安徽科技学院学报，2009（4）.
[87] 吕欣美. 浅析高校毕业生就业诚信缺失的原因及对策[J]. 中州大学学报，2009（5）.

[88] 吕欣美. 浅析高校毕业生就业诚信缺失的原因及对策[J]. 中山大学学报，2009（5）.

[89] 王洪生. 对我国大学生就业诚信制度的反思[J]. 西南交通大学学报：社会科学版，2009（1）.

[90] 张勇华. 重庆市大学生就业诚信取向特点的调查分析[J]. 中国青年研究，2006（8）.

[91] 郭忠孝，张永明，张红，王仲德. 高校学生创业重要性及创业意识、能力的培养途径[J]. 辽宁行政学院学报，2005（2）.

[92] 王鹏，王秋芳. 专业化的创业教育：现实困境与实践路径[J]. 河北师范大学学报：教育科学版，2010（2）.

[93] 邬改利. 大学生创业教育支持体系研究[J]. 科学时代（上半月），2010（3）.

[94] 胡跃茜. 高职学生社团建设探索创业型人才培养新模式[J]. 科技信息，2009（10）.

[95] 金立其. 就业导向职业教育的价值缺失及其超越[J]. 职业教育研究，2008（10）.

[96] 宣言，陈文娟. 基于管理学视角的高校学生社团发展新思路浅析[J]. 文教资料，2008（36）.

[97] 王鹏，王秋芳. 专业化的创业教育：现实困境与实践路径[J]. 职业教育研究，2008（11）.

[98] 张丽，胡明花. 关于我国大学生创业教育的思考[J]. 北京城市学院学报，2008（1）.

[99] 连城. 论大学生创业教育与创业课程的科学设置[J]. 教育探索，2009，（3）：134-135.

[100] 陈铭. 论新形势下加强大学生创业教育的必要性及其对策[J]. 信阳师范学院学报，2009（4）.

[101] 王小军. 关于高校创业教育的现状的调查与思考 [J]. 教育学术月刊，2011（6）.

[102] 朱旭，浅谈大学生创业教育[J]. 当代经济，2009（5）.

[103] 张旭霞. 高校创业教育刍议[J]. 江西教育，2005（2）.

[104] 张真柱，探索“平台 模块 窗口式”大学生自主创业运行机制[J]. 中国高等教育，2011（1）.

[105] 郭礼智，彭光良. 试论地方院校工科大学生创业教育体系中的课程重构[J]. 内蒙古师范大学学报，2011（5）.

[106] 杨晓天. 武汉地区大学生创业教育探讨[J]. 现代商贸工业，2011（10）.
[107] 周源源. 高校辅导员心理压力分析及其调适[J]. 江苏高教，2010（4）.
[108] 陈素权. 高校辅导员的角色冲突及其调适[J]. 思想理论教育，2007（2）.
[109] 刘学文. 高职院校政治辅导员挫折心理成因及调适[J]. 河南农业，2007（2）.
[110] 殷桂明. 论新时期高校辅导员工作的特点和要求[J]. 沧州师范专科学校学报，2006（3）.
[111] 潘清. 论高校辅导员的角色定位和工作创新[J]. 思想理论导刊，2010（6）.
[112] 邓荣华，李文剑. 年轻辅导员在大学生管理工作中的优劣势分析[J]. 四川职业技术学院学报，2010（8）.
[113] 李勇，步德胜. 新形势下高校辅导员工作原则探析[J]. 学校党建与思想教育，2010（8）.
[114] 郭华. 论高校辅导员思想政治教育工作的基本原则[J]. 学校党建与思想教育，2007（11）.
[115] 刘铁英. 高校辅导员与大学生沟通交流的原则与技巧[J]. 上海工程技术大学教育研究，2006（1）.
[116] 焦安琴. 高校学生社团管理现状研究[J]. 安阳师范学院学报，2008（1）.
[117] 曹建斌. 高校学生社团发展困境及建设策略[J]. 高职论丛，2011（3）.
[118] 贾娜等. 浅谈高校社团管理模式的创新[J]. 沈阳航空工业学院学报，2009（6）.
[119] 翟思成，等. 高校社团活动开展状况的调查[J]. 中国青年研究，2008（4）.
[120] 胡雪清. 高校学生社团的管理[J]. 天津市经理学院学报，2009（1）.
[121] 陈万海. 高校中的社团建设与大学生综合素质的培养[J]. 思想政治教育研究，1999（3）.
[122] 邢瑾. 通过活动认识“元、角、分”[J]. 江苏教育，1992（16）.
[123] 楼军江. 社团建设两议[J]. 思想·理论·教育，1995（S1）.
[124] 饶启豪. 信念的力量是无穷的[J]. 希望月报，2003（22）.
[125] 戚音. 高职院校社团建设的实践与思考[J]. 宁波职业技术学院学报，2005（1）.
[126] 吕志霞. 实施素质教育 加强大学生社团建设[J]. 辽宁财专学报，1999（6）.
[127] 赵扬，张国元，金昌平. 素质教育中的高校社团建设[J]. 华东政法学

院学报，2000（S1）.
[128] 王肃元，马虎银．素质教育与高校学生社团建设[J]．陕西师范大学学报：哲学社会科学版，2003（S1）.
[129] 施喜军．高校学生社团建设的特征、作用与途径[J]．思想政治教育研究，2004（2）.
[130] 郭湛．论活动的展开和有效性[J]．中国人民大学学报，1989（6）.
[131] 龚燕．和谐校园视野下服务型学生工作的着力点[J]．高校辅导员学刊，2009（1）
[132] 姜恩桥．构建一体化学生信息平台 探索服务型学生工作机制[J]．思想教育研究，2009（1）.
[133] 吕卫华．服务型：高校学生工作的未来发展路向[J]．未来与发展，2009（4）.
[134] 李应军．服务型学生工作研究[J]．理论月刊，2007（1）.
[135] 杨金廷．服务型学生工作体系构架研究[J]．国家教育行政学院学报，2006（4）.
[136] 教育部．学生伤害事故处理办法[N]．中国教育报，2002-08-21（2）.
[137] 彭艳红．浅谈高校学生突发事件的应对措施[J]．吉林省教育学院学报：学科版，2009（2）.
[138] 刘旭．论高校突发事件的应对管理[J]．价值工程，2007（8）.
[139] 温艳红．大学突发事件及危机产生原因及其预防[J]．南阳师范学院学报，2007（8）.
[140] 尉迟勤．浅谈《学生伤害事故处理办法》在高校的适用[J]．苏州市职业大学学报，2003（4）.
[141] 常保荣，崔世君．高校学生伤害事故的法理分析[J]．体育文化导刊，2004（7）.
[142] 穆书芹．论学生人身损害与学校的法律责任[J]．武汉科技大学学报：社会科学版，2000（4）.
[143] 陈菊平．新媒体技术与环境对高校共青团工作的影响与对策[J]，山西青年管理干部学院学报，2010（2）.
[144] 朱雄君．运用网络手段创新共青团工作[J]．中国青年研究，2009（3）.
[145] 石红梅．小议当代大学生法制教育面临的问题及解决方法[J]．湖北广播电视大学学报，2009（11）.
[146] 周颖．李润红．大学生法律思想意识培养略论[J]．学校党建与思想教育，2009（12）.

[147] 郑文姬. 高校法制教育的改革探析[J]. 前沿，2009（7）.

[148] 彭美，张莉. 我国高校法制教育实效性欠缺原因与对策[J]. 黑龙江高教研究，2011（2）.

后 记

学生工作无小事。高校学生工作关系到大学生的成长成才，学生工作的优劣直接关系到学生的健康成长。为探索高校学生教育管理工作的特点和规律，我们长期关注学生工作的热点和难点问题，在实践中积极摸索一些经验和方法，从而撰写了《和谐视域下高校学生工作问题研究》一书。

本书围绕高校思想教育模式、创业教育的实践路径、毕业生体面就业的实践探索、经济困难学生资助的理性思考、学生社团的发展困境及突围、构建服务型与成长型学生工作模式等问题的研究，提出了一些自己的理论观点和实践经验，旨在对当前高校学生教育管理工作提供一些理论参考与实践经验。

本书能顺利出版，是因为一代代高校学生工作者们创造了很多鲜活理论和实践成果可供参考和借鉴，是因为云南省教育厅朱华山副厅长、昭通市社会科学界联合会周明主席的大力支持和热情关心，是因为昭通学院领导、同事的积极鼓励和热情帮助，特别是家人的无私奉献和默默支持，在此我们一并表示衷心的感谢!

由于作者水平和能力有限，本书难免存在不妥之处，恳请读者批评指正。

著 者

2014 年 6 月 18 日